RADIUS BÜCHER

Heinrich Albertz

Blumen für Stukenbrock

Biographisches

Lektorat: Wolfgang Erk

CIP-Kurztitelaufnahme der Deutschen Bibliothek

Albertz, Heinrich:
Blumen für Stukenbrock: Biograph. / Heinrich Albertz. –
3. Aufl. – Stuttgart: Radius-Verlag, 1981.
(Radius-Bücher)
ISBN 3-87173-595-7

5., 4., 3. Auflage (die letzte Ziffer gilt für diese Ausgabe)
ISBN 3-87173-595-7

Umschlag: Gerhard Schröder
Gesamtherstellung: Clausen & Bosse, Leck
Printed in Germany

8. September 1980

Soll ich tatsächlich zu schreiben beginnen? Seite auf Seite, jeden Tag ein paar Seiten, ein Tagebuch? Mein Sohn hat gesagt, ich könnte nur Predigten schreiben, Reden, Kommentare, kurze Essays. Der Verleger ist leider anderer Meinung. Ob es viele Seiten werden? Vielleicht siegt die Bequemlichkeit. Vielleicht ist es schöner, einfach hier zu sitzen und aus dem Fenster zu schauen, in die alten Bäume. Unter Naturschutz stehen sie, kein Ast darf ohne Genehmigung geschnitten werden – Gott sei Dank. Viele Vögel wohnen darin. Langsam, nun endlich im Altwerden, lerne ich, ihre Stimmen zu unterscheiden, ihre Farben, ihren Flug. Es ist ganz still im Haus. Der Hund liegt neben mir und schläft. Er ist viel älter als ich. Wenn er stirbt, wird es sehr traurig sein. Große Ruhe also. Die Ruhe eines Berliner Vorortes im September 1980. Ich bin noch müde von der letzten Reise.

»Blumen für Stukenbrock« – damit begann sie. Stukenbrock. Wer kennt den Namen? Die Leute um Bielefeld und Gütersloh sicher. Der Regierungspräsident in Detmold – aus seinen Akten. Die Archive der Wehrmacht. »Der General der Kriegsgefangenen« – da müßte er zu finden sein. Ein »Stalag« war dort: Ein Stammlager für sowjetische, polnische, französische Kriegsgefangene. Heute ist es ein kleiner Wald, ein breiter, grüner Rasen, ein paar Grabsteine mit kyrillischen Buchstaben, ein langsam verwitternder Obelisk. 65000 Soldaten und Zwangsarbeiter liegen hier, zu Tode gebracht durch Hunger und Krankheit und Heimweh, verkommen, verdreckt, verreckt. Der größte Friedhof dieser Art in Deutschland, sagt man mir. Auschwitz, Dachau, Buchenwald – diese Namen sind nun langsam bekannt, widerwillig bekannt geworden. Stukenbrock kennen nur die Nachbarn, die unmittelbar Betroffenen, hier wurde nicht verbrannt und gemordet, hier wurde gestorben und verscharrt, zu Tausenden, in der Verantwortung der deutschen Wehrmacht. Keine SS, keine Gestapo war hier nötig.

Zehn Jahre ist es her, daß ein Kreis von Leuten, die nicht vergessen wollten, begann, jedesmal um den 1. September herum zu den Gräbern hinauszuziehen. Mit Tausenden von Blumen. Blumen für Stukenbrock. So nannten sie auch ihren Arbeitskreis: junge Leute zumeist, Jungsozialisten, junge Demokraten und Gewerkschaftler, ein paar Pfarrer und ihre Gemeinden, Kommunisten, natürlich auch sie, sie in ihrer verschwindenden Minderheit in großer Zahl. Sie stießen in das Vakuum, das die andern gelassen hatten: die Offiziellen, die Etablierten, die Parteien, die Behörden, die Bundeswehr, die Kirchen. Keiner war offiziell da. Dafür die Delegationen aus dem Osten. Und junge Leute. 3000 hat die Polizei geschätzt. Also werden es wohl 4000 gewesen sein. Die Russen angeführt von einer »Heldin der Sowjetunion«, im Krieg Kommandantin eines Kampfgeschwaders, viele Orden, eine laute, ans Befehlen gewohnte Stimme, dazu ein Überlebender des Lagers, ein stiller, nachdenklicher Mann, dazu der Sohn eines Opfers und die Dolmetscherin. Ein polnischer Professor der Theologie. Ein Bürgermeister aus Frankreich. Eine Gesandtschaft der DDR. Sie alle – umgeben von Mitarbeitern ihrer Missionen in Bonn. Dazu: unübersehbar, mit unzähligen Orden, ein sowjetischer General, der Chef der sowjetischen Militärmission in der Britischen Zone, Garant des Potsdamer Abkommens, bewacht von einem Herrn in Zivil, einem Bilderbuchengländer mit Schirm und Melone. Eine absurde Zusammenstellung. Wir alle gingen zu den Gräbern mit Kränzen und Blumen. Ich kam vor einem Stein zu stehen, der das Geburtsdatum eines sowjetischen Soldaten trug: 1915. Der Name war unleserlich geworden.

Wir waren im gleichen Jahr geboren. Ich lebte. Er war zerfallen zu Staub, vergessen, namenlos. Ich legte meine Blumen auf sein Grab.

Nachher reden müssen: eine Wiese voll der vielen jungen Leute, stehend, sitzend, liegend. Ich sprach frei – Gott sei Dank. Manuskripte, vorher am Schreibtisch ausgedacht, kann man an solchen Orten und vor einer so merkwürdigen Gemeinde nicht glaubwürdig verlesen. Sie klatschten viele Minuten und wollten gar nicht wieder aufhören. Dann fuhren wir in unsere waffenstarrende Welt zurück. Die Bielefelder kamen von ihren Ausflügen in den Teutoburger Wald heim zum Fernseher – er würde bestätigen, was als Gerücht auf dem Platz schon umlief: Die streikenden polnischen Arbeiter hatten sich mit ihrer Parteiführung geeinigt. Es war keine Gewalt angewendet worden. Ich hatte nur einen kleinen, schlechten Radioapparat auf meinem Hotelzimmer. Aber die Nachricht war klar und deutlich: Vernunft und Geduld und Solidarität hatten in diesem einzigartigen polnischen Volk gesiegt. Ich weine leicht vor Freude. Ich schäme mich dessen nicht.

Unten, beim Essen dann, mit den ausländischen Gästen aus den sozialistischen Ländern, wollte keiner über diesen Sieg sprechen. Sie schwiegen, wichen Fragen aus. Redeten fast nur vom letzten Krieg. Ich ging bald zu Bett. Sehr allein.

Polen, Polen. Warum kann unsereiner nicht ohne Emotionen über dieses geliebte Land reden und schreiben? Nur weil die eigene Heimat nun polnisch ist? Weil man selbst wohl über die Mutter polnisches Blut in den Adern hat? Meinow – Meinof, Meinhof.

9. September 1980

Nein, heute nicht Polen. Obgleich der Kardinal mit Leszik Walesa gefrühstückt, eine Messe für ihn gelesen, ihn umarmt und geküßt hat. Welch eine andere Welt! Man stelle sich vor – in irgendeiner unausdenkbaren Situation: Kardinal Höffner küßt den Anführer eines politischen Streikes in der Bundesrepublik Deutschland, oder Bischof Lohse ... unvorstellbar. Bei uns wird einem Pastor verboten, in Gorleben, in der Freien Republik Wendland, einen Gottesdienst zu halten, weil die Besetzung des Geländes gegen die Gesetze verstoße – dort drüben ist die Kirche jeden Tag auf der Werft unter den streikenden Arbeitern, feiert mit ihnen unter Brot und Wein die Eucharistie, hört die Beichte – unvorstellbar. Hier bei uns gibt es nur strikte Neutralität, ein Innenminister erscheint bei einem Bischof – und seine Wünsche werden erfüllt. Ein Pastor ist öffentlich gegen Strauß, und ein Disziplinarverfahren wird eingeleitet. Streik und Streik ist etwas sehr Verschiedenes. Ich weiß. Danzig und Gorleben sind unvergleichbar. Ich weiß. Aber peinlich war es vielleicht doch, wie viele bei uns plötzlich für freie Gewerkschaften waren, für Ungehorsam, für passiven Widerstand. Und nicht wenige hätten sich ja auch gefreut, wenn Warschau oder gar Moskau Waffen eingesetzt hätten – das System entlarvt. Wenn es wie in Zürich zugegangen wäre – brutale Gewalt auf allen Seiten. Nur: Da regt sich niemand auf. Da geht es ja nicht gegen eine kommunistische Regierung, sondern gegen Banken, Juwelier- und Pelzgeschäfte. Die Schweiz, die Schweiz, auch davon heute nichts.

Die Reise am vorigen Wochenende ging noch nach Bonn – seit langem, seit langem wieder einmal dorthin, wo viele Jahre jede Woche mein Arbeitsplatz war. Freitag/Sonnabend Bundesrat und Vorstand der SPD. Die Nostalgie nach dem einfachen Anfang der 40er und 50er Jahre überfällt einen wie die Hitze des Rheintals. Auf einem Schiff im Strom hatte man zuerst gewohnt, jetzt ein Hotel »Tulpenfeld«. In der »Baracke« hat man gesessen, zusammengedrängt in einem winzigen Raum, nun sind es klimatisierte Sitzungssäle, und überall Polizei, Polizei. Ausweiskontrollen, die Festung, in der Franz Josef Strauß wohnt – diese Mischung von neuem, ein wenig protzigem Reichtum und scheinbarer Sicherheit ist ziemlich unerträglich. Was ist nun schlimmer: eine Gesellschaft, die ihre Terroristen produziert und dann die Zentren ihrer politischen Macht mit Stacheldraht umzäunen muß, oder ein Staat, der sich selbst in großem Terror übt und dann sein »Parlament« als Palast des Volkes dem munteren Treiben seiner Bürger freigeben kann wie in Ostberlin? Absurde Verkehrungen, absurde Fragen.

Wir haben übrigens an diesem Bonner Montag die Kleine Schrift zur Bundestagswahl der Öffentlichkeit übergeben, die sich kritisch für die SPD ausspricht. Ich habe nicht gezögert, sie zu unterschreiben. In dieser Situation gibt es nur dieses Votum für mich, bei allen Enttäuschungen, allem Ärger, aller Trauer, was aus dieser Partei geworden ist. Vor allem aber: Wenn schon die Amtskirche schweigt, müssen wenigstens einzelne Christen den Mund aufmachen – auch »von Gott verlassene Gottesmänner«, wie ich gestern im Bayernkurier las.

Aber Bonn? Ich habe den Eindruck, es lebt so weit weg von wirklichen Ideen, so vorbei an den Hoffnungen und Ängsten derer, die noch ein Herz und ein bißchen Verstand haben, daß dies nicht mehr lange gutgehen kann. Schmidt wird die Wahl gewinnen – und es wäre schrecklich, der Gegenkandidat käme an die Macht. Aber ob die Luft nicht immer stickiger wird innen, der Zuschnitt des Landes immer mittelmäßiger, immer provinzieller, immer uniformer? Man muß die jüngeren Leute dort gesehen haben: die jungen Abgeordneten, Beamten, Journalisten, Lobbyisten – wie sie mit ihren Köfferchen vom Auto in die Türen eilen: Pressehaus, Bundestag, Restaurant – sehr flink, sehr sicher, sehr selbstbewußt. Alle sehr ähnlich miteinander. Fast alle mit der gleichen Frage: »Was machen Sie denn hier?« Ja, was mache ich dort? Morgens eine Denkschrift, mittags Essen mit Koschnick, abends eine Friedenskundgebung des DGB. Da sind sie nun vertreten: die drei Fraktionen, der 2. Bürgermeister von Bonn, die Gewerkschaftler, der Superintendent. Aber in einem Podiumsgespräch haben sie es schwer, obwohl sie redlich antworten. Das Beste war ein junger Chor aus Köln. Brechtsche Texte. Fast wie Choräle instrumentiert.

Ich muß noch notieren, daß ich auf der Rückfahrt in Hannover ausgestiegen bin, zu Georg Diederichs' 80. Geburtstag. Die geballte niedersächsische Vergangenheit und Gegenwart in der Halle des neuen Landtags im Schloß. Kaum eins von den alten Gesichtern wiederzuerkennen, aber dann laute und herzliche Begrüßungen. Dort noch über die Parteien hinweg. Ich muß irgendwann davon erzählen. Heute ist viel Lärm im Haus. Aufräumtag. Ich werde mich ins Lesen flüchten. »Der Prozeß Hamsun«. Ein aufregendes, unheimliches Buch.

Die Blumen in Stukenbrock sind sicher längst verwelkt. Die Rede haben sie im WDR und im SFB gesendet. Ein Wunder.

Blumen für Stukenbrock

Liebe Freunde, gestern morgen hat meine Frau zu mir gesagt: »Hast du dir endlich etwas für deine Rede in Stukenbrock aufgeschrieben?« Und ich habe gesagt: »Nein. Ich werde mir auch nichts aufschreiben.« Denn ich wollte hier zu Ihnen kommen als einer, der zuerst sieht und hört. Ich kannte diesen Friedhof nicht. Ich wußte nicht, was polnische, französische, sowjetische, iranische Freunde, auch einer aus dem andern deutschen Staat, hier sagen würden, und ich bin nun sehr froh, daß ich dies alles gesehen und gehört habe. Denn ich glaube, das erste, was wir alle miteinander zu lernen haben, ist tatsächlich, hinzusehen und zuzuhören. Wir leben ja in der Bundesrepublik Deutschland in einer merkwürdigen Vergeßlichkeit. Manchmal habe ich den Eindruck, als hätte 1941 die Sowjetunion das Deutsche Reich überfallen, und nicht umgekehrt. Und wenn ich mir unser alltägliches Leben ansehe, auch mein eigenes, dann kann man ja manchmal den Eindruck bekommen, die Deutschen haben scheinbar den letzten Krieg gewonnen und nicht verloren. Diese furchtbare Vergeßlichkeit, dieses Verdrängen von Tatsachen, dieses Umdrehen von Fakten ist für mich eine der Hauptbegründungen für die gefährliche Art, mit der wir nun auch mit der Gegenwart umgehen. Wir sind uns hier über alle, ja nun schon mehrfach genannten, Unterschiede in politischer oder religiöser Überzeugung einig in der alten Formel: Nie wieder Krieg! Nie wieder Krieg, lieber Freund aus der DDR, Sie haben es gesagt als eine gemeinsame Aussage der Deutschen: Nie wieder Krieg vom deutschen Boden aus! Aber wenn man die Zeitungen liest und wenn man die Art betrachtet, in der über die Details des nächsten Krieges geredet wird, dann hat man den Eindruck, es handelt sich etwa um einen vergleichbaren Vorgang wie den Deutsch-Französischen Krieg von 1870/71, der übrigens furchtbar genug war. Und manchmal überlege ich mir, ob es überhaupt richtig ist, in diesem etwas euphorischen Sinne von Friedenswochen und Friedenskundgebungen zu reden. Erschrecken Sie nicht über das, was ich jetzt sage: Zuvor muß man eigentlich Kriegswochen halten, das heißt, man muß von dem reden, was heute Krieg bedeuten würde. Da wird so getan, als ob sich irgend jemand gegen einen andern in Europa verteidigen könnte. Wer kann sich denn hier ernsthaft verteidigen? Wer gegen wen und wo? Der manchmal ein bißchen zynische und jedenfalls sehr kühle und nachdenkliche Publizist Sebastian Haffner hat in seinem letzten kleinen Buch »Überlegungen eines Wechselwählers«, am Schluß auf dieses Problem eingehend, die Sache etwa so formuliert: Was auch immer geschieht, wenn die tapferen Soldaten des Nordatlantikpaktes mit der Bundeswehr bis zur Oder kommen oder wenn die tapferen Soldaten des Warschauer Paktes mit der Nationalen Volksarmee bis zum Rhein kommen, in jedem Fall ist dann hier kein Leben mehr. – Es scheint mir noch nicht ganz begriffen worden zu sein, daß, wenn es in Europa zu einer kriegerischen Auseinandersetzung kommen sollte, dieser Krieg natürlich nicht in Deutschland aufhört, sondern in Deutschland anfängt. Es scheint mir auch noch nicht ganz deutlich geworden zu sein, daß es einen Unterschied zwischen Soldaten und Zivilisten nicht geben wird; denn wohin sollen eigentlich die Zivilisten gehen, wenn es hier Krieg gäbe? In die Ostsee oder nach Polen hinein? Deshalb möchte ich gern, daß wir an solchen Tagen mit unseren ausländischen Freunden – jeder für sich und bei sich selber anfangend und nicht immer gleich von den andern redend, also wir Deutschen zuerst von uns Deutschen redend – das ganze Furchtbare wirklich in uns aufnehmen, was dies bedeuten würde: Krieg. Das Schlimme ist nun, daß in den letzten Monaten diese Realität noch eine neue, gefährliche zusätzliche Vernichtungsqualität bekommen hat, indem man sich schon ganz öffentlich damit beschäftigt (seit es um die Verhandlungen um die sogenannten Mittelstreckenraketen geht und seit der amerikanische Präsident die neue Direktive 79 unterschrieben hat), den atomaren Krieg plötzlich machbar zu machen. Sie haben es ja hoffentlich alle gelesen. Diese Vernichtungswaffen, die hundert- oder tausendmal schrecklicher sind als die Bombe auf Hiroshima, sollen nicht mehr auf die Zivilbevölkerung, sondern auf militärische und politische Hauptquartiere gerichtet werden, auf wirtschaftliche Ballungszentren. Ja, wo liegen denn diese Quartiere? Und wo liegen denn diese Ballungszentren? Und ich glaube, daß wir uns deshalb – wo wir auch wohnen mögen, zu welchem politischen System wir auch gehören mögen – an einem solchen Tage und an einem solchen Ort versprechen müssen, mit allen zur Verfügung stehenden Mitteln diesen verbrecherischen Irrsinn einzudämmen, indem wir von dem reden, was ist und was kommt, ohne alle Schminke, denn es wird auch keine Helden mehr geben in diesem nächsten Krieg, sondern es wird nur noch Menschen geben, die an irgendwelchen unterirdischen Schalthebeln sitzen und dann die todbringenden Waffen bis auf ein paar Meter genau auf ihre Ziele richten. Keine Tapferkeit, keine Fairness, keine Kameradschaft, falls es sie im alten Sinne je so gegeben hat. Verstehen Sie also bitte, was ich damit meine. Das, was wir verhindern müssen, ist furchtbarer, als es unsere

Vorstellungskraft aufnehmen kann. Und deshalb ist äußerste Wachsamkeit und Nüchternheit nötig. Das ist das eine, was ich sagen wollte.

Dann noch eine zweite Sache. Ich hatte eine ähnliche Kundgebung – da waren, das lag aber am Ort und an der Organisation, die dort ganz anders möglich war, noch viel, viel mehr, auch fast ausschließlich junge Menschen; eine ähnliche Versammlung also vor ein paar Monaten in Berlin anläßlich des Katholikentages, allerdings in dem sogenannten »Katholikentag von unten«, also dort, wo die jungen Leute redeten und nicht die von oben. Und da haben wir ähnlich miteinander gesprochen, und dann trat hinterher ein Abgeordneter des Bundestages auf, die Fraktion können Sie hoffentlich leicht erraten, und sagte zu mir: »Herr Albertz, mit dem Herzen bin ich ja bei Ihnen, aber mit dem Verstande muß ich Ihnen widersprechen.« Und dann kam das alte Lied von den Utopien und Illusionen, und ich möchte uns gegen dieses Lied ein wenig immun machen. Ich habe eben von Nüchternheit geredet. Das heißt natürlich, daß wir nicht von heute auf morgen in dieser Welt ohne Waffen leben werden. Das heißt auch ganz nüchtern, daß der Kampf um das Zurücknehmen und Zurückholen der verbrecherischen Waffen ein unendlich mühseliges und schwieriges und langwieriges Geschäft sein wird. Aber deshalb lasse ich mir doch nicht das Ziel ausreden. Und nun brauche ich mich jetzt hier gar nicht zu etikettieren, denn ich glaube, hier sind Leute wie ich, die versuchen, Christen zu sein, und Leute, die versuchen, Sozialisten zu sein, und Leute, die versuchen, Kommunisten zu sein, was immer das alles sei, einig: Das Ziel muß doch sein, daß Menschen als Menschen, ich sage in meiner Sprache: als Geschöpfe Gottes miteinander leben können, und das Ziel muß doch sein, daß die Erde, auf der wir leben, das bleibt, was sie sein sollte, nämlich eine Schöpfung, in der man leben kann. Und darum möchte ich insbesondere den jungen Zuhörern hier heute einschärfen: Jawohl, seid nüchtern, beschäftigt euch mit dem, was ist, lernt sogar gewisse Zahlen auswendig, Zahlen, was die Rüstung kostet, Zahlen, was es für Opfer geben wird, schrecklich fremde Namen von Waffen, die kein Mensch versteht, aber laßt euch eure Utopien nicht ausreden. Denn wenn wir das Ziel aus den Augen verlieren, Menschen bleiben zu wollen, dann brauchen wir uns über den Weg zu diesem Ziel keine große Mühe mehr zu geben. Und deshalb wollen wir die Front derer, die dieses Ziel vor Augen haben, so breit wie möglich machen. Auch dazu ein ganz offenes Wort: Natürlich wird morgen in bestimmten Zeitungen stehen: Warum haben denn der Kollege aus dem Bundestag und dieser merkwürdige Heinrich Albertz wieder in einem Kreis gesprochen, in dem auch Kommunisten nicht nur anwesend waren, sondern auch etwas gesagt haben. Dazu sage ich zweierlei: erstens, eine Sache wird nicht dadurch falsch, daß auch Andersdenkende sie für richtig halten, und zweitens, warum sind denn die offiziellen Parteien offiziell nicht hier? Und die Kirchen offiziell und die Generale offiziell?

Ich wollte mich ganz herzlich bei euch bedanken, daß ihr hier in Uniformen seid. Und wenn ihr Schwierigkeiten habt, dann schreibt mir bitte, damit ich den Mund aufmachen kann. Es ist doch selbstverständlich und natürlich, daß – Gott sei Dank – der deutsche Bundeskanzler, wenn er in Moskau ist, sich vor dem Ehrenmal des Unbekannten Soldaten der Sowjetarmee verneigt. Es hat uns doch alle tief bewegt, als Willy Brandt vor den Opfern in Polen, vor dem Denkmal gekniet hat. Warum ist das eigentlich nur im Ausland möglich? Ich habe jedenfalls die Absicht, mich vor all diesen Opfern zu verneigen, natürlich auch vor den deutschen – auch vor den deutschen. Deshalb danke ich euch, daß ihr diese Sache hier macht mit den Blumen. Ich habe meine drei roten Nelken an einem Stein niedergelegt mit einem russischen Namen, den ich nicht lesen konnte, weil ich die kyrillische Schrift nur mangelhaft beherrsche. Auch ein Bildungsmangel von uns allen. Dieser sowjetische Soldat ist mein Jahrgang. Er liegt da, ich darf noch leben. Ich verneige mich vor ihm.

11. September 1980

Gestern habe ich nicht schreiben können, weil ich anderes zu schreiben hatte: einen Aufsatz über das Thema: »Ist Protestantismus noch eine Kraft?« Wirklich, wie für Primaner formuliert. Ich habe mich sehr schwergetan. Denn das Land, in dem wir leben, gäbe es nicht so, wie es ist, ohne Luther, Calvin und Zwingli, ohne Kant, Schleiermacher und Hegel – ohne Preußen. Aber es lebt so, als gäbe es eben diese Väter nicht. Die Bundesrepublik Deutschland ist ein Rheinbundstaat geworden, die Stammlande der Reformation gehören zur DDR oder zu Polen, die schwarzen Gebiete sind schwarz geblieben und die weißen grau geworden. Die Evangelische Kirche in Deutschland mit ihrer Synode, ihrer Kirchenkonferenz, ihrem Rat, selbst in unverständliche Konfessionsunterschiede gespalten, mit ihren Landeskirchen nach den Grenzen des Reichsdeputationshauptschlusses, mit ihren merkwürdigen Zusammenschlüssen: EKU – VELKD – Reformierter Bund – gibt sich fast wie ein polnischer Reichstag der Feudalzeit. Ein einziger kann widersprechen, um einen Beschluß zu verhindern. Die EKD ist keine Kirche, sondern ein schwerfälliger Kirchenbund – gegenüber ihrer römischen Schwester, zentral geleitet, einer auswärtigen Macht, politisch eindeutig und einseitig engagiert. Oft eine Art Trittbrettfahrer. Das Feuer evangelischer Freiheit brennt nur sehr verdeckt. Die unerhörte Wahrheit von der Rechtfertigung der Sünder allein aus dem Glauben, also allein durch den Einen, der Jesus von Nazareth hieß und der Christus war, ist merkwürdig wirkungslos geworden in unserer Welt, in der alles auf Leistung, Wachstum, gute Werke und Selbstbestätigung aus ist. Man kann lange darüber nachdenken, woran das liegt. Sicher zuerst an den evangelischen Bürgern selber, an denen, die diese Wahrheit zu predigen und zu leben haben, an den verwaltenden und verwalteten Amtskirchen. Aber wahrscheinlich ja doch auch an so viel Farblosigkeit, so wenig Sicht- und Greifbarem. So viel nüchternem Wort, so viel Verstand und Intellekt. So viel Theologie. Keine bunten Priester, keine Heiligen, kein Papst zum Anfassen, keine Macht. Nur das Wort – und Er. Aber von ihm, Jesus Christus, wagt kaum einer noch kräftig zu reden. Das ist die eine Seite der Sache.

Aber die andere ist eben die, daß – jedenfalls für mich – quer durch alle diese negativen Befunde hindurch – die evangelische Gemeinde offensichtlich immer mehr der letzte Ort ist (oder werden kann), an dem wirkliche Freiheit, Zuversicht, Gelassenheit geschenkt wird. Ein Raum für Menschen, wirkliche Menschen. Wo man leben, bewußt und ohne Angst leben kann, lieben, trauern, das Notwendige tun. Wo niemand mehr zwischen Gott und den Menschen steht als dieser Eine – kein Priester, kein Papst, kein Glaubensbekenntnis. Keine Ideologie oder Doktrin. Keine freiheitlich-demokratische Grundordnung. Dafür gibt es Signale. Die Kirchentage. Die vielen Gemeinden, in denen solches Leben sichtbar wird. Eine Reihe von Namen, ohne die wir hierzulande längst ein Friedhof wären. Christen. Evangelische und katholische. Aber auch sie können Protestanten sein.

Aus der deutschnationalen Pastorenkirche meiner Kindheit ist längst eine Gemeinschaft geworden, die nun zum Beispiel fast alle Träger der Carl-von-Ossietzky-Medaille gestellt hat, die politisch weit offen ist, bis in die linken Minderheiten hinein – auch wenn sich diese Veränderungen noch nicht bis in die Kirchenleitungen durchgesetzt haben. Und das ist wichtiger als alle Denkschriften, von denen ja nur eine einzige frische Luft und Bewegung in die deutsche Szene gebracht hat. Ich habe es selbst erlebt. Wie eine Erlösung war das, als wir nach Erscheinen der Schrift »Zur Lage der Heimatvertriebenen« endlich zu sagen wagten, was notwendig war, in diesem von Wohlstand und Sicherheit berauschten Volk, das so tat, als hätte es den Krieg gewonnen: daß wir ihn verloren haben, daß auf nichts mehr verzichtet zu werden brauchte, was nicht schon verloren war. Sonst habe ich in staatlicher Verantwortung die offizielle Kirche immer nur erlebt, wenn es um eigene Interessen ging: Geld, Einfluß in Gremien – und mit einer gefährlichen Schlagseite bis in alle Details hinein beim Scheidungsrecht, beim § 218 – unsere lieben Protestanten immer schön im Fahrwasser des größeren und mächtigeren Bruders.

12. September 1980

Gestern abend zweieinhalb Stunden Wahlkampf im Fernsehen: erst ein Gespräch der Generalsekretäre der Parteien mit Herrn Nowottny, dann ein sogenanntes Bürgerforum mit Helmut Schmidt in der Druckerei der »Nürnberger Nachrichten«. Ein bißchen viel auf einmal. Meine Sympathie war natürlich bei Egon Bahr. Über 20 Jahre kenne ich ihn so: mit überlegenem Verstande, aber einem großen und weiten Herzen. Ein reines Vergnügen, mit ihm zu sprechen – auch wenn man seine Meinung nicht teilt. Ich weiß noch, wie er zu uns kam, damals vom Rias ins Rathaus Schöneberg als Pressechef von Willy Brandt geholt. Eine seltene Blume in der Mittelmäßigkeit der Berliner Verwaltung. Argwöhnisch betrachtet und den Spießbürgern in allen Rängen ein bißchen unheimlich. Von einer unbedingten und unbeirrbaren Loyalität zu seinem Chef, gerade wenn er – von ihm gedeckt, aber eben doch allein – vor der Front der offiziellen Politik marschierte. Die heißeste Zeit waren die Wochen vor dem Abschluß der ersten Passierscheinvereinbarung 1963 – ich werde sie wohl noch beschreiben können in diesen Aufzeichnungen. Damals sahen wir uns alle paar Stunden, nach jeder neuen Nachricht von unserem Unterhändler. Immer neue Schwierigkeiten, immer neue Rückschläge. Wir haben es damals durchgehalten. Das verbindet.

So war ich nicht unvoreingenommen gestern bei diesem Schlagabtausch der Wahlmanager. Aber schlimm war es doch. Von der Sache, den Sachen, um die es geht, von der Zukunft war kaum die Rede – um so mehr von den Empfindlichkeiten. Ich fürchte, diese Art der Auseinandersetzung macht es den kritischen jungen Leuten noch schwieriger, sich und ihre Probleme in diesen Räumen wiederzufinden – so weit weg war das alles von den wirklichen Ängsten und Hoffnungen. Schmidt dann, ein wenig müde, aber doch gekonnt und nicht ohne Wirkung. Ich habe ja nun öffentlich gesagt, daß man ihn wählen soll. Nicht als »das kleinere Übel«, sondern weil ich keinen anderen sehe, der in diesem Augenblick Kanzler sein kann.

14. September 1980

Es ist Sonntag. Ich bin nicht in die Kirche gegangen. Der junge Vikar predigt. Gerade zu ihm sollte ich aber gehen, ihn ermutigen in seinem schlecht besuchten Gottesdienst. Der Text sind die berühmten Verse des 1. Petrusbriefes: »Alle Eure Sorge werft auf ihn, denn er sorgt für Euch.« Dazu muß man den Abschnitt der Bergpredigt lesen von der Gelassenheit: »Sorget nicht für den andern Morgen. Es ist genug, daß jeder Tag seine eigne Plage habe. Seht die Blumen auf dem Felde ...« Ich habe wohl ein dutzendmal über die Jahre hin über diese fast leichtsinnige Sorglosigkeit zu sprechen versucht. Das erste Mal – auch als junger Vikar – am ersten Sonntag nach Ausbruch des 2. Weltkrieges. Da war der Text auch »dran«. Ich wurde hinterher zu einem Verhör zur Gestapo bestellt: Wie ich es wagen könnte, jetzt, wo alle Kräfte des Volkes auf den Sieg gerichtet werden müßten, so leichtfertig daherzureden. Es war eher eine kopfschüttelnde Ermahnung und hatte noch keine unmittelbaren Folgen. Die kamen später. Aber ich gestehe, daß mir diese lockere Gelassenheit über ein Leben hin immer wieder geholfen hat, so fragwürdig sie ja eigentlich ist. Denn ich frage ja andere und mich oft genug: Was soll morgen werden, denkt an die Zukunft. Lauft nicht blind ins Verderben. Aber das eine schließt das andere ja wohl nicht aus. In ganz extremen Situationen habe ich mich immer von allem Planen losgelassen. Manchmal bin ich tief gestürzt. Manchmal geschahen von heut auf morgen Wendungen zum Guten, die niemand, am wenigsten ich selbst, erwartet hatte. Bewahrung nennt man das wohl. Früher sprach man von Wundern. Warum eigentlich nur früher? Oder darf man nicht so reden? Wenn man in den einen und nicht in den andern Lazarettzug gesteckt wird: Der eine fuhr wieder nach Rußland hinein, der andere in das damals noch fast unversehrte Deutschland? Oder: Man steht in Zivil, als Soldat, der seine Uniform weggeworfen hat, im April 1945 vor einem amerikanischen Vernehmungsoffizier. Der sieht meinen Ausweis und fragt in fließendem Deutsch: »Sind Sie verwandt mit dem Superintendenten Albertz in Spandau? Ist er noch im Gefängnis?« Und dann schickt er die Schlange der anderen wartenden Männer hinaus, bietet mir einen Stuhl an und unterhält sich mit mir, nachdem ich die erste Frage bejaht habe, eine halbe Stunde lang über die Bekennende Kirche. Er fragt dann nicht einmal mehr, ob ich Soldat sei. Ich brauchte nicht zu lügen. Wäre ich zu dem Offizier am Nebentisch geraten, wäre ich wie die anderen Kameraden nach Frankreich in die Bergwerke geschickt worden. So konnte ich frei zurück in das Haus gehen, aus dem ich gekommen war.

Seiten könnte ich mit solchen Geschichten füllen – bis hin zu dem Moment, als in der Lufthansamaschine, in der ich mit freigepreßten Terroristen über Dschibuti kreiste, genau in dem Augenblick die Landeerlaubnis für Aden kam, als wir wegen des ausgehenden Treibstoffes zurück nach Addis Abeba hätten fliegen müssen. Dort wären wir, wie ich am Tag darauf erfuhr, wahrscheinlich erschossen worden. Bewahrung? Sorget nicht? Hat das Jesus gemeint? Ich weiß es nicht. Ich sehe nur, ich lebe immer noch. Ein dutzendmal am Rand des Todes. Immer wieder wie Josef in der Grube. Immer wieder herausgeholt. Was wird der junge Vikar heute gepredigt haben? Eigentlich müßte er eigene Erfahrungen einbringen können. Eigentlich sollte man niemand unter fünfzig auf die Kanzel lassen. Eigentlich sollte jeder Pastor einen andern, normalen Beruf lernen und ausüben, ehe er predigen darf – öffentlich. Ich bin sehr dankbar, daß mein Pfarramt über 20 Jahre unterbrochen wurde. Daß ich leben mußte wie alle anderen, ohne die geistliche Überhöhung des Amtes. Und daß ich dann nach allem, was geschehen war, wieder predigen durfte. Aber vielleicht ist das theologisch höchst fragwürdig. Ich fürchte nur, auch die gelehrteste Theologie wird dir nicht helfen, wenn du nicht deine eigenen Erfahrungen mit diesem merkwürdigen Jesus Christus gemacht hast.

Im übrigen: Die Türkei hat wieder eine Militärregierung. Die Nato-Strategen atmen hörbar auf. Da ist nicht mehr von Demokratie und Parteien und Gewerkschaften und Menschenrechten die Rede. Da kommt nun Ordnung in dieses geplagte Land. Da sind die amerikanischen Basen in der Türkei nun wieder sicher. Oh, welch eine Einäugigkeit! Wie groß wäre das Geschrei, wenn in Polen die Generale die Macht übernommen hätten. Auch polnische hätten genügt. Wie lange soll diese zynische Politik noch gutgehen? In Südkorea, in Mittelamerika? Wie soll ich das alles zu erklären oder gar zu verteidigen versuchen, wenn ich wieder vor jungen Leuten stehe? Wenn ich morgen gar einen Artikel über »Kirche und die Menschenrechte« schreiben muß? Für Amnesty International. Das ist vielleicht die einzige Organisation, die nicht einäugig geworden ist.

16. September 1980

Gestern eine lange, etwas mühsame Aufnahme für den Hessischen Rundfunk, eine Stunde Sendezeit, mit Vorlesen von eigenen Texten aus Aufsätzen vergangener Jahre. Es hängt so sehr viel davon ab, ob man mit dem fragenden Journalisten die gleiche Wellenlänge hat. Diesmal gab es Schwierigkeiten. Aber eine gute Sache hatte er herausgefunden: mein »Wort zum Sonntag« von 1976, am Wochenende nach der Bundestagswahl gesprochen. Ich konnte es – bis auf das Datum – unverändert wiederholen. Nichts, aber auch gar nichts hatte sich geändert. Das ist eigentlich ziemlich schlimm.

»Wort zum Sonntag«, gehalten am 9. Oktober 1976

Nun, da der 3. Oktober hinter uns liegt, darf man wohl auch in dieser Sendung darüber reden – gewissermaßen als ein Wort zum Sonntag danach: was sollte eigentlich ein Mensch, der sich bemüht, so etwas wie ein Christ zu sein, unter dem Zauberwort »Freiheit« verstehen? Von ihm war ja in den letzten Wochen bis zum Überdruß die Rede in allen möglichen und unmöglichen Verrenkungen.

Zunächst: Der Christ sollte erfahren haben, daß es keine absolute Freiheit gibt, ja, daß er eine Bindung kennt, die heute wohl sehr unpopulär zu beschreiben ist. Denn die früheste Selbstdarstellung des unnennbaren, unbegreiflichen Gottes beginnt mit dem lapidaren Satz: »Ich bin der Herr.« Luther hat in seiner genialen Erklärung zum ersten Gebot gesagt: »Wir sollen Gott über alle Dinge fürchten, lieben und vertrauen.« Hier ist also mit einer radikalen Deutlichkeit von einem Einzigen die Rede, der allein das Sagen hat. Das ist für eine Diktatur wie für eine Demokratie eine unerhörte Herausforderung. Darum steht in der gleichen Bibel, die uns das erste Gebot überliefert, auch der gefährliche Satz: »Man muß Gott mehr gehorchen als den Menschen.« Darum fährt das erste Gebot unmißverständlich fort: »Du sollst keine anderen Götter haben neben mir.«

Freiheit heißt also, biblisch verstanden: In der Bindung an den Einen gewinnst du Freiheit von allen anderen. Je mehr du dich auf den Einen einläßt, desto weniger bist du den Mächtigen aller Zeiten und Orte ausgeliefert.

Darum ist ein Christ immer ein kritischer, ja ein rebellierender Partner, wenn ihn die Götter und Götzen aller Programme und Ideologien in Anspruch nehmen wollen, auch wenn sie im christlichen Gewande auftreten.

Aber das ist nicht alles, was gesagt werden muß. Das erste Gebot faltet sich ja in neun weitere auseinander. Sieben davon sprechen von unserem Verhältnis zum Mitmenschen – vom Leben, von der Ehe, vom Eigentum, von der Wahrheit. Die Freiheit, die Gott schenkt, um mit den Götzen unserer Welt fertig zu werden, ist also zugleich Hinwendung zum andern, altmodisch, in der Sprache der Bibel: die Liebe zum Nächsten.

Die Freiheit eines Christenmenschen ist also unlösbar verbunden mit dem Kampf um mehr Gerechtigkeit, mehr Frieden, mehr Wahrheit, mit mehr Menschlichkeit und Solidarität in der Welt, in unserm Lande. Darum rührt die Freiheit Gottes an, wer die Freiheit und das Menschsein irgendeines seiner Geschöpfe anrührt.

Freiheit wovon wird also Freiheit wozu. Darum war der einzig wirklich freie Mensch, der gelebt hat, der, der am tiefsten an seinen Gott gebunden war und der für uns alle starb, auch für alle Parteien und Parteiführer, für die Gewinner und Verlierer dieses 3. Oktober, und der lebt, heute lebt und uns sieht. Jesus Christus.

Dabei ist ja eine neue Variante, die so alt ist wie die Katholische Kirche, diesmal wieder dazugekommen: ein Hirtenwort der römischen Bischöfe. Völlig einseitig, in seinen Formulierungen zum Teil wörtlich aus der CDU/CSU-Agitation übernommen. Wen wundert es? Aufregend ist nur die Diskussion, die jetzt einsetzt, mit falschen Tönen auf allen Seiten. Bei den Sozialdemokraten und den Liberalen finden sich wieder die Argumente des vorigen Jahrhunderts: keine Politik von den Kanzeln, das Evangelium für das Jenseits, nur Seelsorge und Verkündigung – welche eigentlich? Und ein paar böse Hinweise auf den Reichtum der Kirchen. Auf der anderen Seite die grobe Heuchelei, die mit dem »C« vor dem Parteinamen das Bischofswort gutheißt und gegen das Votum von einigen wenigen evangelischen Christen zu Felde zieht. Im Hintergrund die bequeme Neutralität der EKiD. Fein säuberlich steht sie nun da und hat sich die Hände nicht schmutzig gemacht. Dabei hätte sie ja die Themen nennen können, um die es wirklich geht: Abrüstung, Dritte Welt, Versöhnung mit dem Osten, Bürgerrechte überall und zuerst bei uns. Dafür gibt sie einen Bischof im Ruhestand für eine unsägliche Schiedsstelle frei, die als eine Art Blasorchester das Getümmel des Wahlkampfes begleitet.

Ein anderer Punkt aus den heutigen Meldungen: Es sind endlich Ermittlungsverfahren gegen 90 Mitglieder des Volksgerichtshofes eingeleitet worden, dieses »ordentlichen« Gerichts, wie die höchste Instanz bundesdeutscher Rechtsprechung entschieden hat. Und: Die DDR zeigt einen Film über die namentlich bekannten Mörder Ernst Thälmanns, gegen die die westdeutsche Justiz alle Ermittlungen eingestellt hat. Es ist darum nur zu verständlich, wenn gestern die Aufführung des Brecht-Gedichtes »Freiheit und Democracy« in Bayern massiv behindert wurde – vom Ortspfarrer, von der Polizei, vom eilig herbeigerufenen Staatsanwalt, von aufgebrachten Bürgern. Keiner will hören, wie sie alle schuldig wurden: Richter, Ärzte, Pfarrer, Lehrer, Soldaten. Und wie sie von heut auf morgen aus Nazis und Deutschnationalen tapfere Demokraten wurden – vor allem aber bewährte Antikommunisten blieben. Nahtlos, ohne Unterbrechung. Und wie hier der eigentliche Grund für die politische Szene des Jahres 1980 liegt: mit der Spitze des Eisberges – Franz Josef Strauß! Dieser »anachronistische Zug«, der von Sonthofen bis Bonn fahren will, wird noch viel Ärger bringen. Auch für mich. Ich habe mit zu ihm aufgerufen und ihn auch finanziell unterstützt. Und natürlich betrachten ihn auch die Sozialdemokraten mit großer Sorge. Also wieder: zwischen den Stühlen.

Und draußen ist Herbst wie im Bilderbuch. Dichter Reif lag heute morgen auf der Rehwiese. Die Luft ist klar und kühl, der Himmel von seidigem Blau. Langsam beginnen sich die Blätter zu färben. Nichts ist schöner, als vor dem Frühstück mit dem Hund zu laufen. Die Kinder müssen zur Schule, die Erwachsenen fahren zur Arbeit. Ich schaue ihnen nach: 60 Jahre hast du das auch getan, vom ersten Weg in Breslau zur Vorschule bis vor einem Jahr ins Gemeindebüro in Schlachtensee. Dazwischen das Gymnasium, die Universitäten, der Arbeitsdienst, die Kasernen, das Gefängnis, die Kirchen, die Ministerien, das Rathaus. Alles ist hinter mir. Es ist herrlich, alt zu sein, auch wenn die Glieder manchmal weh tun und Auge und Ohr nachlassen.

Ich sitze und schreibe. Ich kann aufstehen und aufhören. Ich kann den Hund wieder rufen und mit ihm weggehen. Freiheit? Späte Freiheit. Teuer erkauft. Und immer noch privilegiert. Die Alten neben mir in den unzähligen Heimen dieses Berliner Vorortes – fast alle abgeschoben, aufbewahrt zum Sterben, sehr allein, mit einer Rente, die nicht für die Heimkosten reicht, so daß sie vom Sozialamt nur ein kärgliches Taschengeld erhalten, nach einem Leben der Arbeit. Das ist die Wirklichkeit in diesem Wunderland, im Altersheim Westberlin.

23. September 1980

So lange nicht geschrieben. Die Tage waren zu voll. Im eignen Kalender. In der Stadt. In der Welt. Vor einer Woche: ein langes Gespräch mit dem Kirchenpräsidenten und den Pröpsten von Hessen-Nassau. Sie hatten mich eingeladen zu einer Diskussion über Kirche und Öffentlichkeit. Man ist dann in einer merkwürdigen Situation: ohne Amt und Würden, nur mit den eignen Erfahrungen. Man hat es leichter als sie in ihren Zwängen, auch in einem solchen vertraulichen Gespräch – und schwerer ohne ihre Informationen und ihre tägliche Praxis. Abends dann im Haus der schwedischen Freunde eine Begegnung mit dem Ostberliner Rechtsanwalt Vogel. Das erste Mal seit dem Auszug aus dem Rathaus. Seitdem sind wir immer nur indirekt in Verbindung gewesen: über seinen Westberliner Kollegen, über das Bundeshaus. Nun saß er mir gegenüber, der Mann, dem wir wie kaum einem andern menschliche Hilfe über die deutsch-deutsche Grenze hinweg verdanken – Familienzusammenführungen, Freikauf von Gefangenen, Verteidigung in unzähligen Prozessen. Er war über all die Jahre hin Zielscheibe des kalten Krieges auf beiden Seiten bis zu der ungeheuerlichen Verleumdung der Löwenthal-Leute, er sei ein Agent des Staatssicherheitsdienstes. Sie sind durch ein Gerichtsurteil zum Schweigen gebracht worden. Aber den Mann aus dem Osten hat es tief getroffen. Und er macht dennoch unbeirrt weiter. Aber sein Urteil über uns hier im Westen ist noch einen Grad kühler geworden.

Nun streiken die Reichsbahner in diesem Teil der Stadt. Selten hat uns die Vergangenheit so deutlich eingeholt. Selten ist die Unbeweglichkeit und Abhängigkeit des Westberliner Senats von den tatsächlichen Machtverhältnissen so evident geworden. Da hat man die S-Bahn seit dem damals verständlichen, aber in seinen Langzeitwirkungen verheerenden Boykott von 1961 verrotten lassen. Kein Verkehrsverbund, nicht einmal die einfachsten Hinweise auf das alte Verkehrsnetz an den Übergängen zur BVG, süffisante Artikel über den Zustand von Zügen und Gleisen, von Leuten, die seit ihrer Schulzeit nicht mehr mit der S-Bahn gefahren sind – dafür Parallellinien von Bussen und U-Bahn, Beschimpfungen der kommunistischen Mitarbeiter der Bahn, und immer wieder nur der Hinweis auf die Zuständigkeit der alliierten Mächte. Die aber interessieren nur ihre eigenen Züge ins Bundesgebiet. Sie leiten genauso den Einsatz (oder Nicht-Einsatz) der Westberliner Polizei gegen die Streikenden oder die östlichen Streikbrecher. Und zwischen dem allem – voll Wut und Trauer – die Arbeiter, die ihren Lohn und ihre Freizeit haben wollen wie ihre westlichen Kollegen. Die Heuchelei ist komplett. Die Heuchelei der »sozialistischen« Reichsbahn, für die streikende Arbeiter Terroristen sind, die Heuchelei der politisch verantwortlichen Deutschen in Westberlin, die Nichteinmischung in einem Tarifkonflikt proklamieren und die streikenden Arbeiter mit östlichen Äxten und Hunden aus den Stellwerken treiben lassen, und die sogenannten Schutzmächte, die ähnlich wie beim Bau der Mauer nur an ihre eignen Interessen denken. Dabei würde die Übernahme der S-Bahn weniger kosten als die völlig überflüssige U-Bahn-Linie nach Spandau – und der Fernverkehr auf der Schiene bliebe trotzdem unberührt. Nur Phantasie muß man haben und ein bißchen Zivilcourage vor den Stadtkommandanten. Und weniger Angst vor der Lobby der U-Bahn-Bauer und der sogenannten Volksmeinung.

Aber das alles sind heute ja ganz kleine Probleme. Am Persischen Golf ist Krieg. Seine Folgen, wenn er sich ausweiten sollte, sind unübersehbar. Dies alles zehn Tage vor der Bundestagswahl.

Das jüngste Enkelkind war ein paar Tage hier mit seiner Mutter. Wie wird es leben können als Frau? Wird es überhaupt noch leben können?

Nachmittags. Eben haben sich die von Gott und der Welt verlassenen Eisenbahner bei mir gemeldet. Ich werde morgen um zehn eine kleine Delegation hier in der Wohnung sehen. Sie scheinen mich als Vermittler haben zu wollen. Aber ich fürchte, das wird ganz schwierig werden. Ich wecke überall Erwartungen, die ich nicht erfüllen kann.

24. September 1980

Sie sind nicht gekommen. Um 10.45 Uhr rief ein Beauftragter der Streikleitung an: Sie seien nach der letzten Nacht so völlig durcheinander, daß sie jetzt erst einmal nachdenken müßten. Die letzte Nacht – »freiwillig« hatten sie ihre letzte Bastion im Containerbahnhof Moabit geräumt, »freiwillig« vor den anrückenden Bahnpolizisten aus dem Osten, im Angesicht von britischer und Westberliner Polizei, die Gewalttätigkeiten verhindern sollte, tatsächlich natürlich dasselbe Ziel verfolgte wie die DDR-Reichsbahn: die Räumung des Geländes. So ist es eben: Wenn es ernst wird, funktioniert das Besatzungsstatut, haben Deutsche (West) nichts zu sagen, ist der Regierende Bürgermeister kein »Regierender« mehr. Das ist die bittere Wahrheit in dieser Stadt. Dietrich Stobbe hat sie gestern auch öffentlich ausgesprochen. Diese Ehrlichkeit war sympathisch.

Ich habe gestern mehrere Male mit dem Rathaus telefoniert, und nun ist wenigstens ein Ergebnis da: Stobbe will eine Delegation der Streikenden empfangen. Nun, nachdem der Widerstand gebrochen ist, mit den Opfern reden. Denn sie sind die einzigen, die auf der Strecke bleiben:

schlecht beratene, schlecht geführte Arbeiter eines kommunistischen Staatsbetriebes. Ein Lehrstück für beides: was realer Sozialismus bedeutet und wie der Status quo der Macht alle vernünftigen Regelungen unmöglich macht. Westberlin lebt von der Anomalie. Das ist das Fazit – nicht neu, aber eindeutig.

Stryck, 30. September 1980

Das schöne Hotel mitten im Wald, im hessischen Hochsauerland, hat uns wieder – vor zwei Jahren durch reinen Zufall im »Varta« entdeckt und nun schon zum viertenmal hier, große Ruhe, keine Post, kein Telefon, nur zwei Zeitungen am Tag, und im Zimmer meiner Frau der Fernseher. Der freilich ist eine Woche vor dem 5. Oktober wohl nötig. Der brachte auch die Schreckensnachricht von dem Massaker in München. Trauer und Schweigen wären das beste. Aber das Oktoberfest lief schon wenige Stunden nach dem Massenmord weiter, als wäre nichts geschehen. Die Wiesnwirte brauchen ihr Geschäft, Hunderttausende ihr bayerisches Gaudi, Saufen und Fressen, und Herr Strauß macht den finsteren Vorgang, noch ehe die Leichen kalt geworden sind, zum Wahlkampfthema. Es kann einen grausen, wenn man daran denkt: Dieser Mann ist ernsthaft als Bundeskanzler vorgeschlagen worden und wird sicher von über 40 Prozent der Deutschen gewählt. Welch ein Volk! Und ich muß in vierzehn Tagen in Holland über die Bundesrepublik Deutschland berichten.

Zudem ist der makabre Wiesn-Tod ein Lehrstück für die urdeutsche Unterscheidung zwischen rechts und links. Da läuft seit Jahren eine Wehrsportgruppe Hoffmann herum, mit gestohlenen Waffen aller Art, bildet junge Leute im Nahkampf aus. Sie wird gegen den Widerstand der bayerischen Landesregierung viel zu spät vom Bundesminister des Innern verboten – als Verein, keineswegs als kriminelle Vereinigung. Keineswegs mit der Verhaftung der Beteiligten oder auch nur des Rädelsführers. Links genügen eine Pistole und ein paar Flugblätter zu jahrelanger Haft. Links ist in jedem Fall »Gesindel«. Rechts doch eigentlich ganz muntere Burschen. Natürlich war der Bombenleger ein Einzeltäter. Natürlich hat er keine Hintermänner. Natürlich sind die Hoffmanns und Röders nur Spinner.

Heute nachmittag soll die Trauerfeier bundesweit im Fernsehen übertragen werden. Irre ich mich, oder ist es wahr? Vor drei Jahren waren wir zur Zeit des Entführungsdramas Schleyer auch in einem westdeutschen Hotel. Es war von morgens bis abends das Gespräch bei Tisch, an der Rezeption, pünktlich um 20 Uhr saßen alle vorm Fernseher. Hier und heute ist kein Wort über zwölf tote Menschen zu hören. Es scheint niemand zu interessieren. Der Täter hat sich selbst umgebracht. Basta. In Bologna demonstrierten Hunderttausende aus dem ganzen Land gegen den faschistischen Terror. Bei uns: nichts. Ein paar Blumen am Tatort. Ein paar nachdenkliche Kommentare. Die Unfähigkeit zu trauern ist perfekt.

Am Sonntag vor der Abreise hatte ich noch eine gute, friedliche Stunde mit Willy Brandt in Berlin. Er war ganz gelöst und zuversichtlich. Heute werde ich ihn in München über den Fernsehschirm sehen, neben Schmidt und Strauß. Was wird bis Sonntag noch alles passieren?

Übrigens begann für mich der Urlaub mit einem Waldecker Kirchentag in Korbach, einer wunderschönen alten Stadt mit zwei eindrucksvollen Kirchen. Wohl 2000 Menschen waren da, diesmal mehr Alte als Junge, also für mich ungewohnte Zuhörer. Morgens eine Bibelarbeit über die Geschichte von dem über den See wandelnden Jesus Christus, nachmittags ein Vortrag zu dem Thema: »Die Bergpredigt – nur für Träumer?« Es gab jedesmal ein gutes Gespräch mit jeweils ein paar hundert Zuhörern. Aber für diese braven Menschen hier bin ich wohl doch ein Berliner Exot.

1. Oktober 1980

Der Wahlkampf geht zu Ende. Ob er besser oder schlechter war als die vielen, vielen vorher? Jedenfalls war die eine Hauptperson unmöglich. Jedenfalls waren die Matadoren noch weiter weg vom Volk als in den vergangenen Jahren. Fast alle Wähler meinen, sie könnten mit ihrer Stimme doch keinen Einfluß auf irgendeine Entscheidung der Mächtigen nehmen – so das Ergebnis einer Umfrage. Und das Schlimmste: Die große Zahl der äußerlich oder innerlich »Ausgestiegenen« hält es für völlig gleichgültig, wer Bundeskanzler wird. Das ist das Ergebnis von 30 Jahren Grundgesetz. Nun kommt man natürlich ins Schwärmen, wenn man an die ersten Schritte der Demokratie in Westdeutschland denkt: mein erster Wahlkampf zum ersten gewählten Niedersächsischen Landtag 1947. Wahlkreis: Landkreis Celle. Welfische Bauern die Mehrheit – zwei Jahre zuvor sicher noch Nazis, dazu ein paar tausend Flüchtlinge aus allen Teilen Ost- und Mitteldeutschlands, vor allem Schlesier und Ostpreußen – zwei Jahre zuvor sicher ebensolche Nazis. Aber durch die völlige Existenzvernichtung ihrer Flucht oder Vertreibung gegangen, ein neues Proletariat, ohne irgendeinen Sachbesitz, ohne Wohnung, ohne Arbeit, ohne ernsthafte Berufsaussichten. Meist noch auf der Suche nach ihren Ernährern, ihren Söhnen. Ihretwegen hatte die SPD mich aufgestellt, ohne auch nur im geringsten an meine Direktwahl zu glauben. Ein

Pastor, ein Schlesier, damals im Umkreis von 50 Kilometern schon ziemlich bekannt, machte sich gut. Ich zog unter unsäglichen äußeren Bedingungen über die Dörfer. Ich sprach in ungeheizten Tanzsälen, Schulen, Scheunen. Manchmal in einem warmen Kneipenzimmer. Ich predigte vom neuen Anfang. Ich hatte sogar die Hoffnung, die neue Armut würde die Besitzverhältnisse im ganzen ändern. Bodenreform, Sozialisierung der Grundstoffindustrie, Demokratisierung aller Bereiche, das waren die Themen. Dazu das Nächstliegende: Wohnung, Arbeit, Ausbildung für die Kinder. Die ersten Vorschläge zum Lastenausgleich. Und das alles unter der sehr vereinfachten Formel von Christentum und Sozialismus. Kein Marx oder Bebel, sondern Jesus von Nazareth ging durch die Versammlungen. Es waren halbe Predigten, jawohl. Ein Horror für alle Rechtgläubigen, bei den einheimischen Pfarrherren, bei den sozialdemokratischen Genossen. Aber beide ließen mich gewähren. Ich war ja auch Flüchtlingspastor in der Stadt Celle. Der Superintendent, ein welfischer Konservativer, sagte kein Wort. Und auch der Parteivorstand in Hannover schaute, soweit er schon von mir Kenntnis nahm, zu. Ich würde ja niemals gewählt werden.

Am Wahlsonntag ging ich früh ins Bett. Hochrechnungen gab es noch nicht. Ich konnte meine Niederlage auch noch Montag früh erfahren. Gegen 11 Uhr abends entstand vor meinem Fenster ein großer Lärm. Gleichzeitig ging das Telefon. Ich war gewählt. Ich glaube, mit 16 Stimmen Mehrheit gegen den welfischen Kandidaten. Die Wahl wurde von ihm angefochten. Es mußte alles noch einmal nachgezählt werden. Aber es blieb dabei. Ich war Abgeordneter des Landkreises Celle, Mitglied des Niedersächsischen Landtages, immun.

In diesen Wahlen gab es noch Gespräche, leidenschaftliche Auseinandersetzungen in der Sache, Argumente, Visionen. Schon 1951, als ich drei Ministerjahre hinter mir hatte und als man mir deshalb einen »sicheren« Wahlkreis und einen Platz auf der Landesliste gab – den schönen Wahlkreis Springe –, sah es anders aus.

Ein Landtag, eine Landesregierung in jenen Jahren, beides kann sich heute kaum noch einer vorstellen. Zuerst die Menschen: fast ausschließlich Männer und Frauen (wenige, aber auch nicht weniger als heute), die nach 1933 wieder anfingen. Ich, als einer, der damals, 1933, 18 Jahre war, blieb eine völlige Ausnahme. Die meisten Mitglieder der SPD-Fraktion, die beiden Kommunisten, aber auch einige CDU-, FDP- und NLP (Niedersächsische Landespartei)-Mitglieder waren in KZs und Gefängnissen gewesen, hatten, soweit im öffentlichen Dienst, ihre Stellungen verloren oder Berufsverbote in anderen Bereichen gehabt, keiner war Mitglied der NSDAP gewesen. Bei den Sozialdemokraten gab es noch ein gutes Dutzend »richtige« Arbeiter, viele kleine Handwerker. Der Präsident des Hauses, eine überragende Figur in jedem Sinne, ein »Herr« übrigens, war von Beruf Zimmermann: Carl Olfers hieß er. Auf den ersten Reihen des Parlaments saßen die Besten des Landes: Kurt Schumacher, Fritz Sänger, Adolf Grimme, um nur drei aus einer Fraktion zu nennen. Ministerpräsident war Hinrich Kopf. Ein ganzes Buch könnte ich allein über ihn schreiben, den Unbeschreiblichen. Welfe und Sozialdemokrat, Einheimischer und Flüchtling, ein Riese und ein Kind, ein Bilderbuchmann. Er war der Vater des Vaterlandes, ein Patriarch, aber ein leidenschaftlicher Demokrat. Ein Preuße auch, der jüngste Landrat dieses geschlagenen Staates vor 1933. Das heißt alles: Das menschliche, politische Niveau dieser Länder war unvergleichbar höher als heute – kein Bund existierte. Die Länderchefs waren unter dem Himmel oder der Hölle der Besatzungsmächte die, die allein das Sagen hatten – mit manchen föderalistischen Absurditäten, aber doch für die Deutschen in Westdeutschland handelnd. Man erinnere sich der Namen: Luise Schröder und Ernst Reuter, Kaisen und Brauer, Arnold, Zinn, Lüdemann, Altmeier, Gebhard Müller, Wohleb, Reinhold Maier, Wilhelm Högner. Und eben unser Hinrich Kopf. Leichtgewichte waren nicht dabei und keine Nazis. Und auch in den Verwaltungen hatten sich Mitarbeiter zusammengefunden, nach denen man heute wehmütig Umschau hält: In meinem Ministerium in Hannover zum Beispiel waren die vier Abteilungsleiter hervorragende, ehemals preußische Beamte. Dienst am Lande und nicht Verdienst und Karriere waren ihr Antrieb zur Arbeit.

Ich lese mir dies alles durch und halte ein: Ist dies nicht nur ein nostalgisches Bild? War es nicht eine einmalige Ausnahmesituation, die mit den 80er Jahren der Bundesrepublik Deutschland nicht verglichen werden darf? Gab es nicht auch viel Kleinkariertes und viel Parteibuchwirtschaft auf allen Seiten? Dies alles ist richtig. Aber Niveau und Leistung bleiben und dürfen nicht vergessen werden. Die Bundesrepublik Deutschland ist – im Guten wie im Bösen – nicht von Konrad Adenauer, sondern von diesen Ländern und den in ihnen politisch Verantwortlichen gebaut worden. Die schwersten Jahre waren die vor der Währungsreform und vor Ludwig Erhards Wundertaten. Es war nicht ein Wunder, daß wir überlebten, nicht verhungerten, nicht an Seuchen zu Grunde gingen, die Millionen Vertriebenen und Flüchtlinge aufnehmen konnten, ohne daß eine Katastrophe über uns kam. Es war die solidarische Leistung dieser Ersten, Berufenen, Gewählten.

Freilich bleibt anzumerken, daß in zwei kardinalen Punkten wir alle damals versagt haben. Wir haben keinen wirklich überzeugenden Neuanfang der Demokratie in unseren Ländern gefunden – und wir haben kaum einen Versuch gemacht, die Demokratisierung des Staates mit der Veränderung der wirtschaftlichen Machtverhältnisse zu verbinden. An beidem hinderten uns die Besatzungsmächte. Anstelle einer wirklichen Selbstreinigung trat eine von ihnen erfundene, völlig falsch konstruierte Entnazifizierung. Und die britische Labour-Regierung verbot uns den bescheidensten Ansatz zur Bodenreform in unserem agrarischen Lande – von ihren Fehlern im Ruhrgebiet ganz zu schweigen. Daß nicht das eigene Volk über seinen neuen Anfang entscheiden konnte, daran tragen wir bis heute. In Deutschland gibt es keine Revolution. In Deutschland kommen radikale Veränderungen fast immer von außen, meist nach verlorenen Kriegen. Aber ich empfinde es manchmal ein wenig schmerzlich, daß die deutsche Nachkriegsgeschichte für viele erst in Bonn beginnt. Wir damals wollten dieses Bonn ja gar nicht – den Ort nicht, vor allem den Zeitpunkt nicht. Wir hofften auf eine letzte Chance, das ganze Land zwischen Oder und Rhein zusammenzuhalten. Aber wir wurden durch Befehl der Besatzungsmächte und den heimlichen Wunsch von Deutschen, die in Wahrheit die Spaltung des Reiches ganz gern sahen, in den Sog getrieben, der zur Bundesrepublik Deutschland führte. Wir widersetzten uns nicht. Wir übersahen wohl auch nicht die Endgültigkeit des angeblichen Provisoriums. Wir unterschätzten die Kräfte des Rheinbundes.

Jedenfalls ist keiner von uns erhobenen Hauptes in die Stadt links des Rheins und den Deutschen Bundesrat gezogen. Ich war – als jüngstes Mitglied – sein erster Schriftführer. Als ich das erstemal die Namen der Länder zur Feststellung der Beschlußfähigkeit aufzurufen hatte, lag die Versuchung nahe, auch die Länder, die fehlten, mitaufzurufen und das Schweigen wirken zu lassen: »Preußen, Sachsen, Thüringen, Mecklenburg ...« Ich fragte vorher ein paar Freunde, ob ich es tun sollte. Alle rieten mir ab. Da fehlte mir der Mut.

Ich schreibe dies alles, heute, am 1. Oktober 1980 im Hochsauerland, unmittelbar an der hessisch-nordrhein-westfälischen Grenze auf. 1945 war dies die Grenze zwischen britischer und amerikanischer Zone, mit Schlagbaum und Kontrollen und blühendem Schmuggel. Vergessen? Hoffentlich nicht ganz.

3. Oktober 1980

Ich schreibe heute nichts weiter auf. Will den Sonntag abwarten, die Wahl. Es ist kindisch. Das Ergebnis steht so gut wie fest. Es wird sich nichts ändern. Weder zum Bösen noch zum Guten: nichts. Wir werden den besten Kanzler haben, den es, so wie die Dinge liegen, zur Zeit geben kann. Aber von dem, was wirklich geschehen müßte, wird nichts eintreten. Wir werden weiter rüsten, weiter wachsen, immer reicher werden. Und der Fluß der Freiheit wird weiter versanden.

Gestern im Fernsehen, gespenstisch: die »großen vier«, Schmidt, Genscher, Kohl und der Bayer. Sie waren sich in allen Sachfragen nahezu einig. Keiner brach aus. Aber der Graben voll Gift und Haß war zum Überlaufen voll. Was mögen die Millionen Zuschauer gedacht haben?

4. Oktober 1980

Dieses Hotel: der Anfang und das Herz des Hauses ist ein Heinrich-Vogeler-Bau. Er hat ihn für einen jüdischen Arzt als Ferienhaus errichtet, alles selbst entworfen bis zu den Tapeten, ein Schmuckstück, viel ist erhalten und liebevoll gepflegt. Dann kam das Übliche dazu: ein Gästehaus, das obligate Schwimmbad, und seit 1978 noch einmal ein moderner Anbau. Erträglich. Mein Zimmer hat eine schöne

Ecke zum Schreiben. Was sich unten abspielt, besonders an Wochenenden, ein deutsches Fressen und Saufen mit Gästen, meist aus dem Ruhrgebiet, stört nicht. Ich schaue direkt in den unversehrten Wald, in dem man stundenlang laufen kann, ohne einem Menschen zu begegnen. Berliner sind kaum hier, sie fahren – nah – in den Harz oder ins Fränkische – und fern überall hin in die Welt. Das Sauerland ist für sie noch nicht entdeckt. Sie lächeln erstaunt, wenn man es als Reiseziel nennt. Ich liebe diese Landschaft. Sie erinnert mich an die schlesischen Mittelgebirge. Man ist fast zu Hause. Zu Hause. Soll ich jetzt anfangen, von Schlesien zu erzählen? Ein Heimatbuch? Vielleicht überwinde ich die Scheu einmal. Es wird leicht sentimental und schmerzt immer noch – nach 35 Jahren. Jedenfalls weiß ich, wenn ich könnte, würde ich dort die letzten Jahre meines Lebens verbringen. Aber die Polen würden mich nicht hereinlassen zum Wohnen und dort Sterben. Und die Deutschen würden mein Ruhegeld nicht in ein kommunistisches Land überweisen. Nach San Francisco ja, nach Breslau nicht.

Morgen abend wird jener kleine Fernsehapparat die Zahlen melden, auf die wir alle warten. Nun wohl doch ein wenig gespannt und besorgt.

Übrigens, gestern saßen hier im Zimmer zwei junge Mädchen, die Tochter der Wirtsleute und ihre Freundin, 15 bis 16 Jahre, sprühend vor Engagement in einer Bürgerinitiative, die sie praktisch selbst auf die Beine gebracht haben. Es geht um eine aufwendige Straße um Willingen herum, die mit einer Betonbrücke das ganze Tal zerschneiden soll. Sie sind dagegen, haben 2000 Unterschriften gesammelt, an Gott und die Welt geschrieben und wollen Rat von mir für den Umgang mit den Mächtigen in Gemeinde, Kreis und Land. Sie haben erste Antworten erhalten, die Sache liegt schon im Petitionsausschuß des Hessischen

Landtages. Wie immer sie ausgeht: Hoffentlich werden die beiden weiter ernstgenommen. Hoffentlich wird ihnen nicht ein für alle Mal die Zivilcourage ausgetrieben. Es war ein großartiges Gespräch, viel ernsthafter und fröhlicher als mit dem Durchschnitt der sogenannten Erwachsenen, die ja in der Regel, sieht man genauer hin, ihre eigenen Interessen und weniger das Gemeinwohl vertreten. In der Sache allerdings ein Schulbeispiel für die Sackgasse, in die wir mit unserer sinnlosen Verkehrspolitik geraten sind: Entweder man läßt einen Luftkurort im Gestank der Autos ersticken – oder man zerschneidet eine ganze Landschaft. Dies auch noch in einem Ort, in dem unsere Väter 1913 einen berühmten Eisenbahnviadukt gebaut haben, schön und ohne jede Zerstörung des Gesamtbildes. Da fahren heute auch nur noch zwei durchgehende Züge am Tag. Der eine nach Amsterdam, wegen der holländischen Gäste. Ich freue mich auf ihn. Nächsten Sonntag. Ich muß aufhören und soll mir einen Schlips umbinden zum Abendessen. Es ist Samstag. Und da sind viele Leute, die sich für ganz fein halten.

6. Oktober 1980

Nach der Wahl. Ich muß aufpassen, nun nicht einfach auch noch einen Kommentar zu schreiben, wie er jetzt im Dutzend über die Sender läuft, stereotyp, mit den Namen, die den jeweiligen Standort des Sprechers verraten, aber doch so schön ausgewogen. Zunächst: Fast 90 Prozent haben wieder gewählt. Ich habe die aufgeschlüsselten Zahlen noch nicht. Aber es müssen doch auch sehr viele Junge dabeigewesen sein. Trotz aller Verdrossenheit, sie tun es. Und nur 2,5 Prozent für die nicht etablierten Parteien, einschließlich der »Grünen«. Was war es Anfang des Jahres noch für eine Diskussion – wie die Grünen Strauß an die Macht bringen könnten! Nun sind alle wieder in den alten Ställen. Ein erstaunlicher Vorgang. Die Demokratie funktioniert fast geräuschlos. »Freiheit und Democracy«. Soll ich's beklagen? Es bleibt eben bei drei sich immer mehr ähnelnden Parteien. Es gibt links von den Sozialdemokraten keine Chance. Und auch alle Deutschnationalen und alten und neuen Nazis sind aufgesogen. Übrigens in allen Parteien.

Zweitens: Es ging wie noch niemals zuvor um zwei Personen. Und Strauß ist als Bundeskanzler verhindert worden. Das ist für mich das wichtigste Ergebnis. Ich habe mich in diesen letzten Wochen oft gefragt, ob ich nicht ungerecht wäre. Schon im Januar hatte ich öffentlich den kühnen Satz gewagt, es gebe für einen Christen Situationen, in denen müsse er sagen dürfen: »den nicht«. Aber ich bin doch weiter davon überzeugt: Hätte Strauß gesiegt, wären nach außen und innen unberechenbare Konsequenzen eingetreten, die uns noch unfähiger zum Frieden gemacht hätten, als wir es jetzt schon sind. Dieser Mann ist unberechenbar, er ist es immer gewesen, er kann sich auch nicht mehr ändern. Daß fast 45 Prozent der Wähler ihn als Kanzler für möglich hielten, ist schon nachdenkenswert genug. Aber sind wir Deutschen deshalb gefährlicher als die Amerikaner mit ihren Alternativen zwischen Carter und Reagan?

Darum ist bei allen Vorbehalten Helmut Schmidt ein Geschenk Gottes – daß es ihn gibt. Daß er zur Verfügung stand nach Willy Brandts Rücktritt. Ich weiß, er ist kein Sozialist. Er ist ein liberaler Konservativer, ja der Konservative überwiegt. Aber man weiß ziemlich genau, wie er sich verhalten wird. Und: Er ist fähig zum Frieden, weil er fähig zum Verhandeln und zu Kompromissen ist. Er wird den ersten Schritt zur Abrüstung nicht gehen. Aber er wird zäh um Abrüstung auf seiner These des Gleichgewichtes kämpfen. Dies aber ist, so wie die Dinge in Deutschland liegen, schon viel. Leider, aber es ist so. Außerdem ist er ein Patriot. Er wird nicht jeden Unsinn mitmachen, der uns von jenseits des Ozeans aufgeredet wird. Er kann, wie wir alle, scheitern. Aber er wird dabei anständig bleiben.

Wenn junge Leute, meine Freunde, dies alles jemals lesen sollten, werden sie mich für sehr bescheiden halten. Es ist auch sehr bescheiden. Es wird mich nicht davon abhalten, meine viel weitergehenden Meinungen zu vertreten, wird mich die Ziele, die Utopien nicht verlieren lassen – hoffentlich nicht. Aber am 6. Oktober 1980, zum konkreten Wahlergebnis zum Deutschen Bundestag, kann ich nichts anderes schreiben. Denn auch alle Utopien werden zu Träumen, wenn wir den Boden unter den Füßen verlieren. Und der Boden heißt: SPD und FDP, wie sie sind. Schmidt und Genscher, wie sie zur Wahl standen. Nicht mehr und nicht weniger.

Meine und vieler anderer Freunde Aufgabe wird allerdings nun noch deutlicher als bisher sein: für mehr Reformen einzutreten, für mehr Nachdenken, für mehr Mut zu unpopulären Entscheidungen in allen Bereichen. Ich habe dies heute auch in aller Kürze Helmut Schmidt angekündigt.

Ich habe ihn endlose Zeiten nicht mehr gesehen und gesprochen. In Bonn und Berlin sind es Willy Brandt, Egon Bahr, Hans Koschnick, Erhard Eppler, denen ich begegne. Als ich ihn ständig sah, waren wir beide Innensenatoren zweier großer deutscher Städte. Er hatte seine Wasserflut, ich meine Mauer und die Passierscheine. Wir waren auf Krisen und ihre Bewältigung eingestellt. Ich habe ihn gern gemocht. Auch wenn sein sehr schneller, kühler Intellekt mir fremd war und seine gelegentlichen Oberleutnantmanieren. Man konnte sich auf ihn verlassen. Im

Juli 1967 freilich, nach dem Tode von Benno Ohnesorg, war das Gespräch schwierig. Er war damals Vorsitzender der SPD-Bundestagsfraktion. Er verstand meine Unsicherheit nicht. Sie war ja auch schwer zu verstehen. Das letzte Mal habe ich ihn 1975 gesehen, auf dem Kirchentag in Frankfurt. So lange ist das her. Wir hatten mit ein paar andern eine Podiumsdiskussion vor ein paar tausend jungen Leuten. Gegen mich brandete die Woge der Zustimmung nach der Aden-Aktion. Er war wohl etwas erstaunt. Aber es war möglich, bei atemloser Stille der riesigen Halle ihm die ersten Folgen des Radikalenerlasses vorzuhalten, und er ging auf anständige Weise darauf ein.

(Schon wieder kommt das Wort »anständig« vor. Was meine ich damit? Vielleicht sollte ich lieber »menschlich« sagen, »offen« oder »redlich«. Altmodisch sind sie alle, diese Vokabeln.)

Ja, seitdem sah ich ihn nur am Fernsehschirm und in Geburtstagstelegrammen, sehr freundlichen. Ich wünsche ihm Glück, Gelassenheit, Courage, Selbstkritik. Und seine gute Frau.

20. Oktober 1980

Vierzehn Tage nichts geschrieben und wieder in Berlin. Es ist nun ganz still hier geworden. Die S-Bahn fährt nicht mehr. Merkwürdig, wie man sich an das Geräusch der Züge gewöhnt hatte. Unvorstellbar – alle 20 Minuten ein Hin- und Gegenverkehr, also alle zehn Minuten ein Zug, ein wenig polternd und heiser und sehr geliebt – und nun ist es still. Die Gleise rosten vor sich hin. Das geht sehr schnell. Die Oberen merken nichts davon. Die »kleinen Leute« müssen nun längere Fahrzeiten auf sich nehmen, in überfüllten Bussen und U-Bahnen. Die Versuchung zum

Auto wird auch größer. Aber wen kümmert das ernsthaft? Doch vor allem: ein Symbol der Stadt geht zugrunde aus Mangel an Phantasie. Traurig. Ich werde am 2. November, wenn sie mir den Heinemann-Preis übergeben, davon sprechen als von einem Beispiel der Unbeweglichkeit.

Ja, und inzwischen war nun der Besuch in Holland. Amsterdam, Leiden, Utrecht, Nijmegen. Viermal von der Bundesrepublik Deutschland erzählen. In Amsterdam als öffentliche Veranstaltung, leider mit zuvielen Deutschen. Sonst mehr im Seminarcharakter in den germanistischen Instituten. Die Zahlen der Besucher gegenüber dem Inland winzig: 150, 30, 80, 15 Menschen. Man kann fragen, ob der Aufwand an Geld für das Goethe-Institut und an Zeit für mich sich gelohnt hat. Ich glaube schon. Es gab sehr offene Gespräche, in denen das Mißtrauen gegenüber dem reichen Nachbarn deutlich zum Ausdruck kam. Ich habe versucht, die Proportionen ein wenig zurechtzurücken, ohne Beschönigung der Gefahren. Die jungen Leute wußten viel, mehr als manche deutschen Studenten. Die Dozenten, zum Teil selbst Deutsche, waren sympathisch und aufgeschlossen, die Verhältnisse an den Universitäten ähnlich wie bei uns. Nur heiterer. Nicht so verkrampft, nicht so akademisch und pseudowissenschaftlich.

Und überhaupt: Das Land hat seinen Zauber nicht verloren. Ich habe es ja gleich nach dem Krieg erlebt, als es noch keine Bundesrepublik gab. Ob darüber je einer geschrieben hat? Dabei war es ein ganz großer, bewegender Vorgang, der mich von Hannover aus das von den Deutschen besetzt gewesene Land besuchen ließ. Holländer, mir völlig unbekannte Leute, wollten deutschen Flüchtlingen helfen, die im Emsland und in Oldenburg unter menschenunwürdigen Umständen ihr neues Leben beginnen mußten. Und zwar ausschließlich solche niederländischen Staatsbürger, die selbst Widerstand geleistet, selbst unter den

Deutschen gelitten hatten. Sie organisierten vor allem medizinische Hilfen, schenkten uns, ich glaube, vier fahrbare Gesundheitsstationen in Spezialomnibussen, mit allem technischen Gerät, vor allem für die Mütter- und Säuglingspflege. Spontan und ohne große Worte. Und dies zu einer Zeit, in der man in Amsterdam auf der Straße besser kein deutsches Wort sprach. Ich habe zur gleichen Zeit in Dänemark Ähnliches erlebt. Die Masse der Bevölkerung, in der Besatzungszeit sicher nicht allesamt Helden, von aggressiver Deutschfeindlichkeit – die Demokraten und Antifaschisten die ersten solidarisch handelnden Ausländer. Die Frau, die die Seele der ganzen Hilfe war, sah ich jetzt wieder: Beatrix van der Walle-Bosch. Es war eine große, herzliche Freude.

Und die Stadt Amsterdam herrlich wie eh und je. Wir wohnten in der Herengracht in einem Hotel, das drei alte Patrizierhäuser einnahm – wie in einer alten Wohnung mit kostbaren Möbeln. Und zwischen den offiziellen Terminen war in einer milden Herbstsonne alles zu sehen, was an Schönheit überlebt hat – von Wasser und Zerfall bedroht, aber eben doch haltbar und immer von neuem lebendig: Beginenhof und Blumenmarkt, die 1000 Brücken über die Grachten, die verräucherten »Bars«, – und das mir ganz neue Van-Gogh-Museum.

Zu Hause Berge gelagerter Post. Und alte Zeitungen. Und darin die genaue Berichterstattung über das Urteil im Lorenz-Drenkmann-Prozeß. Ich bin sehr erleichtert. Das Gericht ist nicht den Strafanträgen der Bundesanwaltschaft gefolgt. Fritz Teufel ist frei. Keiner wurde wegen des Mordes an Drenkmann verurteilt. Natürlich wurde von Karlsruhe Revision eingelegt. Aber ein unabhängiges Gericht hat den Rücken steif gemacht vor allem gegen die unglaubliche Praxis des Berliner Innensenators, der Zeugen und Akten dem Gericht vorenthielt. Wann wird dieser

Unfug endlich rechtsstaatlich geregelt werden? Der Gesetzgeber muß hier ein objektives und richterlich nachprüfbares Verfahren bei der Verweigerung von Aussagegenehmigungen einführen. Sonst bestimmt die Exekutive das Gerichtsverfahren. So blieb der Mord an dem Berliner Kammergerichtspräsidenten unaufgeklärt. Leider auch wegen der nicht mehr verwertbaren Aussage seiner unglücklichen Witwe.

Zweite Freude: ein Berufsverbot gegen eine Mitarbeiterin der Freien Universität ist aufgehoben worden. Und: der junge Häftling Wolfgang Weßlau ist endlich auf Bewährung aus der Haft entlassen worden. Er hatte zwei Drittel seiner Jugendstrafe verbüßt und war unverständlicherweise als einziger der im Mordfall Schmücker Verurteilten noch in Haft. Ein reiner Indizienprozeß mit einem dubiosen Kronzeugen des Verfassungsschutzes. Heute kommt der junge Mann bei seiner Mutter in Wolfsburg an. Was werden sie feiern! Und wie sehr müssen wir ihm helfen, daß er wieder auf die Beine kommt!

23. Oktober 1980

Nun wird es wohl Zeit, die Flagge etwas deutlicher zu zeigen. Was über die Vorbereitungen des Papstbesuches stückweise an die Öffentlichkeit kommt, wird täglich peinlicher. Kommt ein indischer Nabob? Sind wir ein katholisches Land? Kommunen und Bundesländer geben Hunderttausende für die Papst-Show aus, Rundfunkanstalten werden unter unziemlichen Druck gesetzt, ganze Programme zu ändern, ganze Städte für halbe Tage vom normalen Verkehr abgeschnitten – und Deutschland der Mutter Maria geweiht. Dazu erscheint eine Schrift gegen Luther im Stil der Gegenreformation. Es ist wirklich schlimm, schlimm vor allem für die, die seit Jahren in beiden Kirchen längst aufeinander zugegangen sind, in gemeinsamen Gottesdiensten, bei der Eucharistie, in solidarischen Aktionen gegen die Übel dieser Welt. Ich werde mich auch nicht von meinen Freunden im »Katholikentag von unten« trennen lassen. Aber andere und ich werden nun wohl deutlicher als bisher als Evangelische zu erkennen sein, auch als Protestanten, Protestanten für das Evangelium und gegen eine Hierarchie Roms, die offensichtlich alles Augenmaß verloren hat. Am traurigsten bin ich über den Papst, bei dessen Wahl ich Tränen der Freude geweint habe. Merkt er gar nicht, was er anrichtet? War es zu viel für ihn, aus der überschaubaren Front seiner Krakauer Diözese herauszutreten in die Weltkirche? Sagt ihm niemand, daß Europa nicht Polen ist? Die deutschen Bischöfe gewiß nicht. Und die Leute vom Rat der EKD? Sie werden nun mit ihm reden? Zum Frühstück in Mainz. Mehr als Höflichkeiten und das Verlesen von frommen Adressen? Am Tage dieses Gesprächs soll ich den Dialog mit Bischof Lohse führen: »Von der Schwierigkeit, Ja und Nein zu sagen. Über den Auftrag des Protestantismus in unserem Lande«. Das wird dann wohl ein Abend sein, an dem der Schatten des Papstes übermächtig ist. Hoffentlich können wir aus ihm heraustreten. Hoffentlich läßt sich der Vorsitzende des Rates nicht allzusehr durch sein Amt binden. Es muß doch gesagt werden können, daß uns nicht Maria und die Eucharistie, nicht Heilige oder dieser oder jener Mißbrauch frommer Gefühle von Rom trennen, sondern allein der Anspruch des Papstes, sein unfehlbares Lehramt, allein die Mittlerrolle des Priesters zwischen Gott und den Menschen. Indem wir frei und allein auf Gottes Gnade durch Jesus Christus angewiesen sind, sind wir evangelisch. Um diese Freiheit geht es. Und sie ist es, die zugleich alles so schwierig macht. Kein Schauspiel geistlicher

Macht, keine Farben, kein Glanz. Keine auswärtige Macht mit einem Nuntius in Bonn – sondern ein schwacher Rat der Evangelischen Kirche in Deutschland, fast in Zivil, wenn ich den Lutherrock von Bischof Kunst einmal vergesse. Oft nur die Trittbrettfahrer Roms, auch gegen bessere Einsicht dieselben verengten Standpunkte wiederholend: § 218, Ehescheidung, Bettgeschichten.

So leid es mir tut, ich werde einen kräftigen protestantischen Akzent in meine nächsten öffentlichen Äußerungen bringen. Anlässe gibt es genug im November: beim Heinemann-Preis und den mit seiner Verleihung an mich folgenden Sendungen, in zwei Predigten in Berlin und Hannover, in drei »Worten zum Sonntag«. Alles bis Weihnachten. Eigentlich ein bißchen viel für den Ruhestand.

Die bunten Bäume des Herbstes, die wir im Sauerland bewundern wollten, und die dort noch nicht so weit waren, haben Schlachtensee zu einem herrlichen Gemälde gemacht: rot und gelb und braun. Und eine milde Herbstsonne. Warum fährt man eigentlich immer wieder fort? Berlin ist viel schöner, jedenfalls hier im bevorzugten Südwesten.

30. Oktober 1980

Der 2. November kommt immer näher, die Übergabe des Heinemann-Preises. Es wird ein merkwürdiges Spektakel. Ich freue mich darauf und fürchte mich ein bißchen. Es werden viele Gefühle freigelegt werden, bittere und gute. Ich habe meine »Dankesrede« schon aufgeschrieben, ohne zu wissen, was vorher, vor allem von Willy Brandt, gesagt wird. Ein seltsames Verfahren, aber die Pressestelle wollte es so haben. Journalisten können ja selten zuhören oder gar mitschreiben. »Es gilt das gesprochene Wort«, habe ich unter den Sperrvermerk gesetzt. Es wird wohl manches eingefügt werden müssen. Hoffentlich nichts Trauriges und Gefährliches zu Polen. Die Verantwortlichen sind nach Moskau bestellt. Das läßt nichts Gutes ahnen.

Aber wir sind wohl doch noch eine Nation, wir Deutschen. Jedenfalls kann man sich als Deutscher (West) nur schämen über die Art, in der in Ostberlin zu den Nachbarn geredet wird. Sie wollen die »polnischen Patrioten« unterstützen. Wer ein polnischer Patriot ist, wird in Ostberlin (auf Weisung von Moskau) bestimmt. 35 Jahre nach Auschwitz. Aber die westlichen Medien sind (seitenverkehrt) ja auch nicht viel besser. Wer sich da alles zu Wort meldet, ist grotesk. Natürlich auch »Hicks«, der Nazikarikaturist in der »Welt«.

Ja, ich muß viel schreiben. Gestern für einen »Preußenfilm«, den das ZDF im nächsten Jahr ausstrahlen will. Es war schwer, in viereinhalb Minuten etwas halbwegs Angemessenes zur Sache zu sagen, zumal das Herz mitspielt. Aber der deutsche Autor und der britische Regisseur waren zufrieden. Ich hätte gern noch mehr gesagt. Das Ganze wird eingefügt in eine fingierte Gerichtsverhandlung, in der ich als »Zeuge« aufgerufen werde. Hier der Text:

Ob ich ein Zeuge bin, weiß ich nicht. Aber jedenfalls ein Betroffener. Ein Betroffener, weil ich in Schlesien geboren und aufgewachsen bin, ein Betroffener, weil ich in Berlin lebe. In Westberlin: eine Hauptstadt ohne Land in einem Land ohne Hauptstadt. Eine Stadt, in der Geschichte, ihre eigene Geschichte über Jahrzehnte verdrängt wurde, die preußische Geschichte. Wer oder was ist Preußen? Ein Staat, ein Volk, eine Staatsidee? Der Staat war ein Flickenteppich von Königsberg bis Kleve, erst 1815 und 1866 endgültig miteinander verbunden, ein Volk der Preußen hat es eigentlich nie gegeben, seine besten Söhne, selbst sein Herrscherhaus, kamen aus anderen deutschen Ländern oder aus dem

Ausland – ja, war es nur eine Idee? Ein Traum, in der schwierigen Balance zwischen Ordnung und Freiheit einem Größeren zu dienen, das rational so schwer zu beschreiben ist? Jedenfalls nicht in erster Linie dem König, aber auch sicher nicht dem Volke. Demokratie in unserem Sinn hat es in preußischen Landen erst nach 1918 gegeben. Da aber besonders ernst genommen, stabiler als das Reich, bis 1932. Aber Dienst ist Preußen immer gewesen, Pflicht, Kargheit, Zuverlässigkeit. Nicht Verdienen war Motiv des Handelns, sondern Verantwortung. Sehr auf einzelne zugeschnitten, bis zum Rebellentum: dem Prinzen von Homburg, dem General Yorck. Das alles war immer in der Gefahr, überdreht zu werden. Ins Formale zu vertrocknen, ins Uniformierte umzuschlagen. Das peinliche Übergewicht der Armee ist nicht wegzuleugnen. Die Wunden der Kriege, die Preußen in Deutschland führte, sind bis heute nicht ganz vernarbt. Aber etwa der preußische Beamte, unbestechlich, auf seine Auffassung von Recht, das sicher immer ein Klassenrecht war, eingeschworen, ist nirgendwo sonst in deutschen Landen zu finden gewesen.

Ein offenes Land ist Preußen gewesen, in sich selbst ein Vielvölkerstaat von der Memel bis zum Rhein, nach außen immer zur Aufnahme und Integration Fremder bereit: Niederländer und Hugenotten, Salzburger und Böhmen, sie alle haben diese Staatsidee getragen, ja erst möglich gemacht, übrigens im 19. Jahrhundert auch noch die Polen. Berlin war in seinen Glanzzeiten eher eine französische Stadt. Denn Pflicht und Dienst werden verbunden mit Toleranz und Freiheit des Glaubens und der Überzeugungen. In Brandenburg-Preußen ist niemand zur Religion seines Fürsten gezwungen worden. Ist kein Soldat ins Ausland verkauft worden. Sind die Juden gesellschaftsfähig gewesen.

Preußen durch Gesetz aufzulösen, war eine Dummheit, eine geschichtslose Dummheit. In Wirklichkeit war es 1871 schon zum Tode verurteilt, als der preußische König Deutscher Kaiser wurde. Dem Staat Preußen den Verbrecher Hitler anzulasten, ist grotesk. Bis auf wenige Ausnahmen kamen er und seine Kumpane aus Österreich, aus den Rheinbundstaaten. So hat man 1947, stellvertretend für das ganze Reich, genau den Staat vernichtet, der vielleicht, auch über die Grenzen der Teilung hinweg, Gleichgewicht und Balance in das Chaos hätte bringen können.

Einen Rest von Zusammenhalt. Jedenfalls die Idee des Dienens, gegenüber dem hemmungslosen Verdienen im Westen und dem Sklavenhaltertum des Ostens.

Träume, natürlich. Die DDR war klüger, als sie preußische Traditionen und Namen für sich in Anspruch nahm, als für uns im Westen Preußen noch ein verfemtes Tabu war. Nun holen wir langsam nach. Auch in diesem gespielten Prozeß. Ich will Sie nicht länger aufhalten.

5. November 1980

Lange Schreibpause. Dabei ist so viel geschehen. Allein heute: Reagan als US-Präsident, Schmidt als deutscher Bundeskanzler gewählt. Kaum einer redet heute über diesen für uns näheren Vorgang. Er war ja auch sicher vorauszusehen – mit einer »komfortablen« Mehrheit. So heißt es. Die Koalitionsverhandlungen scheinen weniger komfortabel gewesen zu sein. Und die Legislaturperiode wird es noch weniger werden. Ich fürchte, auch wegen der andern, wichtigeren Wahl. Was weiß man über Reagan? Kann er schlimmer sein als Carter oder Nixon? Primitiver als Johnson? Was ist das für ein Volk, voller Millionen Begabungen, Millionen Demokraten – und sie präsentieren immer wieder solche Präsidenten. Aber das sind sicher hochmütige Betrachtungen. Herr Reagan wird sich Herrn Kissinger holen und Brzesinski womöglich behalten. Und Helmut Schmidt wird wohl noch mehr ein deutscher Patriot werden müssen, wenn wir hier in Europa nicht völlig überfahren werden sollen von amerikanischer Machtpolitik. Wir armen Friedenskämpfer. Wir haben nicht einmal die Schleuder des David.

Hinter mir liegt der Berg der Ehrung mit dem Heinemann-Bürgerpreis. Es war schön und anstrengend zugleich. Fast eine Stunde immerzu deinen eignen Namen zu hören, ein richtiges Psychogramm, vor Hunderten von Leuten. Die Reden sollte man nachlesen, um zu begreifen, was ich meine. »Ein Mann, der mehrere Leben lebt«, solche Sätze kommen vor und werden dann zur Überschrift in der »Frankfurter Rundschau«. Aber dies alles war ganz freundschaftlich, ja liebevoll gesagt und hat mich sehr bewegt. Doch der eigentliche Wert dieser Feier in dem sehr angenehmen Otto-Braun-Saal der Staatsbibliothek – preußischer Boden – war zweierlei: erstens die Rede des Regierenden Bürgermeisters Dietrich Stobbe, der völlig überraschend ganz aus sich herausging und seine gewohnte Blässe verlor, vor allem mit einer sehr zum Nachdenken anregenden Zusammenschau der Konflikte der 60er Jahre in Westberlin, und zweitens die Versammlung selbst. Viele alte Freunde, auch aus Bonn und Hannover angereist, darunter die besten Berliner, meine Generation, die um Vierzigjährigen – und, Gott sei Dank, junge Leute, von denen ich gefürchtet habe, sie würden wegen der hochoffiziellen Einladungskarten nicht kommen. Eine Familie der Aufgeschlossenen, der kritischen, hörbereiten, nachdenklichen Leute. Sozialdemokraten, Protestanten, Preußen – diese Mischung, und darin die Jungen, Alternativen, ganz »Linken«, wer immer das sei. Das Ganze hatte Niveau und Heiterkeit. Einer meiner früheren Mitarbeiter und späterer Bundesminister, Helmut Rohde, sagte, es sei wie ein politischer Kuraufenthalt gewesen. Nur die tatsächlich Mächtigen waren natürlich nicht erschienen: kaum einer aus den Berliner Fraktionen, natürlich nicht der Finanz- und der Innensenator, der Polizeipräsident hatte sich mit einem unverschämten Brief an den Parteivorsitzenden entschuldigt (Albertz sei ein Verfassungsfeind ...). Auch die Berliner Zeitungen brachten nicht mehr als ein paar Zeilen. Keinen Kommentar. Das blieb den westdeutschen Journalisten vorbehalten. Die Reden wurden gedruckt, lange Berichte geschrieben. Nur der Rias sendete einen Zusammenschnitt der Feier von 45 Minuten. Völlig abgesehen von meiner Person: Diese Stadt ist so mit ihren Kleinkariertheiten beschäftigt, daß sie gar nicht merkt, wenn ihr erster Repräsentant laut nachdenkt über mehr als über sich und seine täglichen Geschäfte. Aber ich liebe sie, habe es öffentlich gestanden und die Freunde wohl sehr damit gerührt.

Von den drei Kindern waren zwei da. Meine Frau saß ganz vorn in der Mitte. Keiner hat sie erwähnt. Ich auch nicht. Es war schlimm. So gehört sie zu meinem Leben. Und ich zu ihr. Dafür war sie nachher beim Stehempfang der Mittelpunkt – mich blockierten Journalisten. Ich hatte eine »Erwiderung des Preisträgers« zu halten. Folgendes habe ich gesagt:

Ja. In dem Programm – ich weiß gar nicht, ob es verteilt ist, jedenfalls ich habe ein Stück Papier, da steht drauf: Programm – heißt es also jetzt: Erwiderung des Preisträgers. Liebe Freunde und verehrte Damen und Herren, was soll ich erwidern? Meine Frau und mein Sohn können christliche Zeugen sein, daß ich noch am Frühstückstisch gesagt habe, ich wüßte nicht, ob ich das vortragen könnte, was ich mir aufgeschrieben habe. Und ob ich nicht einfach Dankeschön sagen sollte und wieder gehen. Mir ist fast so zumute. Aber in dieser merkwürdig bequemen und technisierten Welt hat die Presse meine Rede schon – ja, deine hat sie auch, lieber Willy, ich hoffe deine auch, diese (ach, ich darf ja jetzt keine Zensuren verteilen, ich will es auch nicht) großartige Rede des zur Zeit amtierenden Bürgermeisters! Der Vater Heinemann schafft eben was, das kommt dann heraus, ich bin sehr glücklich darüber. Ja also, was soll ich erwidern? Zunächst habe ich doch sehr zu danken, daß ich nun Träger des Gustav-Heinemann-Bürgerpreises sein darf. Es ist ja öffentlich bekannt, daß ich ihn lieber in den Händen anderer, jüngerer Leute gesehen hätte, die mehr Ermutigung brauchen für ihre Arbeit als ich, vielleicht auch ein bißchen Schutz vor Mißverständnissen und Böswilligkeiten, wie sie die Regel sind, wenn einer sagt und tut, was nicht alle anderen auch sagen oder tun. Ihnen jedenfalls werde ich den mir eben übergebenen Scheck weitergeben. Es ist noch nicht alles verfügt. Ich sage auch offen eine Adresse und erschrecke nun hoffentlich niemanden damit: Ein Teil des Betrages, von dem ich hoffe, lieber Herr Posser, daß das nicht alles von der Steuer wieder weggenommen wird, wird an das Netzwerk Selbsthilfe gehen. Ein anderer Teil an eine Gruppe junger Christen, die in Kreuzberg unter unsäglichen Umständen versuchen, in dieser oft so feindselig gewordenen Situation dort zu arbeiten als Menschen in den Hinterhäusern der Straßen, von denen man nicht weiß, wann sie abgerissen werden.

Aber daß der Name Heinemann nun über diesen Preis auch mit meinem Namen verbunden wird, das ist für mich ein sehr bewegender Vorgang. Denn wenn es unter den Zeitgenossen einen gab, der mir Vorbild war, dann er: dieser radikale Demokrat, nun gebrauche ich diese Vokabel auch, dieser aufrichtige und glaubwürdige Mensch, dieser rheinische Preuße, dieser Protestant, dieser Christ. Welche Jahre, als er Bundespräsident war!

Und bei euch (dem Chor der Gustav-Heinemann-Gesamtschule unter Leitung von Gerd Brüning – Anm. d. Red.) bedanke ich mich auch. Das finde ich ganz besonders schön, daß ihr hier heute gesungen habt und noch singen werdet.

Ja, und dann habe ich also denen zu danken, die hier so freundlich und kritisch geredet haben, das kann ich jetzt so nicht öffentlich sagen, das war ein bißchen viel auf einmal für mich, wie Sie verstehen werden. Ich bin nur froh, daß, so viel wie freundlich-kritisch, kritisch-freundlich auch zur Person, doch vor allem auch zur Sache gesprochen worden ist. So sehr zur Sache, um die es geht. Ich möchte meinem Freund Posser, als dem, der von draußen hier nun den Preis nach Berlin hereingebracht hat – aber wie er verstehen wird, vor allem den beiden, die den Titel, den ich auch für eine kurze Zeit habe tragen müssen oder dürfen, die hier gesprochen haben –, danken, daß sie es so gesagt haben. Nach so viel Gutem und Bitterem und wieder Gutem, das wir gemeinsam erlebt haben. Eine Laudatio auf einen Freund zu halten, ist eigentlich ganz leicht und macht Spaß; sie zu hören, ist ja viel schwerer. Man hört, wie andere einen sehen, der sie begleitet hat. Die Außenansicht also mit manchen Versuchen auch etwas mehr zu ergründen – wie man sich selber sieht, nur durch einen Spiegel, seitenverkehrt, in einem dunklen Wort – wer erkennt wen? Wohl keiner, bis wir nicht erkannt sind von dem, der uns geschaffen hat. So jedenfalls steht es im 1. Korintherbrief.

Aber ich möchte nun meinen Dank eben doch noch auf eine andere Weise abstatten. Ich möchte an drei Beispielen ganz kurz darstellen, wo Sie mich jetzt, im Herbst 1980, finden können, welche Fragen ich an uns alle habe, Fragen, die eben schon so dicht, so nah an der Haut vorgekommen sind: Erstens also, und das ist ja nicht unbekannt, Sie finden mich in diesen Monaten vor allem bei denen, die immer besorgter sind über den Umgang, den wir mit den Vokabeln Krieg – Verteidigung – Frieden – Sicherheit haben. Denn bei dem, was wir beschönigend »Krieg« und »Verteidigung« nennen, handelt es sich – wie jedermann weiß und wie wir es ja eben auch gesagt bekommen haben von einem, der viel mehr Überblick hat als ich – in Europa und bei einem Zusammenstoß der Weltmächte nicht um Krieg in dem Sinne, wie wir Älteren ihn noch erlebt haben, schlimm genug, sondern um Massenvernichtung und Völkermord, um verbrannte und vergiftete Erde und die Zerstörung der Schöpfung. Und das Wort »Verteidigung« ist, wie auch alle Eingeweihten wissen, vor dieser Wirklichkeit eine fromme Lüge – ob sie eigentlich so fromm ist, weiß ich nicht.

Sie finden mich also bei denen, die das immer wieder aussprechen gegen alle Broschüren der Bundeswehr und der Nationalen Volksarmee und auch gegen den Einwand, gerade dieser Schrekken der völligen Vernichtung garantiere den Frieden. Welchen Frieden? Welchen Frieden? Ein Frieden auf dem tödlichen Grat der letzten Katastrophe ist kein Frieden und gibt auch nur so lange Sicherheit, was immer das sei, als wir uns auf Menschen und Geschichtsabläufe verlassen könnten. Aber die Geschichte der Menschheit lehrt, daß man sich nicht auf die Vernunft und die Gelassenheit und auf den Friedenswillen der Mächtigen verlassen kann. Ich kann also heute, da wir ja für die Dauer dieser Stunden, in denen wir hier zusammen sind, immer wieder an den Mann denken, der wegen der Aufrüstung der Bundesrepublik Deutschland seine Ämter verließ und einen einsamen, oft geschmähten, übrigens vom Verfassungsschutz sorgfältig beobachteten Weg in die Minderheit ging – Gustav Heinemann –, nur uns alle fragen: Welches Ziel hat die erste Priorität unter allen denkbaren politischen Aufgaben? Und da gibt es eben nur die eine Antwort: Abrüstung, Zerstörung der Menschheitsvernichtungswaffen, Zurückholen dessen, was nun über uns gekommen ist wie eine riesige Maschine, die niemand mehr wirklich beherrscht. Bitte sehr: so weit wie möglich zurück. Und legt es nun nicht als Ironie aus, wenn ich aus dem Alten Testament die alte Geschichte in Erinnerung bringe, daß auch zwei genügen, wobei übrigens der Schwächere dort gesiegt hat. David, David gegen Goliath. Biblische Geschichte.

Zweitens: Sie finden mich bei denen, das wissen Sie auch, die gar nicht als Kassandra irgendwo am Rande, sondern mittendrin in dem, was wir alle erleben, weiter besorgt sind über den inneren Zustand unserer Demokratie. – Und nun will ich der Versuchung widerstehen, meinen und vieler Freunde Kampf um den Schutz unserer Verfassung vor dem Übereifer der Hohenpriester und Schriftgelehrten des Radikalenerlasses noch einmal darzustellen. Oder das mangelnde Vertrauen zu den völlig ausreichenden, normalen Strafgesetzen im Kampf gegen den Terrorismus. Ich will auf eine Erfahrung der letzten Wochen verweisen, die mich tief nachdenklich gemacht hat. Ich war zu Vorträgen an vier Universitäten der Niederlande unterwegs in diesem Monat, kurz nach dem Massaker von München und dem Anschlag auf eine Pariser Synagoge. Die Frage eines holländischen Studenten in Utrecht lautete so: »Wieso gibt es eigentlich nach dem Ereignis in Paris eine Demonstration wie nie zuvor? Alles, was da Rang und Namen hatte in der politischen, gewerkschaftlichen und kulturellen Szene der Hauptstadt, ist plötzlich auf der Straße. Und bei euch in Deutschland habe ich nur von einer kleinen Kundgebung junger Leute in Berlin gelesen – von der Polizei martialisch bewacht.«

Was soll ich darauf in einem so empfindlichen Ausland wie Holland anderes erkennen lassen als Scham und Trauer? Hier unter uns Deutschen sage ich, daß dieses Mißverhältnis typisch ist für die innere Lage der Nation in diesem Teil Deutschlands. Wenn ich mir die Erregung in Erinnerung rufe, die nach den Verbrechen sogenannter linker Terroristen Monate im Lande herrschte, die Hysterie der Reaktionen von gestern – übrigens bis heute – zu dem skandalösen Denunziantentum Berliner Professoren, die schwarze oder rote Listen von angeblichen Verfassungsfeinden herausgeben. Das sind doch, wie ich höre, Staatsbeamte, Herr Regierender Bürgermeister, die den Gesetzen unterworfen sind und die auf das Grundgesetz vereidigt sind, das sie doch so ernst nehmen. Vielleicht könnte man sie daran noch ein wenig mehr erinnern, als nur durch öffentliche Erklärungen. Wenn ich das also alles entgegenhalte und vergleiche damit das öffentliche Echo nach dem Massenmord in München: Der mutmaßliche Täter kommt eindeutig von rechts, er ist »natürlich« ein Einzeltäter, er ist »Gott sei Dank« tot, und das Oktoberfest geht weiter. Ein paar Tage gibt es Berichte über die abenteuerliche Wehrsportgruppe Hoffmann, die man bezeichnenderweise nicht als kriminelle Vereinigung, sondern als bloßen Verein verboten hat – man stelle sich einmal vor, auf dem linken Spektrum wäre das Waffenarsenal gefunden worden, das man bei dem Herrn Hoffmann gefunden hat, was da wohl passiert wäre. Und dann ist Stille, dann ist Stille. Willy Brandt hat als erster aus seiner Höhe von Bonn, aus seinem Überblick – ja, ja, das kommt auch von Thomas Mann, das weißt du, ja? »Der Herr des Überblicks« – wenn ich das richtig in Erinnerung habe, jetzt jedenfalls in der kurz vergangenen Zeit von den hauptverantwortlichen Politikern auf diese Gefahr hingewiesen und damit auch, wenn ich es richtig registriert habe, Unwillen erregt, bis in die eigene Partei hinein.

Ich meine, ähnlich wie vor 1933 sind es nicht die neuen oder alten Nazis selbst, die in ihren winzigen Gruppen das Unheil wiederbringen können, sondern die mangelnde Abwehrbereitschaft, die leichtsinnige Unaufmerksamkeit gegen alles, was von rechts kommt, die bequeme gut deutschnationale, gut antikommunistische Übereinstimmung, der Feind stünde immer links. Sie wissen, daß ich mich leidenschaftlich gegen den Unfug von Hochsicherheitstrakten geäußert habe. Aber, wenn man sie schon gebaut hat, sollen sie allen Betroffenen zur Verfügung stehen. Und sicher muß jeder aufpassen, daß er nicht einäugig wird, auch ich, eine meiner großen Gefahren, das weiß ich. Aber ich wage in aller Bescheidenheit daran zu erinnern, wer die Schande der schlimmen zwölf Jahre über uns gebracht hat, wer ganz Europa überfiel, auch die Sowjetunion überfiel. Die Tatsachen sind ja schon fast auf den Kopf gestellt in unserer Unfähigkeit zu trauern.

Drittens und letztens – ich bin ganz froh, daß ich das hier vor ein paar Tagen also zu Papier gebracht habe, weil es jetzt einfach paßt, was du, lieber Bruder Regierender Bürgermeister, gesagt hast: Sie finden mich nämlich merkwürdigerweise trotz oder gerade wegen allem, was ich erlebt habe, als einen, der diese Stadt Berlin liebt und der sich auch nicht von ihr trennen lassen wird. Und hier möchte ich einfach Mut machen und allen Ärger, den wir hoffentlich alle heute mit so vielen Erscheinungen von Provinzialität, Ermüdung, Resignation und einfach schlichter Kleinkariertheit haben, mal herunterspült. Denn ich bin weiter der Meinung, daß über alle diese Erscheinungen hinweg diese Stadt Berlin in Klammern West in ihrer einmaligen, unsäglichen, absurden Situation – nicht zum Bund gehörig und doch ihm wie kein Teil Deutschlands verbunden, unter Besatzungsrecht und doch frei beieinander, die Hauptstadt eines Staates, den es nicht mehr geben darf, Preußen, und der doch nicht totzuschlagen ist, wie dieses Haus beweist, mit ihren vielen alten Leuten und doch voller Aktivitäten der Jungen – wie keine andere deutsche Stadt, daß diese Stadt Zukunft hat. Wir wollen uns bitte in dieser Gewißheit von niemandem und nichts beirren lassen – nicht von den Abwehrmaßnahmen der Herren von nebenan, und nicht von Vergeßlichkeiten unserer Landsleute in Westdeutschland. Wenn nicht ganz Deutschland und Europa untergehen soll in einer letzten Katastrophe, wird diese Stadt ihre besondere Aufgabe haben. Welches ist die Aufgabe? Ich sag es mal jetzt von einer ganz anderen Seite her und werde hoffentlich nicht mißverstanden, weil ich es ja nur sehr verkürzt andeuten kann: ich meine diese Aufgabe: so schwer es fällt, am Vorläufigen unter allen Umständen festzuhalten, das Behelfsmäßige zu bejahen, das Endgültige zu vermeiden. Weil ich die Hoffnung auf wirklichen Frieden in dieser Welt, in diesem Teil der Welt nicht aufgegeben habe, wird der Ort Berlin Klammer West wichtig bleiben in dieser absurden Situation. Wenn er allerdings nicht vergißt, wo er liegt: an der Spree, näher an der Oder als am Rhein, mit einem Übermaß an Geschichte auf den Schultern, Geschichte, die immer wieder verdrängt worden ist, böse und gute Geschichte, ja, auch gute Geschichte.

Und es ist deshalb wahrscheinlich auch kein Zufall, daß der Gustav-Heinemann-Bürgerpreis nun, wenn ich richtig gezählt habe, zum dritten Mal nach Berlin Klammer West geht. Der erste war Kurt Scharf – welch' eine Ehre für eine Stadt, daß er hier lebt! –, die zweiten waren die Leute von der Redaktion »Kennzeichen D«, in Berlin zu Hause – wir müssen sehr aufpassen, daß man ihnen nicht das Licht ausdreht –, und nun bedankt sich der dritte Berliner. Das ist kein Zufall – weder die Stadt noch ihre Geschichte, noch das, was jeder von uns, auch ich selbst versucht habe, beizutragen –, in dieser Stadt leben zu können. Wenn wir hier den Ort bewahren, oder auch nur von Ferne erreichen können, wo die Luft ein bißchen frischer ist als anderswo, die Luft der Freiheit, dann werden wir es übrigens auch zwischen den Generationen in dieser Stadt ein bißchen leichter haben. Ich bin ja ganz überrascht, wir sind nun auch hier scheinbar heute eine große Familie. Wir wollen uns nichts vormachen, nicht wahr, auch jetzt nichts vormachen. Wir sind alle im »Straßenanzug« hier erschienen, und ich weiß nicht – wir alle, jedenfalls das Verhältnis von Jungen und Alten in diesem Lande und in dieser Stadt ist doch dies, daß wir uns in voller Freiheit und Aufrichtigkeit begegnen können. Dafür ist der heutige Morgen vielleicht auch ein kleines Stück Ermutigung. – So, jetzt muß ich aber endlich aufhören. Ich danke Ihnen allen.

Am Abend die nächsten Weggefährten zu Hause beim Wein: Kurt Scharf und Helmut Gollwitzer mit ihren Frauen, dazu Carola Stern mit ihrem Mann, und der gute »alte« Treulieb. Damals war er jung, als er auf den Barrikaden gegen den »Mörder« Albertz stand. Scharf kündigte mir einen Kurier aus Südkorea an. Kim Dae Jung ist immer mehr von der Hinrichtung bedroht. Gestern kam der Pastor direkt vom Flugplatz zu mir. Ich habe ihm noch für den gleichen Tag einen Termin beim Staatsminister im Bundeskanzleramt verschafft. Hoffentlich kommt mehr dabei heraus als ein verbaler Protest.

Der Strom fiel eben aus für eine Stunde, fast in der ganzen Stadt. Black-out nennt man das sinnvollerweise. Ein Chaos auf den Straßen, in der U-Bahn, überall. Die Abhängigkeiten werden immer größer.

7. November 1980

Kurt Scharf und Helmut Gollwitzer. Darf man Lebende zu schildern versuchen? Ich will es nicht tun. Aber ich will erzählen, wie wir zusammenfanden, wie tief die Wurzeln sind, die uns verbinden. Den alten, noch so unglaublich jungen Bischof muß ich als Student der Kirchlichen Hochschule in Berlin 1936 das erste Mal gesehen haben. Ich kann mich nicht daran erinnern. Aber er muß dabeigewesen sein. Bei diesem abenteuerlichen, gleich von der Gestapo verbotenen Unternehmen zur Ausbildung des Pfarrernachwuchses für die Bekennende Kirche. Heinrich Vogel, Hans Asmussen, Günter Harder, mein Bruder Martin Albertz – und er, sie waren unsere übrigens gar nicht so viel älteren Väter. Keine Theologieprofessoren. Männer einer unbequemen Praxis, verfolgte und verfemte Christen. Wir haben mehr bei ihnen gelernt als an einer gelehrten Fakultät. Und wenn ich die heutige Kirchliche Hochschule Berlin sehe, kann ich nach diesem Ursprung nur traurig sein. Wir hatten unsere Vorlesungen und Seminarreihen in Gemeindesälen oder Pfarrwohnungen. Kurt Scharf war wie die andern zuerst und zuletzt Pfarrer, minister verbi divini. Bei ihnen allen habe ich für ein Leben erfahren, was ein Text bedeutet, wie man sich an ihn halten kann, wie er wichtiger ist als alle eignen Weisheiten.

Nun – dann bin ich Scharf erst wieder begegnet, als ich längst in den Berliner Ämtern saß. Ich verdanke ihm, daß ich kein Wolf unter Wölfen geworden bin. Er war es, der mir beistand in meinen schlimmsten Tagen nach dem 2. Juni 1967 – als ich glaubte, die Integrität staatlicher Organe vor allem mit der Polizei schützen zu müssen. Er war es, der meinen Rücktritt begleitete – übrigens zu diesem Zeitpunkt gegen diesen Entschluß argumentierend –, er war es, der den Übergang möglich machte von staatlicher Verantwortung in den kirchlichen Dienst. Er zog mich heran, sehr bald, im Februar 1968, als bei der Vietnamdemonstration der Studenten, vom Senat verboten, eine bürgerkriegsähnliche Situation in der Stadt zu erwarten war. Dieses unvergeßliche, nächtliche Gespräch im Konsistorium, er mit ein paar Freunden auf der einen, Rudi Dutschke mit den Führern der Rebellion auf der andern Seite – wie Vertrauen wuchs, Vertrauen, von dem ich noch heute lebe. Er war es, der aus einem Verfügungsfonds die Lautsprecheranlage bezahlte, über die wir Ostermontag 1968 auf dem Hammarskjöld-Platz nach dem Attentat auf Rudi Dutschke zu den Studenten reden konnten. Er war es, der 1970 an einem Abend im Juli bei mir anrief und bat, ich möge innerhalb 24 Stunden kommissarisch die Pfarrstelle einer schwer zerstörten Neuköllner Gemeinde übernehmen.

Ja, und dann bin ich unter seinem Vorsitz vier Jahre in der Westberliner Kirchenleitung gewesen. Alles, was zwischen 1973 und 1979 geschah, habe ich in seiner Nähe erlebt, erlitten, überstanden. Seine tapfere, seelsorgerliche Haltung im Streit um seinen Besuch bei Ulrike Meinhof, die haltlosen, inzwischen als lächerlich entlarvten Anwürfe gegen kirchliche Mitarbeiter nach der Ermordung des Kammergerichtspräsidenten von Drenkmann, meinen Flug nach Aden. Das alles führt zusammen. Seitdem darf ich sagen, daß wir Freunde sind. Daß man sich unbedingt aufeinander verlassen kann. Wären wir katholisch, würde Kurt Scharf in gehörigem Abstand wohl selig und heiliggesprochen – gut, daß wir es nicht sind.

Mit Helmut Gollwitzer ging es nicht ganz so ungebrochen zu. Die Vergangenheit von uns beiden reicht auch weit zurück in merkwürdige Gemeinsamkeiten. Wir waren, ohne uns je gesehen zu haben, Hauslehrer im gleichen Fürstenhaus zur Nazizeit: er bei den Kindern des Heinrich XXXIX. Reuß, jüngere Linie in Köstritz in Thüringen, ich bei dem jüngsten Sohn von dessen Schwester, der Gräfin Castell, in Groß Strehlitz in Oberschlesien. Ich mußte mich damals von Breslau absetzen – er fand wohl auch Geborgenheit in diesem altväterischen Gewerbe. Ich erzähle vielleicht noch davon. Dann habe ich, Senatsdirektor in der Kultusverwaltung, mitgewirkt an Gollwitzers Berufung an die Freie Universität Berlin; so lang war die Pause. Wirklich begegnet sind wir uns erst im Juni 1967, er uneingeschränkt auf der andern Seite der Barrikade, auch noch im Prozeß gegen den Polizisten Kurras, der Benno Ohnesorg erschoß. Wir fanden schwieriger zusammen. Aber mit den wachsenden Jahren ist auch hier Vertrauen entstanden, das hält. Er übertrifft mich weit – nicht nur an theologischer Erkenntnis, sondern auch in seinem Engagement an den vordersten Fronten. Er nimmt auch die marxistische Theorie viel ernster als ich. Er will wirklich ohne Waffen leben. Er zieht mich oft mit. Ich wüßte auch nicht mehr, wie ich ohne ihn leben sollte.

So gehören wir nun zusammen – für viele junge Leute mit Walter Jens und Heinrich Böll und ein paar andern als die letzten, mit denen sie noch reden können. Für die Reaktion im Lande als eine Art Vierer-Bande, Sympathisanten der Terroristen, Schreibtischtäter der Revolution. Ach, wenn sie uns so sitzen sähen, leider viel zu selten, abends beim Wein, Scharf bei seinem roten, wir andern bei trockenen, weißen Flaschen, mit unseren Frauen! Sie würden sich vor allem wundern, wie heiter wir sind und gelassen. Manchmal auch zornig, ja. Aber der Zorn geht dann doch über in die Gewißheit, die bessere Sache zu vertreten. Was heißt hier »Sache«? Es wird selten von ihm geredet. Aber er zuerst verbindet uns, der seltsame Mann aus Nazareth, Gottes Sohn.

Gestern abend in der Philharmonie. Menuhin spielte das Doppelkonzert von Bach, dirigierte Händel und Beethoven. Einer der wenigen großen Musiker, die auch große, glaubwürdige Menschen sind. Es war ein Fest. Für mich immer wieder ebenso durch den einmaligen Raum wie durch die Musik. Hans Scharoun ist immer in der Erinnerung dabei. Ich werde nie vergessen, wie er mit den Plänen zu diesem Bau in unsere Wohnung nach Lichterfelde kam, sie über den Eßtisch warf und mir erklärte: »Das ist es, das muß es werden.« Es ist es geworden. Ein Haus für Musik, ein Haus des Menschen. Ein Haus zum Atmen. Welche Zeiten in Berlin, als Scharoun noch unter uns lebte! Welche Zeiten!

Der Verleger hat gestern angerufen. Hat die ersten 40 Druckseiten gelesen. Findet sie gut. Hoffentlich ist er ehrlich. Sagt, ich müsse fleißiger schreiben. Wann soll ich es tun? Vor allem muß ich die Telefonnummer ändern lassen. Sie ist längst überall bekannt. Die, die nur immer wieder neue Termine mit mir machen wollen, kann man fast alle abweisen. Aber einzelne, die nicht weiterkommen mit ihrem Leben? Nur sie gerade kosten Zeit. Ich bin doch im Ruhestand.

Morgen muß ich seit langem wieder eine Predigt machen für Friedensgottesdienste in Berlin und Hannover. Die Liturgie ist von den Christen in der DDR und bei uns gemeinsam vorgeschlagen worden. Ich habe mich für den unbequemsten Text entschieden, den über die Feindesliebe.

Draußen ist Glatteis. Wohl nicht nur auf den Straßen.

11. November 1980

Ein »Friedens«-Wochenende, hat es irgendeinen Sinn? Am Samstag mit wohl 200 jungen Leuten und Bernt Engelmann in Kreuzberg – ein Gespräch über Geschichte, Sonntag der Gottesdienst, vielleicht 800 Menschen, abends im Metropol-Palast 3500 – eine Woge von Zustimmung. Die Stadt nimmt kaum Kenntnis davon. Die Mächtigen schon gar nicht. Trotzdem rede ich, wo ich nur kann, gegen die Resignation an.

Daß Vernunft möglich ist, zeigt die gestrige Entscheidung in Polen. Kompromisse sind möglich. Aber bestimmte deutsche Zeitungen verbergen nur mühsam ihren Ärger darüber, daß es zu keinem Konflikt gekommen ist. Was wäre für ihre Mühlen nur ein einziger Schuß auf einen polnischen Arbeiter wert!

Polen, Polen. Das erste Mal bin ich, wohl 1969, ausgerechnet an einem 1. September über die polnische Grenze gefahren. 30 Jahre nach dem Überfall. Das Institut für internationale Angelegenheiten in Warschau hatte mich zu einem Vortrag eingeladen. Ich war also offizieller Gast, in ständiger Begleitung, vom Außenminister empfangen und überall sehr freundlich begrüßt. Aber auch diese eher protokollarische Art des Besuches konnte den unmittelbaren Zusammenprall mit dem, was wir Deutschen in diesem Lande angerichtet hatten, nicht mildern. Diese erste Begegnung war ein Schock. Kaum ein Schritt auf den Straßen, ohne an die Opfer erinnert zu werden. Kein Pole, dem nicht mindestens ein Verwandter umgebracht worden war. Kein Gespräch, in dem nicht die Vergangenheit aufstand und Gegenwart war. Auschwitz war dann eigentlich nur noch die furchtbare Bestätigung des Entsetzens.

Diese erste Reise begann in Warschau und führte über Krakau nach Breslau. Das war gut so. Umgekehrt hätte die Begegnung mit der alten Heimat alles andere überlagert. So stand sie am Ende. Meine Frau und ich waren am späten Abend in der Stadt, in der ich geboren war und in der wir uns kennengelernt hatten, angekommen. Wir fuhren in das alte Hotel, in dem wir die Hochzeit gefeiert hatten, am

1. Juni 1939. Ein freundlicher Nachtportier fuhr uns hinauf in unser Zimmer: »Hier hat geschlafen schon Hitler, schon Ulbricht, schon russischer Oberbefehlshaber ...« Es war tatsächlich die Suite, in der sie alle genächtigt hatten. Am Morgen entdeckte ich vor dem Wohnzimmer den kleinen Balkon, auf dem sich der Führer zujubeln ließ, wenn er in Breslau war.

Am Morgen. Ich ging noch vor dem Frühstück allein durch die Schweidnitzer Straße zum Ring. Ich sah, mit welcher Mühe und Liebe alles Schöne wieder aufgebaut war. Es war, als sei ich niemals fort gewesen. Es war gleichzeitig so verfremdet, daß ich hätte heulen können. Ich war zu Hause. Ich war ein Fremdling zu Hause. Ich kam zurück ins Hotel und sagte zu meiner Frau, ich möchte abfahren, ich hielte das nicht aus.

Unten in der Halle wartete der Begleiter, der mir in Breslau zugeteilt war. Ich sagte ihm das Gleiche. Er schwieg einen Augenblick. Dann: »Ich verstehe das sehr gut. Ich stamme aus Lemberg. Als ich jetzt das erste Mal wieder dort war, in der sowjetisch gewordenen Heimat, ist es mir ähnlich gegangen.« Dies war es. Ich blieb. Die Polen in Wroclaw hatten dasselbe erfahren wie ich.

Am Nachmittag dieses ersten, unvergeßlichen Tages aber geschah dann noch dies: Katholische Freunde in Krakau hatten mir ein Gespräch mit dem Erzbischof der Diözese Wroclaw, Komenek, vermittelt. Ich war für präzise 16 Uhr vor das Tor zu seiner Residenz auf der Dominsel bestellt. Kein Pole, nur mein deutscher Begleiter war dabei. Ich zog die alte Glocke. Ein junger Priester führte uns in das schöne, alte Haus und bat uns, in einem Raum zu warten. Die Tür zum Garten stand offen. Nach wenigen Minuten kam ein Geistlicher in einer abgewetzten Soutane herein, ein Gärtner eher, ein Bauernpfarrer. Ist dies der Bischof? Ich stotterte etwas wie: »Hochwürdiger Herr«.

Er trat auf mich zu, nahm meine Hände und sagte: »Was soll der Quatsch? Ich bin gewesen oberschlesischer Pfarrer. Du bist gewesen oberschlesischer Pfarrer, sagen wir ›Bruder‹!«

Ich hatte geglaubt, ich sollte zu einem kurzen Höflichkeitsbesuch empfangen werden. Ich war über drei Stunden bei diesem großartigen Mann. Er hatte einen Kaffeetisch decken lassen, eine Klosterfrau brachte Streuselkuchen. Wir sprachen, als hätten wir uns von Kindheit her gekannt. Er erzählte von den ersten schweren Jahren für die aus Galizien nach Breslau umgesiedelten Polen. Ich erzählte von meinen Jahren als Flüchtlingsminister in Hannover. Die Geschichten glichen sich wie ein Ei dem andern. Wir redeten und redeten. Über die Kirche in Polen, über die beginnende Wende der westdeutschen Ostpolitik. Er war kein Wysziński, auch kein Woytila, eher ein polnischer Johannes XXIII. Die Kirche war für ihn keine Festung. Die Evangelischen keine verlorenen Söhne.

Es wurde langsam dunkel. Er ließ eine Flasche Wein holen – »aus Rom vom Heiligen Vater« – ich war zu Hause. Ich hätte an diesem Tag katholisch werden können. Ich wurde es nicht, Gott sei Dank! Aber ich nahm im Hotel meine Frau in die Arme: »Jetzt bleiben wir. Jetzt kommen wir wieder!« Sie hat dies Versprechen besser gehalten als ich und ist wohl sieben Mal wieder in Polen gewesen. Ich nur zur Vorbereitung der Polnischen Wochen, die in Westberlin stattfanden, und zu einem Gegenbesuch, nachdem die polnischen Freunde bei uns in Berlin waren.

Aber ich könnte dort leben. Wahrscheinlich besser und überzeugender als in irgendeinem westlichen Ausland. Ich darf es nur nicht. Das wird wohl noch Generationen dauern, bis so etwas möglich ist.

12. November 1980

Breslau – Wroclaw – Breslau. Man kann über seine Heimatstadt wohl ähnlich schwierig erzählen wie über seine Mutter. Denn meine Geschichte mit Breslau ist meine Geschichte mit den Eltern, ist Kindergeschichte, Geschichte des Gymnasiasten, des Studenten, des jungen Vikars. Alles hat sich dort abgespielt, von meiner Geburt bis zur Geburt unseres ersten Kindes. Ich habe diese Stadt nur zu den Ferien verlassen und für zwei Semester nach Halle – 1915–1942, das sind die Daten. Daten, die selbst Geschichte waren, Geschichte des Landes, der Stadt. Das letzte Mal vor der Befreiung von Hitler, die zugleich das Ende des deutschen Breslau war, habe ich die Stadt am Silvester-Abend 1944 gesehen, auf der Durchreise von Oberschlesien nach Wien ins Hauptquartier der Heeresgruppe Süd. Sie barst von Flüchtlingen aus Westdeutschland, noch völlig heil, unmittelbar vor ihrer Katastrophe. Das deutsche Breslau. War es eine deutsche Stadt? Natürlich war es eine deutsche Stadt. Es ist töricht, das zu verdrängen, über Jahrhunderte war sie es. Aber schon hier muß man differenzieren. Was heißt hier deutsch? Böhmisch, österreichisch, preußisch? Ihr Charme war schon diese Mischung. Es ist zwar nicht sehr liebenswürdig zu sagen, Wien habe alles Schöne nach Schlesien gebracht, Wien und Prag, und Berlin nur die Kasernen – aber doch nicht ganz falsch. Aber wir waren aus Überzeugung Preußen nach 200 Jahren – bis auf die alten katholischen, kaiserlichen Adelsfamilien, für die die Yorcks und Seydlitze immer Parvenus geblieben sind. Aber diese deutsche Stadt war slawischer Herkunft, das ganze Schlesien über Jahrhunderte bis zu seinem Verlust für das Reich offen nach Polen. Die von den polnischen Historikern immer wieder erwähnten Autochthonen, die Urbewohner, lebten unter uns, mehr oder weniger erkennbar. Überall stieß man auf ihre Namen, ihre Kultur. Breslau war immer eine Brückenstadt, in jedem Sinn des Wortes. Für mich war sie gleich meiner Mutter warm und zärtlich, fröhlich und traurig, unendlich geliebt.

Ich habe mit meiner Mutter bis zu ihrem Tode – der Vater war schon in meinem achten Jahr gestorben – in der gleichen Wohnung gelebt. Ich weiß noch, wie ich am frühen Morgen des 12. September 1935 aus der Klinik, in der sie heimgegangen war, nach Hause kam, in die leeren Zimmer, todmüde, nun ganz allein, und wie ich, um einen Monat Miete zu sparen, den Haushalt aufzulösen hatte in wenigen Tagen. Ganz schnell ging das alles, der Tod, die Beerdigung, der Beginn von vier Jahren ohne wirkliches Zuhause. Nachdem wir sie zu Grabe getragen hatten, saßen die Verwandten im großen Wohnzimmer und berieten, wer mich nun aufnehmen könne. Ich hörte dieses schlimme Gespräch durch die Wand – und den »Zuschlag«. Es war die energische Stimme der Schwester meiner Mutter – die wohnte in Berlin. So kam ich das erste Mal in die Stadt, die mein Schicksal werden sollte, 20 Jahre alt, um das 5. Semester Theologiestudium zu beginnen.

Vielleicht hat dieser jähe, schmerzhafte Abschied das Bild von Breslau so frisch gehalten. Ich könnte jederzeit die Wohnung schildern, die Gerüche im Flur. Meine Träume spielen fast alle noch dort, wo ich Kind war. In den Straßen der Südstadt, um die Hofkirche herum, zu deren reformierter Gemeinde wir gehörten, im König-Wilhelm-Gymnasium in der Sonnenstraße. Die Gesichter der Freunde, der Mitschüler, der Lehrer sind verblaßt. Aber die Häuser stehen merkwürdigerweise noch, die Straßen sind ganz vertraut. Eine Geisterstadt also. Denn weder das Elternhaus noch die Schule sind erhalten. Das Wohnviertel ist dem Erdboden gleich gewesen. Eine völlig neue Siedlung steht dort. Ich habe den Platz des Hauses nur mit

Mühe erraten können. Auch alle alten Bäume sind in den furchtbaren Straßenkämpfen verbrannt. Nur einen Zementsockel habe ich wiedergefunden – auf ihm stand die Telefonzelle im Mittelstreifen der Hohenzollernstraße, gegenüber der Wohnung. Sudecka heißt die Straße heute. Ulica Sudecka. Rudel von Kindern spielen jetzt dort, eine neue Schule liegt in der Nähe. Ich weiß nicht, was dieses völlige Ausreißen von Wurzeln – bei mir wie bei Hunderttausenden – für Folgen gehabt hat bis ins Alter. Längst sind wir wieder angewachsen, in Berlin oder wo sonst. Aber die Traumstadt blieb, unverändert.

Schräg über die Straße lag ein kleiner Kolonialwarenladen. Ja, »Kolonialwaren« stand auf dem Schaufenster geschrieben, wo doch die Kolonien verloren waren. Jeden Morgen lief ich hinunter, Milch und Brötchen holen. Eines Montags war die Milch zwei Pfennig billiger. »Siehst du«, sagte die Mutter, »Hindenburg ist gestern zum Reichspräsidenten gewählt worden.« So deutschnational ging es bei uns zu. Und an der Ecke in der Konditorei gab es »Hindenburg-Happen«, eine Art Baumkuchen mit Schokoladenüberzug. 60 Pfennig kostete er, eine leichtsinnige Summe. Ganz selten durfte ich ihn kaufen. Wen interessiert das? Ich höre auch schon auf damit.

Das Elternhaus also war reformiert, preußisch, konservativ. Mein Vater – er wurde 70, als ich geboren wurde – königlich-preußischer Geheimer Konsistorialrat. Er war in seinem hohen Alter ganz weit weg von mir. Sein Zimmer – er arbeitete noch am Stehpult, im Ruhestand, aber immer noch ein begehrter Prediger – war tabu für den kleinen Sohn. Ich durfte es nur bei besonderen Gelegenheiten betreten. Einmal mußte ich hineingehen. Ich hatte gelogen und bekam eine Tracht Prügel. Aber der alte Herr muß ein so liebenswerter Mann gewesen sein, daß meine Mutter ihn heiratete als Witwer, daß viele Menschen zu ihm kamen, seinen Rat zu suchen. Daß sie ihn immer wieder zu Vertretungen im Gottesdienst holten. Er war ein frommer Mann. Nichts Schriftliches ist von ihm erhalten – alles in Schlesien geblieben, verloren, verbrannt. Er soll seine Bibel sehr einfach ausgelegt haben, sehr direkt, sehr menschlich. Merkwürdigerweise habe ich nur ein unvergeßliches Bild von ihm – seine Sterbestunde.

Wir waren 1923, wie in jedem Sommer, in der Heimat meiner Mutter – die zwar in Posen geboren war und dort gelebt hatte, aber doch aus einer pommerschen Pastorenfamilie stammte –, in Köslin. Dort bekam Vater seinen zweiten Schlaganfall. Ich wurde nachts geweckt: »Vater stirbt«. Wir gingen in sein Zimmer – Mutter, die Verwandten, bei denen wir wohnten – und standen um sein Bett. Die Großen begannen zu singen: »Befiehl du deine Wege«, »In dir ist Freude« – und dann Weihnachtslieder, im August Weihnachtslieder. Er schlief ganz friedlich ein. Wir beteten ein Vaterunser. Es war ein kühler Morgen geworden. Meine Mutter nahm mich zu sich in ihr Bett. Wir weinten. Aber wir waren auf eine seltsame Weise glücklich. Es war das einzige Mal, daß meine Mutter mich zu sich nahm. So konnte damals noch gestorben werden. Welch ein Geschenk! Mutter starb schon im Krankenhaus, an einer Lungenentzündung. Eine ihrer Schwestern und ich konnten nicht viel singen. Aber die Nonnen brachten Kerzen, als es vorüber war!

Lauter Sterbegeschichten! Die Stadt ist tot, die Eltern. Dabei war sie eine dem Leben zugewandte, auch in vielen körperlichen Schmerzen heitere Frau. Sie war eine begnadete Lehrerin, immer in den ersten Klassen bei den ganz Kleinen, die sie abgöttisch liebten und noch als verheiratete Frauen zu ihr kamen. Sie hat es schwer gehabt. Der Mann, den sie in ihrer Jugend liebte, wurde unheilbar krank. Mein alter Vater ließ sie schnell allein. Das Geld –

sie war eine »Nachgeheiratete«, bekam keine Pension, sondern nur ein »Gnadengeld« – reichte auch mit ihrem Schulverdienst nie. Sie konnte wohl auch mit Geld nicht recht umgehen. Sie verschwendete viel, um mir höchst überflüssige Wünsche zu erfüllen. Aber sie hat mein Leben mit so viel Glanz und Wärme erfüllt, daß ich wohl noch heute davon lebe, wenn es ganz ernst wird. Freilich war ich das typische Einzelkind, völlig auf die Mutter fixiert, mit krankhaftem Heimweh belastet, wenn ich von ihr getrennt wurde, zum Beispiel jedes Jahr drei Wochen zur Fahrt in unser Schullandheim. Ich bin dieses Heimweh nie losgeworden – jetzt ist es meine Frau, die es auslöst, wenn sie mich allein läßt, oder ich sie. Sie hieß Elisabeth Meinhof, meine Mutter. Seltsam, daß bei dem Gift der Sympathisantenhetze nicht die Springerpresse auch noch dies hervorgeholt hat: ich war mit Ulrike Meinhof, wenn auch sehr entfernt, verwandt.

Die Meinhofs also gehen wohl bis auf Bugenhagen zurück, den Reformator Pommerns. Die Albertz sind mit meinem Sohn nun erst in der vierten Generation Theologen. Es sieht nicht so aus, als ob es noch eine fünfte wird.

13. November 1980

1921, als ich sechs Jahre alt wurde, waren die letzten Vorschulen, wie es die Verfassung befahl, noch nicht abgeschafft. So ging ich auf eine solche Vorschule, eine Nebenschule des von Zawadzkyschen Lyceums, an dem meine Mutter beschäftigt war. Dies war, wie es sich gehörte, eine reine Mädchenschule, bei uns in den drei Vorschulklassen saßen seltsamerweise auch Jungen. Nach drei Tagen schreiben wir das erste Diktat: »nimi-«. Ich verwechselte das »n« und das »m« und erhielt die Note »2 Fehler, 4«.

Mein Vater war zornig, Mutter lachte. Merkwürdigerweise habe ich mir die Namen der ersten Lehrerinnen gemerkt: Es waren die Fräulein Fellhammer und Grützmacher. Sie müssen mir also einen großen Eindruck gemacht haben. Der Unterricht muß sehr altmodisch und sehr wirksam gewesen sein. Ich kann mich nicht erinnern, daß wir singen oder malen konnten. Deutsch, Rechnen, Religion – das waren die Fächer. Doch, in Religion werden wir wohl gesungen haben. Dieses Schulfach wurde ergänzt durch den sonntäglichen Kindergottesdienst. Er wurde von einem Fräulein von Rothkirch in deren Privatwohnung gehalten. Ich sage noch heute manchmal in meinen Predigten: Alles, was ich an biblischen Geschichten und damit an einem ersten, unverfälschten, von keiner Theologie getrübten Verständnis des Alten und Neuen Testamentes mitbekommen habe, stammt nicht aus Konfirmandenunterricht oder Studium, sondern aus diesen Sonntagvormittag-Stunden und von der menschlichen Frömmigkeit dieser einen Frau. Man würde sie heute eine Evangelikale nennen. Das schreckt mich nicht. Dann bin ich auch ein Evangelikaler. Von ihr habe ich gelernt, die Geschichten zu erzählen, die von dem Unerzählbaren berichten, von ihr habe ich gelernt, Texte ernstzunehmen. Bei ihr habe ich zum ersten Mal über Jesu Tod geweint und über Ostern gejubelt. Dieses Fräulein von Rothkirch, eine der für damals typischen unverheirateten Damen aus einem Verarmten Landadel, ging in jede Predigt meines Vaters. Vielleicht habe ich also doch von diesem Vater mehr gelernt, als ich nachweisen kann.

Das Gymnasium war ein großer, roter Backsteinbau und trug seinen Namen zu recht: König-Wilhelm-Gymnasium. Gemeint war König Wilhelm I., ehe er – leider – Deutscher Kaiser wurde, der letzte wirklich preußische König. Die Republik ließ diesen Namen bestehen. Wahrscheinlich war dies, rückschauend gesehen, sogar falsch. Denn es förderte die deutschnationalen Grundgesinnungen der Lehrer und der Eltern. Wir hatten sechs Stunden Latein in der Woche, ab Untertertia sieben Stunden Griechisch, nur zwei Stunden Englisch (es galt als unvornehm, sich hier besonders anzustrengen). Wir waren also ein humanistisches Gymnasium alten Stils. Ich will zum Streit über seinen Wert oder Unwert nichts Neues beitragen. Ich kann nur sagen: diese Schulart hat mich bis heute geprägt. Sie hat mich im tieferen Sinn lesen und schreiben und sprechen gelehrt. Sie hat mich fast ungebildet gelassen in allen mathematischen und naturwissenschaftlichen Fächern. Sie hat mir Geschichte beigebracht. Sicher: preußische Geschichte, aber preußische Geschichte bis in die damalige Gegenwart. Der Lehrer, ein aufrechter Demokrat, ließ uns auch Karl Marx und August Bebel kennenlernen und die Revolution von 1918. Er wurde bald nach 1933 entlassen. Er war wahrscheinlich Sozialdemokrat. Er unterrichtete auch »Deutsch«. Ich verdanke ihm, daß ich noch heute, nach gehörigem Nachdenken, einen Aufsatz ohne Änderungen herunterschreiben kann. Er war ein etwas verwachsener Mann, mit schönen Händen. Wo, wie mag er gestorben sein?

Die Schule galt als liberal. Vielleicht liegt hier der Grund für eine verhältnismäßig große Zahl von jüdischen Mitschülern. Über drei von ihnen erhielt ich den ersten Zugang zu einer Welt außerhalb des protestantischen, konservativen Pfarrhauses. Sie schenkten mir, sehr zum Kummer meiner Mutter, Erich Maria Remarques »Im Westen nichts Neues«. Bei ihnen hörte ich zum ersten Mal den Namen von Rosa Luxemburg.

Unser Direktor hielt nach unserem Abitur im März 1933 seine erste nationalsozialistische Rede. Von meinen Mitschülern, es waren zum Schluß etwa 18, weiß ich nur von dreien, daß sie noch leben. Die andern sind gefallen, emigriert, umgekommen, verschollen. Jahrgang 1914/15. Unter ihnen war mein einzig wirklicher Freund, der Bruder meiner Frau; er fiel als Vikar der Bekennenden Kirche in den letzten Tagen des Frankreichfeldzuges.

Das war die Schule. Nicht viel, aber auch nicht wenig.

14. November 1980

Ein langer Abend gestern. Erst bin ich seit undenklichen Zeiten wieder einmal zu einem »Empfang« gegangen. Das ZDF feierte die 200. Sendung von »Kennzeichen D«. Diese unersetzliche deutsch-deutsche Sendung bedarf jeder Unterstützung – zumal sie in einer Strukturreform dieser größten Fernsehanstalt Europas auch zur Disposition gestellt ist. Haust du meinen Löwenthal, hau ich deinen Schwarze. So primitiv geht das zu. Günter Grass sagte mit Recht, wenn es Veränderungen gebe, müsse dieses Berliner Magazin zum Maßstab gesetzt werden. Aber wer weiß? Es waren viele freundliche, sympathische Leute da, kaum ein Finsterling.

Aber das eigentlich Bewegende kam danach. Die Leute vom »Netzwerk Selbsthilfe« hatten mich zu einem Umtrunk eingeladen, weil ich ihnen 10000,– DM des Heinemann-Preises überwiesen habe. Das Netzwerk, vor zwei Jahren mit meiner kräftigen Unterstützung gegründet, ist eine sehr besondere Sache. Ein Verein zur Förderung alternativer Lebens- und Arbeitsweisen, 6400 Mitglieder inzwischen, die ihre regelmäßigen Beiträge zahlen und so die finanzielle Hilfe für Projekte ermöglichen, die von Handwerkskollektiven bis zum Frauenhaus reichen. Endlich einmal kein Selbstmitleid, sondern organisierter Wille zu eignem Leben. Nun: Inzwischen ist der Verein fast eine kleine »Bank« geworden. Sie haben mich also eingeladen. Ich fuhr zum Mehringhof, wo inzwischen eine ganze Reihe von alternativen Betrieben, Verlagen, Gruppen für soziale Arbeit eingezogen sind. Die mich am Tor erwarteten, brachten mich in den vierten Stock – als ich den Raum für diesen so ganz andern »Empfang« betrat, warf es mich beinah um. Vielleicht 30 junge Leute, Kerzenlicht, ein Trio hob an, Haydn zu spielen – dies sei die Alternative zur Alternative –, ein Trio, das dann, freilich ohne Noten und darum etwas dissonant, in die Internationale überging. Sie hielten eine kleine, wohlgesetzte Rede auf mich und verkündeten, daß sie die 10000,– DM an eine unabhängige Gefängniszeitung weitergegeben hätten: das »Blitzlicht« in Moabit. Dann verlasen sie den Dankesbrief. Er soll hier voll abgedruckt werden:

Lieber Pfarrer Heinrich Albertz, liebe Netzwerkleute,
liebe Freunde,

im Namen vieler Gefangenen, so auch des Blitzlicht-Gefangenen-Zeitschrift-Redaktions-Kollektivs, darf ich mich bei Euch auf diesem Wege für das in uns gesetzte Vertrauen bedanken.

Euer Vertrauen erfüllt uns mit Freude.

Doch gerade an diesem Ort und zu diesem Zeitpunkt können wir nicht verschweigen, daß uns die Verantwortung auch ängstlich und unsicher macht. –

Wie gerne würden wir heute abend unter Euch weilen, um wahrscheinlich mit klopfendem Herzen und zugeschnürter Kehle unsere diesbezüglichen Ängste mit Euch zu diskutieren.

Es sollte nicht sein, doch darauf werde ich später noch zurückkommen.

In den letzten Tagen wurden wir hier in der Haftanstalt mehrfach darauf angesprochen, ob wir uns über diese großartige Spende freuen.

Oh ja, wir freuen uns sehr darüber, aber es ist eine ruhige, ich möchte fast sagen abgeklärte Freude. Dieser hohe Geldbetrag, wir haben ihn auch bitter nötig, steht aber nicht voran. Nein, wir haben das Gefühl, als ob wir – dieses WIR steht für alle Gefangenen überhaupt – selbst Preisträger sind. Es mag sich vielleicht für einige unter Euch vermessen anhören, aber es ist uns wirklich so, als ob wir eine Mischung aus »Gustav-Heinemann-Heinrich-Albertz-Netzwerk-Bürger!-Preis« bekommen hätten.

Denn durch eben diese Gabe haben wir sehr viele Menschen kennen und achten gelernt, die sich selbstlos für uns eingesetzt haben; die uns dabei aufzeigten, daß man auch noch in unserer heutigen Gesellschaft menschlich sein und handeln kann; daß man auch bereit ist, uns, dem gebrannten Kind, Vertrauen und Zuneigung zu schenken; und man hat uns auch gezeigt, daß wir noch dazugehören.

In unserer kalten Umgebung – nicht nur hier im Knast – glaubten wir, zu Stein geworden zu sein, doch auf einmal bemerken wir ein Wachsen in uns, Wärme breitet sich aus, und wir beginnen wieder zu fühlen. –

So sieht also unsere Freude aus; sie ist nicht laut und überschwenglich, sie ist vielmehr bewirkend, nachdenklich.

Oftmals ist es uns sehr schwer gefallen, unsere übernommene Aufgabe – die Gestaltung eines Sprachrohrs der Gefangenen – durchzustehen. So saßen wir, das Kollektiv, oftmals betreten zusammen, um die Frage zu diskutieren, ob unsere Mühe eigentlich ihren Zweck erfüllt. Mitunter kamen überhaupt keine Beiträge von draußen, der einzige Kontakt zu unseren Lesern war die allmonatliche Absendung unseres Blitzlichts an sie. Hier hört sich dieser Name Blitzlicht auf einmal so kalt an, Blitzlicht sind wir; das WIR von immer einem Monat Knast. – Abends gingen wir dann immer gemeinsam unsere Redaktionspost abholen, doch meist waren wir dabei grenzenlos enttäuscht, weil das erhoffte feed-back von draußen nicht dabei war.

Mußten denn wir unter diesen Umständen nicht glauben, man hätte uns nach Erhalt beiseitegelegt, ohne sich mit uns zu beschäftigen?

Blitzlicht, das sind doch auch die gegen ihren Willen eingesperrten Mitbürger, die mit jeder Ausgabe ihrer Gefangenenzeitschrift spüren: »Wir sind ja noch da, wir leben ja noch, wir können sogar noch sprechen«.

Dieser, ich bleibe dabei, Gustav-Heinemann-Heinrich-Albertz-Netzwerk-Bürger!-Preis zeigt uns nun, daß wir nicht nur sprechen können, sondern daß wir sogar gehört werden.

Das ist es, was uns mit neuem Mut und vielen Hoffnungen weitermachen läßt. Wir erhoffen uns von Euch, daß Ihr uns auch weiterhin Eure menschliche Wärme spüren laßt, bis wir vielleicht selbst einmal soweit sein werden, gemeinsam mit Euch diese Wärme weiterzugeben. Wir glauben an Euch und Euer Vertrauen, also können wir auch wieder GLAUBEN und VERTRAUEN!

Dafür, und nur dafür, lieben wir Euch.

Wie gerne hätten wir heute abend hier bei Euch gesessen, es wurde uns verwehrt. Mit diesem Verbot hat unsere (sind wir nicht auch schon ein Teil davon) Institution Knast wieder einmal demonstriert, daß sie längst nicht reif genug ist, um mit Menschen umzugehen.

Durch unsere gewaltsame Verhinderung ist es uns vergönnt, eben darauf hinzuweisen. Wir sind sehr stolz darauf.

Ihr lieben Freunde, Ihr seid und entwickelt MENSCH!

Eure unfreien Mitbürger
i. A. *Hubertus Scholz* *Heinz Jacob* *Walter Schmohl*

Ich brauchte viel Kraft, um meine Bewegung zu dämpfen. Ich erzählte ihnen von Gustav Heinemann, von dem sie nicht viel wußten. Sie hörten lautlos zu. Dann saßen wir, aßen köstliches Brot mit Schafskäse, tranken roten Wein. Ich war lange nicht so glücklich wie an diesem Abend. Mit Blumen, Tee, einem Kinderbuch wurde ich verabschiedet. Herrgott, wie einfach ist es, Vertrauen zu schaffen, wie schwer.

22. November 1980

Frühling Ende November. Der Schlachtensee heute morgen wie blaue Seide. Das ist sehr schön und etwas anstrengend. Auch die Reise am vorigen Wochenende war gar nicht winterlich, strahlende Sonne in Stuttgart, milde Nächte, wenig Schlaf.

Es begann in Hannover in der Marktkirche. Wenn mir einer auch nur vor 20 Jahren gesagt hätte, ich dürfe von ihrer Kanzel predigen und die Kirche würde so voll sein »wie am Heiligen Abend«, ich hätte ihn ausgelacht. Kaum einer war ja so distanziert zu uns preußischen, unierten Pfarrern aus Schlesien, Pommern und noch weiter her wie diese lutherischen Hannoveraner. Im Juni 1945 wurde man schlicht weggeschickt, wenn man um irgendeine Arbeit nachsuchte. Bis in die 50er Jahre hat es gedauert, bis die letzten Fremdlinge ihre Pfarrstellen hatten – nun stand ich also auf Hanns Liljes Kanzel. Hunderte von jungen Leuten waren da, auch zum Abendmahl, das sich endlos hinzog. Einige knieten. Ich habe es gerade noch so durchgestanden. Abends dann in der Gießener Kongreßhalle ging es weniger feierlich zu. Die Eröffnung der Friedenswoche hatte hier einen kräftigen und deutlichen Auftakt. Und ich konnte endlich Horst Eberhard Richter begegnen. Wir haben uns, glaube ich, gegenseitig gut gefallen. Wir sprachen auch darüber, wie es weitergehen soll, diese breite Front der nachdenklichen Leute zusammenzuführen, sie den Mächtigen sichtbar werden zu lassen, daß sie wissen: Nicht mehr jede neue Drehung der Rüstungsschraube nach oben wird schweigend hingenommen, nicht jede Geheimniskrämerei geduldet. Vielleicht, wenn es wirklich Frühjahr ist, einmal mit 100000 Menschen in Bonn? Jedenfalls waren es zwei bewegende Versammlungen, eine geistliche, eine politische – aber wo sind hier die Grenzen? Jedes Rednerpult gerät mir zur Kanzel, jede Kanzel zum Rednerpult. Das ist wohl sehr schlimm, wirklich?

Freilich, der schwierigste, der aufregendste Abend war der des 17. November in Stuttgart. Der Termin war vor Monaten vereinbart worden: ein Dialog zwischen Landesbischof Lohse und mir über die »Schwierigkeiten, ja oder nein zu sagen – von der öffentlichen Verantwortung der Kirche«. Nun war dieser Termin auf den gleichen Tag geraten, an dessen Morgen sich Vertreter des Rates der Evangelischen Kirche in Deutschland mit dem Papst in Mainz getroffen hatten, mit Bischof Lohse als seinem Vorsitzenden und Sprecher an der Spitze. Unser Gespräch gewann dadurch eine neue, bedrängende Qualität. Ich kann seinen Verlauf als Beteiligter schwer beurteilen. Der Bischof hatte es viel schwerer als ich: in seinem hohen Amt, die Mehrheit der Zuhörer als sehr kritisches Gegenüber, ein Gesprächsleiter, der vielleicht zu deutlich auf meiner Seite war. Ich hoffe, ich bin fair geblieben zu diesem integren und von seiner Sache überzeugten Mann. Aber der Unterschied im Ansatz unserer Überlegungen war unübersehbar: er immer wieder auf Rücksicht auf die staatlichen Gewalten aus, auf Ausgewogenheit, auf die komplizierten Zusammenhänge verweisend, eher politisch argumentierend – merkwürdigerweise –, ich vielleicht zu unbefangen mit dem Zeugnis der Bibel hantierend, manchmal wohl auch ein bißchen frech. Aber ein Exempel für evangelische Freiheit haben wir sicher geliefert, im Gegensatz zum Schauspiel des Papstes, mit vorher abgestimmten, genau festgelegten Adressen. Ja, es war ein evangelischer Abend. Auch, weil man ein paarmal herzhaft lachen konnte.

Gerhard Rein hat das Gespräch in seiner Dienstag-Redaktion im Süddeutschen Rundfunk gesendet, Bayern immerhin eine halbe Stunde. Aber dann war eben zu unser aller Erstaunen das Erste Programm des Fernsehens da. Ergebnis: Eine Stunde Sendezeit nach acht Stunden Papst am Mittwoch von 23.15 bis 0.15 Uhr. Aus einem etwas schlechten Gewissen vielleicht doch, in unseren Anstalten »katholischen Rechts« in diesen Tagen. Ein paar tausend Menschen mögen diese, erst tags zuvor angekündigte Stunde wohl gesehen haben. Reaktionen habe ich nicht zur

Kenntnis bekommen – wohl wegen des Poststreiks. Herrliche Tage! Keine Briefe erhalten, keine Briefe beantworten müssen.
In der Vierteljahresschrift RADIUS erschien zu diesem Thema gerade mein Beitrag:

Ist Protestantismus noch eine Kraft?

Der Wahlkampf ist vorüber. Darum wird ein Hinweis auf ein Buch, das eher der Erheiterung dient und sich für Franz Josef Strauß als Bundeskanzler einsetzt, nicht mißverstanden werden. Es handelt diesen großen Staatsmann in Lexikonform, nach dem Alphabet ab. Von »Abhörskandal«, bis »Zwicknagl« fehlt kein gängiges Stichwort der bundesdeutschen Szene; auch nicht das Wort »Kirche«. Während den Gewerkschaften und den Parteien immerhin jeweils eine gute Seite gewidmet wird, liest man bei »Kirche« nur den Hinweis »(siehe § 218)«. Schlägt man dort nach, findet man ein Zitat von Strauß: »Die Kirche nimmt einen sehr strengen Standpunkt ein. Sie wird damit den Wirklichkeiten, die im Leben auftreten, nicht immer gerecht. Z. B. war sie nach dem Krieg strikt gegen die Ehescheidung. Hier war ich anderer Meinung als die Kirche. Die kirchlichen Normen sind wesentliche Orientierungspunkte, die der Politiker nicht außer acht lassen darf; das heißt aber noch lange nicht, daß die Kirche den Politikern unmittelbar Vorschriften machen will und kann.«

Nun handelt es sich hier um einen Katholiken, der im katholischen Bayern sicher vor allem seine katholische Kirche im Auge hat. Er kommt aus einer Region, in der es weder eine Reformation noch eine Gegenreformation gegeben hat. Sie war nicht nötig. Aber die zitierte Einstufung von Kirche als eines erhobenen Zeigefingers für diese oder jene Vorstellung von bürgerlicher Moral – hier nun auch noch eingeschränkt auf die elende Diskussion um den § 218 – ist ebenso umwerfend wie typisch. Sie ist, wie ich meine, ein besonders absurdes Beispiel für das, was in unserem christlichen Land mit seinen christlichen Parteien von dem, was das Evangelium bedeuten könnte, übriggeblieben ist – und damit wohl auch von dem, was wirklich evangelische Gemeinden, Protestanten in unserem Land bedeuten. In einer prominenten Wahlkampfbroschüre einer christlichen Partei reduziert sich das Phänomen Kirche aber auf ihre Stellungnahmen zu Ehescheidung und Abtreibung.

Ich beginne mit diesem extrem negativen Befund, um deutlich zu machen, wo wir uns wahrscheinlich wirklich befinden. Die christlichen Kirchen sind – sogar in der Vorstellung christlicher Politiker – zu Institutionen verkommen, die eine Art Normenkontrolle für das Zusammenleben der Menschen auszuüben haben, freilich ohne daß man sich an sie zu halten braucht. Die angeführten Beispiele sind ja auch nicht zufällig. Denn die eifernde Bemühung der Amtskirchen um alles, was mit Ehe, Sexualität und damit mit Schlafzimmern zu tun hat, zeigt hier ihre peinliche Wirkung.

Dies ist ein bitterer und wohl auch ein wenig zorniger Anfang meiner Antwort auf die Frage, ob der Protestantismus in unserem Land noch eine Kraft sei. Denn der Protest der Evangelischen gegen alle Bevormundung, die unbeschreibliche Befreiung des einzelnen aus jeder Gesetzlichkeit, die Rechtfertigung des von Gott getrennten Menschen allein durch den Glauben kommen eben kaum noch wirklich vor als eine hörbare, zu Konsequenzen treibende Stimme aus einer anderen Welt – die eben doch unsere Welt verändern soll.

Woran liegt das wohl? Zunächst werden wir wohl eindeutig festzustellen haben, daß dies nicht an denen liegt, denen evangelische Überzeugungen deutlich zu machen gewesen wären. Nicht an Herrn Strauß oder Herrn Schmidt. Nicht an den Gewerkschaften oder den Parteien. Nicht an diesem ganzen, auf Leistung, Verdienst und gute Werke angelegten deutschen Volk (West). Sondern der Grund für die beklagenswerte Wirkungslosigkeit evangelischer Predigt und evangelischen Handelns kann ja nur ausschließlich bei denen liegen, die hier zu predigen und zu handeln haben.

Dabei ist sicher richtig, daß die konfessionelle Verschiebung, die nach dem Zweiten Weltkrieg und durch die Teilung Deutschlands eingetreten ist, die Schwierigkeiten evangelischen Redens und Handelns verstärkt hat. Wir leben ja in einem Rheinbundstaat. Die Kerngebiete protestantischer Tradition gehören zum anderen Teil Deutschlands oder zu Polen; Preußen ist ausgelöscht, und weniger die Statistik von Konfessionszugehörigkeit als die geistige und politische Realität beweisen, daß wir im Grunde in einem katholischen – oder zumindest in einem katholisierten – Lande leben, in dem die Evangelischen und ihre Kirchen und Gemeinden häufig nur als Trittbrettfahrer der römischen Amtskirche auftreten.

Und dies gilt wahrhaftig nicht nur für Bayern. Man braucht nur Entstehung und Ergebnis der sogenannten Grundwerte-Denkschrift in die Erinnerung zu bringen, um die Abhängigkeiten und Verwischungen deutlich zu machen, in denen wir leben. Die katholische Kirche als einheitlicher Block, als durch einen Nuntius vertretene auswärtige Macht und mit diesem Papst an der Spitze, hat als Gegenüber den polnischen Reichstag – eine Kirchenkonferenz der Ev. Kirche in Deutschland, in der eine einzige Landeskirche auch die bescheidenste Reform zu äußerer Wirksamkeit verhindern kann. Die absurden innerevangelischen Konfessionsgrenzen, die Vielzahl der Landeskirchen auf der Grundlage napoleonischer Landesgrenzen, die für den Außenstehenden unerklärlichen Zusammenschlüsse – »Ev. Kirche in Deutschland«, »Vereinigte Ev.-Luth. Kirche«, »Reformierter Bund«, »Ev. Kirche der Union« – muten an wie ein kafkaeskes Schloß. Natürlich sind das organisatorische Äußerlichkeiten, aber sie haben eine verheerende Wirkung.

Viel wichtiger ist freilich die Frage, wie weit die Darstellung der Sache, um die es im Evangelium geht (oder genauer und einfacher gesagt: die Darstellung von Leben und Sterben und Auferstehung Jesu Christi), in unser Land hinein gelingt. Hier zeigt sich, wenn ich es richtig sehe, ein merkwürdig schwankendes, fast schizophrenes Bild. Da scheint die Evangelische Kirche auseinanderzufallen in eine Gruppe, die – ohne nach rechts oder nach links zu schauen – an einer engen, biblizistischen Wortverkündigung festhält, und eine andere, die scheinbar jede christliche Wahrheit in Psychologie oder Soziologie oder irgendeine andere moderne Humanwissenschaft auflöst und ihre einzige Aufgabe in politischen und sozialen Aktionen sieht. Etiketten sind leicht bei der Hand. Evangelikale und Progressive, Orthodoxe und Liberale, Rechte und Linke tummeln sich auf dem protestantischen Feld, streiten sich vor den Augen ärgerlicher Zuschauer und zeigen im ganzen ein Bild von Leuten, die im wesentlichen mit sich selber und den angeblichen Richtigkeiten ihrer Meinungen beschäftigt sind. Die Wahrheit, um die es letzten

Endes geht, wird fast unkenntlich in diesem Streit, wird jedenfalls in vielen Fällen zur Unwirksamkeit verdammt.

Auch hier kann man ja wohl nur zornig werden. Ich habe diesen tatsächlichen oder scheinbaren Gegensatz nie verstanden, und ich glaube, daß er im Letzten der Grund für die beklagenswerte Undeutlichkeit evangelischer Existenz in unserem Lande geworden ist. Denn auch die strengste Auslegung der Heiligen Schrift ist zur Unglaubwürdigkeit verdammt, wenn sie sich nicht umsetzt in das Beispiel christlichen Lebens und Handelns. Und auch das konsequenteste Engagement in politischen oder sozialen Fragen bleibt nur eine Variante des Verhaltens aller anderen ebenso Engagierten in Staat und Gesellschaft, wenn es nicht bei jedem Schritt deutlich und unübersehbar seinen Grund in Leben und Lehre Jesu Christi hat.

Im Letzten geht es also bei der Untersuchung von Wirksamkeit oder Unwirksamkeit des Protestantismus in unserem Lande wohl um das mangelnde Vertrauen zu der Sache, die man vertritt. Oder wiederum: zu dem einen Mann, um den es sich letzten Endes handelt. Natürlich kann einem schwindlig werden, wenn man konsequent daran festhält, daß das Evangelium jeden von uns so frei macht, daß er keinen Mittler zwischen Gott und den Menschen mehr braucht – keinen Papst, kein öffentliches Lehramt, keine politische oder ökumenische Grundwahrheit, auch keine freiheitlich-demokratische Grundordnung, sondern nur die Bindung an diesen einen Jesus Christus. Aber wer das nicht konsequent vorträgt und sogar versucht zu leben, der geht in theologischen Richtigkeiten unter, oder er wird eingepflügt in die Anpassung an jede gängige Ideologie und Moral. Er wird zu einer Stimme unter anderen. Er wird ein lebendiger Beweis dafür, daß Religion Privatsache sei, eine Sache für das berühmte Kämmerlein und für die vielberedeten Hauptstationen des Lebens: Geburt, Trauung, Tod. Die Kirche wird zum Service-Laden für diese Gelegenheiten und der Pastor zu einem, meistens nicht sehr guten, weil dafür nicht ausgebildeten, psychologischen Helfer. Der Sturm, der die Befreiung des Menschen von seinen selbstgemachten Göttern auslöst, findet nicht statt.

Aber um ihn handelt es sich ja wohl. Das Merkwürdige ist nun, daß ich nach allem, was ich bisher an nun wirklich nicht sehr positiven Befunden ausgebreitet habe, überzeugt davon bin, daß es (meistens an den Amtskirchen vorbei, ganz selten an einem theologischen Lehrstuhl, aber sehr viel häufiger schon in einer Gemeinde und damit auch auf einer Kanzel) – ich will bescheiden sein – wenigstens die Anzeichen, die Signale des Windes der Freiheit Gottes gibt. Manche Blätter bewegen sich schon. Manchmal knirscht schon ein alter, morscher Baum. Zu diesen Signalen rechne ich eindeutig – und trotz aller Beckmesserei von außen und auch aus den Amtsstuben der Kirchenbehörden – die Evangelischen Kirchentage. Da weht sogar manchmal ein kräftiger Wind. Da wurde über die letzten Jahre hin evangelische Freiheit erfahren und vorzeigbar gemacht. Das geschieht alle zwei Jahre. Aber es setzt sich, Gott sei Dank, auch in die Gemeinden um. Und quer durch das Land wird man, ohne Übertreibung, sagen können, daß oft diese Gemeinden der letzte Ort in unserem hektischen, auf Wachstum eingestellten Lande sind, in dem Freiheit zur eigenen Entscheidung spürbar wird: Freiheit zur Gelassenheit, Freiheit zu alternativem Leben ohne Sektierertum und Freiheit zu jedem ernsthaften Engagement, das auf die konkrete Wirklichkeit einer Stadt, einer Nachbarschaft, einer sozialen Gruppe oder der politischen Landschaft bezogen ist. Das spricht sich, Gott sei Dank, herum. Das überwindet auch die idiotischen Grenzen, von denen oben die Rede war. Da kann einer ein ganz »frommer« Prediger sein und doch oder gerade deswegen an einer vorderen Front im Kampf um Reformen und gegen politische und soziale Ungerechtigkeiten stehen. Das ist dann offene Kirche, in der weder nach Konfession noch nach auswendig gelernten Glaubensbekenntnissen gefragt wird und doch von diesem Glauben mehr spürbar wird als auf jeder Augustana-Feier.

Schließlich sollte es nachdenklich machen, daß unter denen, die heute in unserem Land noch glaubwürdig, vor allem auch für junge Menschen, reden und handeln können, fast ausschließlich Männer und Frauen sind, die ihr Christentum nicht verschweigen. Denn letzten Endes wird die Wirkung evangelischen Bekenntnisses in unserem Lande weniger an Schriften und Worten als an den Beispielen hängen, die möglichst viele einzelne sichtbar geben. So wie die Demokratie in unserem Lande nicht von einer aufgeschriebenen Verfassung, sondern von der Zahl aufrechter Demokraten lebt, so wird der Protestantismus eine Kraft bleiben, solange es Protestanten, möglichst viele, möglichst konsequente Protestanten gibt. Sie mögen sogar katholisch sein.

Aber sie mögen und werden den Geschmack von Freiheit vermitteln.

Sie werden damit Hoffnung geben, daß es sich weiter lohnt, als Mensch und damit als ein Geschöpf Gottes in unserem Lande zu leben.

Hier in Berlin bin ich am Mittwoch noch, völlig überflüssig, in die traditionelle Veranstaltung der Stadtmission gegangen – früher in der inzwischen eingestürzten Kongreßhalle, diesmal in einer wilhelminischen Kirche in Schöneberg. Die ganze Provinzialität dieser Stadt und dieser Kirche legte sich wie Nebel aufs Gemüt. Ich ging vor Schluß nach Haus, weil es nicht mehr auszuhalten war. Der Unterschied zwischen Frömmelei und Frömmigkeit war zu sehr spürbar.

Und bin doch so froh, wieder zu Hause zu sein. Wenn nichts Unvorhergesehenes geschieht, bis Mitte Januar. Herrlich. Friedlich. Hoffentlich streikt die Post noch lange...

23. November 1980

Der erste Sonntag nach vier Wochen frei. Das ist ein Ruhestand. Ich sitze – während der Kirchzeit, aber ohne schlechtes Gewissen – zu Hause. Auf dem Vogelbaum dicht vor meinem Fenster sitzt eine Elster und sieht mir beim Schreiben zu. Sie ist unverschämt wie immer, wird gleich den Meisen und Spatzen die Körner wegfressen, wie im Frühjahr ihre Eier. Das Laub ist nun ganz gefallen. Meine Frau steckt die letzten Tulpenzwiebeln in die Erde, der Hund schaut zu. So könnte man immer sitzen und Ruhe haben.

Diesmal wird es wegen des »Wortes zum Sonntag« wohl keinen Ärger geben. Ich habe zum Totensonntag nur über das Sterben gesprochen – wohl nichts Anstößiges, selbst für verstockte Bürgerherzen.

Eine herrliche Stille heute. Nur von ganz ferne das Brausen der Autobahn über den See. Nebenan wird Laub gekehrt. Ja, jetzt höre ich den Elf-Uhr-Zug nach Köln. Pünktlich. Zu meinen besten Zeiten habe ich das Kursbuch sozusagen auswendig gekonnt. Ich lag im Bett und wußte, jetzt ist der Nachtzug von Breslau nach Berlin da und da. Später waren es die Züge von Hannover nach München. Heute sind es ganz wenige geworden – ein paar Züge, die Berlin mit Westdeutschland verbinden. Will man mehr sehen, muß man zum Ostbahnhof fahren. Aber die Liebe zur Eisenbahn ist geblieben – auch ohne Freifahrkarte. Das war das einzig wirklich Schmerzliche, als ich aus dem Rathaus ging, sie abgeben zu müssen. Nun ist's wenigstens der Seniorenpaß.

Zweimal durfte ich in hannoverschen Zeiten sogar auf der Lokomotive mitfahren. Einmal auf einer der seltenen Typen »05« mit einem kurzen, schnellen Zug bis Hamm. Aber der Lokführer sagte mir, das sei nicht das Richtige. Ich sollte einen langen schweren Zug ausprobieren, wenn beim Bremsen die Wagen von hinten gegen die Maschine drücken. Das habe ich dann getan. Nachts. Bis Bebra. Das ist ein königlicher Beruf: Lokführer. Ich finde ihn viel aufregender als den des Piloten – auch nach meinen Erfahrungen im Cockpit der Terroristenmaschine nach Aden. Auch wenn nun überall alles automatisiert ist und beide, Zug und Flugzeug, auch ohne Führer ans Ziel kämen.

Aber nachts Züge fahren zu hören, ist wichtig. Wenn sie ausbleiben, ist etwas passiert. So am 12./13. August 1961: die S-Bahn fährt nicht mehr – das war die Voranzeige der Mauer. Ich hab immer gesagt, es gibt nur zwei Bücher, auf die man sich verlassen kann: die Bibel und das deutsche Kursbuch. Aber das zweite fiel dann eben auch aus. Vorige Weihnachten gab es ein kostbares Geschenk für mich: einen Fotodruck des letzten Vorkriegs-Reichskursbuches von 1938. Alle alten Strecken der Heimat. Und ein besonderes Zeichen für das geteilte Deutschland: damals war praktisch das ganze Eisenbahnnetz auf Berlin hin orientiert.

Jetzt höre ich den ersten Zug von Hannover den Bahnhof Wannsee verlassen. Auch pünktlich. Der Lektor wird diese Seiten wohl streichen. Eisenbahn-Spinnerei.

Ich höre auch schon auf. Ich will sehen, wo meine Frau ist. Es ist völlig still im Haus. Das wäre das Furchtbarste: wenn es für immer still würde. Und ich habe gestern so große Worte zum Sterben und Sterben-Lassen geredet. – Oh, jetzt sehe ich sie: im Garten. Gott sei Dank.

24. November 1980

Erst wollte ich sie gar nicht hören: die Regierungserklärung der neuen, alten Bundesregierung. Aber dann habe ich den Fernseher doch eingeschaltet. Das vertraute Szenarium: der »dicke« Bundesadler – es gibt ja verschiedene Ausfertigungen –, der Einmarsch des Präsidenten im Bratenrock, die Regierungsbank mit lauter vertrauten Gesichtern, niemand, niemand ausgewechselt, immer noch Egon Franke, immer noch Ertl, immer noch die schwache, einzige, unglückliche Frau. Aber ich weiß ja, wie so etwas geht. Wie schwer es ist, grausam zu sein. Wie schwer es ist, zu strafen. Wie man lieber weiß, wen man hat, als unsicher ist, wen man bekommt. Wie Helmut Schmidt ja auch offensichtlich und zu Recht die besten Leute ins Bundeskanzleramt holt. Aber er könnte wenigstens aus eigner

Entscheidung verändern. Er kann – durch den Bundespräsidenten – Minister berufen und verabschieden lassen. Ihm kann niemand aufgezwungen oder durch ein Mißtrauensvotum herausgeschossen werden. Was hat es in Berlin immer wieder für Pannen gegeben, wenn die Fraktion nicht mitzog! Ich selbst war ja zweimal das Opfer; und dann noch zweimal indirekt und doch endgültig, als mein Vorschlag, Herrn Spangenberg zum Bürgermeister zu wählen, nicht durchkam. Nur: Rücksichten muß auch ein Bundeskanzler nehmen. Sonst wäre das völlig überflüssige innerdeutsche Ministerium längst gestrichen.

Ich bin verhältnismäßig oft im Bundestag gewesen, auch bei ganz normalen Sitzungen. In Pausen zwischen Bonner Terminen konnte man sich ausruhen, mit Abgeordneten reden. Damals war die Regierungsbank bis 1966 ja »rein« von Sozialdemokraten. Die Bundesratsbank lag gegenüber der Opposition. Man mußte ohne Regung einer Zustimmung oder Ablehnung dort für Niedersachsen oder Berlin sitzen. Einmal vergaß ich es und wurde prompt vom Präsidenten ermahnt. So streng waren die Bräuche. Heute ist der Bundesrat zu einem parteipolitischen Gremium deformiert. Herr Strauß und Herr Stoltenberg treten von der Bundesratsbank als Redner der Opposition auf. Jeder läßt sie gewähren. Ich habe, glaube ich, dreimal im Bundestag gesprochen: »Namens des Landes Niedersachsen habe ich folgendes zu erklären ...« Das erste Mal, 1949, überhaupt das erste Mal, daß ein Mitglied des Bundesrates das Wort nahm, rief der Abgeordnete Renner (KPD) erregt dazwischen: »Wer redet denn da? Hier kann wohl jeder reden!« und er mußte belehrt werden.

Der Bundestag – keine zehn Pferde hätten mich je in diese schreckliche Mühle hineingebracht. Ich habe die Männer und Frauen, die dieses Mandat annehmen – womöglich als Krönung ihrer Laufbahn – immer nur staunend bewundert. Kaum einer kann sich wirklich entfalten, keiner ist frei zu sagen, was er denkt, oder er kommt in größte Schwierigkeiten, jedenfalls wenn er von seiner Fraktion abweichende Meinungen vorträgt. Die Kunst der Rede, die Debatte, das Eingehen auf den Gegner ist fast unmöglich geworden. Fast alle lesen Manuskripte ab. Das Ergebnis der Abstimmungen ist ebenfalls fast immer errechenbar. Daß einer überzeugt wird und seine Meinung ändert und dies womöglich auch sagt – ein Wunder. Natürlich: Ich weiß, dieser Prozeß ist in die Fraktionen, in Arbeitsgruppen, Vorstände und in die Ausschüsse verlagert. Nur: Dann könnten die Stimmen im Plenum ja auch gesammelt und ohne endloses Reden abgegeben werden. Es wäre ehrlicher, ginge schneller und kostete weniger Geld. Ich schlage das nicht vor. Aber ich trauere jenen ersten Jahren des Bundestages nach, in denen es noch erregende Aussprachen gab, große Stunden des Parlaments: Adenauer und Schumacher, Dehler und Erler, Heinemann und Schmidt, Carlo Schmid und Jaeger, um nur einige zu nennen. Wer ist geblieben? Herbert Wehner und Willy Brandt, Richard von Weizsäcker manchmal. Und eben der Bundeskanzler.

Regierungserklärungen sind etwas Furchtbares. Entweder man eröffnet für zwei Stunden eine Gemischtwarenhandlung, einen Bauchladen für alles und jedes, oder man versucht, »große Linien« zu zeichnen, und die versinken – weil ein paar Dutzend Leute am Text herumoperieren – dann meist im allgemeinen, in Unverbindlichkeiten. Ich habe an Dutzenden von solchen Erklärungen mitgearbeitet oder sie selber vorgetragen. Auch heute kam alles Einschlägige vor: von der großen Weltpolitik bis zu den Frauen, von der Bundeswehr bis zum Sport. Alles nüchtern und sympathisch vorgebracht, ohne große Attitude. Aber eben immer wieder auch mit jenem gefährlichen Sowohl-als-Auch. Selten ein klares Ja oder Nein. In den Analysen nach innen eher optimistisch – nach außen voller Sorgen. Abrüstung – aber Gleichgewicht. Freiheit – aber Sicherheit. Nachdenken über die Traditionsformen der Streitkräfte – aber unsere tüchtigen Soldaten. Ganz dünn wurde es bei der Ansprache der gefährlichen Verengungen der Grundrechte. Das kam fast mühsam heraus, und nur als sehr allgemeine Absichtserklärungen. Und darum war das sicher ehrlich gemeinte Wort an die jungen Leute auch, fürchte ich, ohne Wirkung. Vielleicht habe ich Weihnachten, wenn ich den Kanzler sehe, doch eine ruhige Minute, ihn darauf anzusprechen. Er hat die tiefe Skepsis der jungen Generation immer noch nicht voll im Gespür. Und ich wiederhole: hier helfen auch keine Wahlergebnisse zur Beruhigung. Tausende von jungen Menschen haben SPD und FDP gewählt, um Strauß zu verhindern, aus keinem andern Grunde. Aber trotz all diesem: Schmidt bleibt, bei diesen Mehrheitsverhältnissen und bei diesen personellen Möglichkeiten, der beste deutsche Kanzler. Ein Kanzler der bürgerlichen Mitte mit sozialdemokratischen Bindungen, Erfahrungen, Loyalitäten. Nicht mehr und nicht weniger. Und was wichtiger ist: Er ist zuverlässig, genau und ein Mensch.

25. November 1980

Ich hatte mich gestern schon den ganzen Tag gewundert, daß das Telefon so ruhig war. Heute früh wußte ich es dann von Amts wegen. Ich habe eine neue Nummer, die nicht im Fernsprechbuch steht und von der Auskunft nicht mitgeteilt wird. Das war schon seit über fünf Jahren so, seit dem Flug nach Aden, als wir uns vor Anrufen nicht mehr retten konnten. Aber nun war die alte so weit bekannt, daß es wieder keine Ruhe mehr gab. Es ist wie bei den Masern, bekommt sie einer, bekommt sie der nächste. Man konnte es ganz deutlich verfolgen: In Kreisen zog es über den See – die Pfarrer, die Journalisten, die linken, jungen Leute und, weiß der Himmel woher, auch unzählige einzelne: »Ruf mal den Albertz an.« Solange ich im Gemeindepfarramt war, mußte ich erreichbar sein. Aber jetzt? Trotzdem: Ich habe kein ganz gutes Gewissen. Natürlich kann mir jedermann schreiben, auch »Berlin« genügt. Aber viele, die einfach einmal anrufen, sind nun abgehängt, im wahrsten Sinne des Wortes. Wie war das früher – ohne Telefon? An sich ist es ja eine Art Terror, jedermann jederzeit anrufen zu können. Und er wird geübt. Ich habe ihn immer wieder erlebt – und zwar immer von alten und neuen Faschisten. Andere, auch ganz Unbekannte, besonders Frauen, können durch Unanständigkeiten bis zum Wahnsinn gebracht werden. Wieso kann nicht jeder selbst entscheiden, ob sein Telefon öffentlich gemacht wird?

Nur bei mir steht die Frage, ob man bis zu seinem Tode eine Art Bundesklagemauer bleiben muß. Ich habe entschieden: nein. Vielleicht reicht die Sperre ja wieder fünf Jahre. Und dann ruft vielleicht auch niemand mehr an.

Aber jetzt beginnt ein merkwürdiges Spiel: Wem gibst du die Nummer? Deinen Kindern natürlich, sofort. Deinen nächsten Freunden. Wer sind sie? Hast du wirklich nur drei? Deinem Bischof. Deinem Nachfolger im Rathaus? Wenigstens vier Freunden in Bonn? Welchen? Den Rundfunkanstalten – aber wem in diesen Riesenapparaten? Der Polizei? Den Anstaltspfarrern in Moabit und Tegel? Welchen Rechtsanwälten Gefangener? Den Nachbarinnen, die als Witwen allein leben? Für wen also mußt du da sein, auch auf Abruf, jederzeit? Man kann an einem solchen Tage das ganze Netzwerk des Lebens ausbreiten.

Bist du wirklich so wichtig? Das Ganze ist wahrscheinlich eine törichte und etwas eitle Selbstüberschätzung. Es gibt so viele, die man anrufen kann. Die Telefonseelsorge. Unzählige Beratungsstellen. Sogar die Ämter haben jetzt besondere Dienste dieser Art. Ich bin im Ruhestand. Als Bürgermeister, als Pfarrer. Als Mensch? Vorgestern kam ein Telegramm von einem jungen Mann aus Gießen. Er war in meiner Friedensversammlung. »Es ist schlimm, daß Sie eine Geheimnummer haben. Scheiße.« Und der Name. Ohne Adresse. Ich kann ihm nicht einmal antworten. Er kann einer der vielen sein, die einfach nur reden wollen. Auch viel dummes Zeug. Auch viel Selbstmitleid. Es kann auch einer sein, der mich wirklich brauchte. Ausgerechnet mich. Der Apparat steht neben mir und schweigt. Die Sperre wirkt.

Ich habe Zeit, über meine Predigt zum 1. Advent nachzudenken. Ich will die Geschichte vom Einzug in Jerusalem noch einmal erzählen. Auch von dem Esel, der Jesus trug. Ob er merkte, daß der Sohn Gottes auf seinem Rükken saß? Und wohin er ihn brachte? Oder brachte nicht auch der Herr dieses unvernünftige Tier aus seinem gewohnten Trott an einen Ort, den es nicht kannte? Ist es wieder zurückgekehrt in seinen Stall?

1. Advent 1980, Schlachtensee
Predigt über Mt 21,1–11

Liebe Gemeinde – manchmal haben kirchliche Traditionen schon ihren Sinn. Wem mag es vor vielen hundert Jahren eingefallen sein, nicht einen der zu erwartenden Texte als Lesung für diesen 1. Adventssonntag auszuwählen: die Begegnung Marias mit dem Engel etwa, oder ihr herrliches Magnificat, oder die Geschichte von dem verstörten Josef – sondern eben diesen Bericht vom Einzug Jesu in Jerusalem? Und wie tiefsinnig und doppelbödig ist die alte Übung, das Kirchenjahr eben nicht beim Wechsel der Kalender am 1. Januar beginnen zu lassen, sondern heute? Hier ist alles, was wir für eine angemessene Ordnung halten, merkwürdig verschoben und durcheinandergebracht. Unsere Geschichte bringt gar nichts von vorweihnachtlicher Stimmung, sondern führt uns ganz dicht an das blutige Ende Jesu Christi heran, vor die Tore seines Todes. Unsere Geschichte spitzt alles auf die Frage zu »Wer ist der« und auf unsere Antwort an ihn. Wer ist der – dessen Geburt wir in vier Wochen nun wieder feiern sollen – das Kind in der Krippe, übrigens dieses Jahr ganz gegenständlich zum Anfassen beim Krippenspiel der Kinder am 4. Advent in dieser Kirche (endlich, kann ich nur sagen, keine leere Krippe mehr, endlich ein, wenn auch schüchterner Hinweis darauf, daß es sich am Heiligen Abend um eine richtige Kindsgeburt gehandelt hat unter Blut und Tränen, und dieses Jesuskind eins von Millionen anderer Kinder war, so wie wir sie haben und groß werden sehen und wieder verlieren) – ja, wer ist dieses Kind?

Hier im Evangelium des 1. Advents ist er ein erwachsener Mann, hat Gefährten, denen er Weisungen gibt und die ihm gehorchen: »Da sie nun wohl an Jerusalem kamen, nach Bethphage an den Ölberg, sandte Jesus seiner Jünger zwei und sprach zu ihnen ...« Ich weiß nicht, wer von Ihnen schon einmal in Jerusalem war. Ich erinnere mich, wie meine Frau und ich, über die Berge kommend, sie plötzlich vor uns liegen sahen, diese Stadt, diese einzigartige Stadt. Heute drei Religionen heilig, heute der Brennpunkt der Konflikte im Nahen Osten, heute wie damals eine Stadt, in der der Himmel die Erde berührt. Damals vor Jesu Augen war sie, wenn auch vom Feinde besetzt, die Mitte des Landes, die Mitte der Verheißung, die Bestätigung des Bundes Gottes mit den Menschen. Da liegt sie vor ihm, in ihrer Mitte wiederum, die Mitte der Mitte, der Tempel, aufgerichtet zum Lobe des Unnennbaren, des Unsichtbaren, des Einen, Jahwes, des ewigen Königs Israels. In diesen Tempel will er, wissend, wohin er geht. Geredet hat er immer wieder davon, zu seinen fassungslosen Gefährten, dort werde er sterben, dort werde er mit seinem Tode diesen Tempel zerbrechen und in drei Tagen wieder aufbauen. Dort wird sich sein Leben im Tode erfüllen und unser Leben dazu. Er weiß es. Aber in diesem Augenblick redet er nicht davon. In diesem Augenblick geht es um die eher rührende Geschichte, wie er, eine uralte Weissagung erfüllend, in die heilige Stadt einziehen werde, nicht einfach so, wie er sonst in einen Ort kam, zu Fuß und unauffällig, nach Kapernaum oder Nain, nach Nazareth oder Kana. Ein Esel soll beschafft werden. Genauer: eine Eselin mit ihrem Eselkind. Beschrieben wird, wie die Tiere geholt werden sollen, bei Markus ganz genau und umständlich, hier bei Matthäus eher kurz und selbstverständlich: »Der Herr bedarf ihrer.« Ich würde gern einen Augenblick bei diesen Eseln verweilen, aber man hat mir gesagt, ich dürfte die Tiere nicht vermenschlichen. Natürlich wußten sie nicht, was ihnen geschah, als sie von ihrem Herrn den Jüngern übergeben, als Kleider und Decken auf das Muttertier gelegt wurden und der fremde Mann sich auf seinen Rücken setzte. Viel hatte es schon getragen, viel zu viel, es war geschlagen worden, oft genug, wie im Orient üblich, auch das Eselkind hatte es getragen in seinem Leibe, das nun neben ihm lief. Nun trug es diesen Mann. Nun erschrak es wahrscheinlich vor dem Jubel der Menge, vor dem Geschrei der Menschenkinder: »Hosianna dem Sohne Davids ...« Nachdenklich kann man werden, wenn man das alles liest. Nachdenklich auch, wenn man an den Besuch des Mannes denkt, der sich den Stellvertreter Christi nennt, in unserem Land und dem Jubel der Massen. Hier trägt ein Esel den Herrn der Welt. Das armseligste Tier aus Gottes Schöpfung, an Leiden gewöhnt, trägt Jesus zum Kreuz. Fast ist es ein Narrenaufzug. Kein römischer Soldat nimmt Kenntnis von ihm oder beschützt ihn gar. Kein Tempelpriester kommt ihm entgegen, um ihn zum Allerheiligsten zu führen. »Jesus, der Prophet von Nazareth aus Galiläa.« Er zieht ein in die Mitte der Welt unter armen Leuten, die ihr Messiaslied singen, unter Kindern. »Hosianna«, schreien sie. (Das ist ein aramäisches Wort und heißt: »Herr, hilf doch.«) Herr, hilf doch.

So wird er im Tempel ankommen. Er wird die Wechsler und Krämer finden und zornig ihre Tische umwerfen. Er wird die Priester gegen sich aufbringen und ein paar Tage später als Hochverräter und Gotteslästerer umgebracht werden. Die Eselin mit ihrem Kind ist dann längst wieder in ihrem Stall.

Und das singende Volk? Ich hoffe, wir spüren, wie nahe es uns ist. Wir wollen uns noch einmal daran erinnern, wem wir alles zugejubelt haben, und mit welchen Erwartungen, im Bösen wie im Guten, vom Verbrecher Adolf Hitler bis zu dem guten und glaubwürdigen Polen aus Krakau, der jetzt der Papst ist. Mit welchen Erwartungen? Die, damals, am Palmsonntag in Jerusalem, erwarteten den Messias, den Sohn Davids, der sie aus der Knechtschaft Roms befreien und das Königtum Israels wieder aufrichten sollte. Sie begrüßten den Wundertäter, von dem sie die seltsamsten Geschichten gehört hatten. Aber es kam ein ganz anderer, einer, der seine Hand nicht zum Aufstand gegen die Besatzer erhob, dem es um mehr ging als um die wiederhergestellte Ehre seines Volkes, der von einem Reich sprach, das schon nahe herbeigekommen sei, und die Welt auf Frieden und Gerechtigkeit hin verwandeln sollte. Es kam einer, der sich freiwillig in die Hand seiner Feinde gab, zum Entsetzen seiner Freunde. Es kam einer, der tat, was er gesagt hatte. Ihre Erwartungen liefen ins Leere. Als ihre Enttäuschung offenbar wurde und die Hetze der Mächtigen im Lande sie schnell und wirksam in den notwendigen Haß hineingetrieben hatte, wollten sie eher Barabas als diesen Eselskönig. Sie wollten Macht und Stärke – und natürlich Brot und Spiele. Da hat sich seit zweitausend Jahren nichts verändert, da haben wir alle uns sehr wenig geändert. Die Frage ist nur, ob alles so unveränderbar bleiben soll.

Vielleicht steht eben darum die Einzugsgeschichte Jesu am Anfang der Adventszeit. Jedes Jahr von neuem fragt sie uns, wann wir beginnen wollen, uns auf den Jesus Christus einzulassen, der er in Wahrheit war und ist, und nicht, wenn überhaupt, auf einen, den wir nach unserem Bilde und Erwartungen uns so zurechtmachen, wie wir ihn am besten gebrauchen können. Nicht auf einen triumphierenden Herrscher, sondern auf ein Kind. Nicht auf einen Erhalter und Bewahrer unserer fragwürdigen Ordnungen, sondern auf den Bruder der Armen. Nicht auf Pomp und Gloria, sondern auf den Mann, der auf einem Esel in seinen Tod ritt. Wie weit sind wir davon entfernt! Und dabei sollen wir nun wirklich nicht allein auf die römisch-katholische Kirche und ihre Machtentfaltung blicken, sondern auf uns selbst. Wie weit wir, die wir uns evangelisch nennen, uns tatsächlich noch auf das Evangelium einlassen, wie ernst wir es nehmen, wie wörtlich. Wie wir beiden Gefahren zu begegnen haben: theologische Richtigkeiten für den tätigen Glauben zu nehmen oder alle möglichen und unmöglichen Versuche zu unternehmen, einfach nachzumachen, was andere viel besser können. Weder das Herbeten alter Formeln noch die Anpassung an alles, was uns modern und fortschrittlich erscheint, hilft hier weiter. Weiter hilft hier nur das Beispiel dessen, dem sie heute ihr »Hosianna« und morgen ihr »Kreuzige« zurufen – wer ist der, der Jesus von Nazareth? Darum möchte ich uns Mut machen, diese Adventswochen 1980 ganz bewußt zu feiern, auf den hin zu feiern, um den es sich wirklich handelt. Das schließt den Zauber der Weihnachtsgeschichte, die Lichter und die Lieder, die wir nun von heute an wieder singen dürfen, nicht aus, sondern ein. Auch das kleine Jesuskind aus Holz in der Krippe am 4. Advent. Bilder und Symbole sind nichts Schlimmes. Ein großer katholischer Zeitgenosse hat, auf die Zukunft der Kirchen angesprochen, geantwortet: Die evangelischen Kirchen müßten sinnlicher werden – Mut also zu handfesten Beispielen haben (darum auch meine lange Eselsgeschichte) – die katholische Kirche freier, freier von dem Netz selbstgestrickter Vorschriften.

Wie dem auch sei, wir alle jedenfalls sollten unseren Rücken hinhalten und den Herrn Jesus Christus auf die Straßen tragen, ins Herz der Stadt, zu den Armen. Wir werden dann etwas sehr Seltsames erleben: daß wir erfahren, wie genau umgekehrt er uns trägt, er uns treibt, aus unseren Ställen heraus, mitten unter die Menschen. Amen.

28. November 1980

Der Poststreik hat bewirkt, daß die letzten drei Tage das Echo auf die Diskussion mit Bischof Lohse und das erste Wort zum Sonntag massiert ins Haus gebracht haben. Eigentlich müßte man alle Briefe aufheben und analysieren – was da hochkommt an deutschem Frömmigkeits- und Obrigkeitsverständnis ... So gehören nämlich die Hauptmotive der Kritik zusammen – wenn ich einmal handfeste katholische und antikommunistische und übrigens auch wieder antisemitische Affekte weglasse (einige halten mich ja immer wieder für einen Juden, ich muß einfach ein Jude sein, so tief sitzt das): »Wie können Sie mit einem Bischof so reden? Was war das für ein Ton nach diesem herrlichen Tag mit dem Papst! Sie sind doch nur ein Politclown, wie können Sie es wagen, noch einmal auf die Kosten dieses

Besuches zu kommen« usw., usw. Sie haben ja vielleicht recht, diese Kritiker, es ist vielleicht zu viel gelacht worden. Aber daß das ganze Gespräch gerade darin ein evangelisches Gegenstück zu dem bis zum letzten Komma vorbereiteten römischen Besuch war – daß ein Bischof so fair, so tolerant, so geduldig auf einen unbequemen Fragesteller antwortet, auf gleicher Ebene wie er – das wird bei solchen Antworten nicht einmal gespürt. Es gab natürlich auch andere, dankbare, erfreute, befreite.

Sehr bewegt hat mich, wie ein paar Sätze zum Thema Leben und Tod, Tod und Leben die Menschen anrühren können. Hier scheint das Defizit noch größer zu sein, als ich fürchtete. Die Verdrängung des Sterbens ist fast perfekt. Ebenso wie das Nicht-trauern-Können. Ich habe im »Wort zum Sonntag« am 22. November nur dieses gesagt:

Liebe Zuhörer,

morgen ist Totensonntag. Ich erinnere mich an den Tod meines Vaters. Ich war damals acht Jahre alt und wurde in der Nacht von meiner Mutter geweckt: »Komm, Vater stirbt nun ...«, und ich ging an ihrer Hand in das Zimmer, in dem er lag. Zu Hause natürlich, umgeben von der Familie. Wir sangen die Lieder, die er besonders geliebt hatte, und beteten laut das Vater-Unser. Alles war ein natürlicher, auch für das Kind zu verstehender Vorgang. Der Tod war Teil seines Lebens, das Leben Teil seines Todes geblieben. Er wußte, daß er bald sterben würde, und wir wußten es auch. Und er starb fast heiter und ganz gelassen. Dies war im Jahre 1923.

Und so sehr es stimmen mag, daß es diese Art von Sterben auch heute noch in wenigen Einzelfällen gibt, so klingt die Geschichte doch fast wie ein Märchen aus einer anderen Welt. Heute wird der Tod und alles, was mit ihm zu tun hat, verdrängt – keiner redet von ihm, keiner will ihn sehen. Keiner darf mehr sterben, selbst wenn er todkrank ist. Woran liegt das wohl? Ich meine, daß die Art, wie wir sterben und andere sterben lassen, etwas zu tun haben muß mit der zynischen Verachtung dessen, was Leben bedeutet, und mit dem Absterben jedes Verständnisses für die einfachsten Vorgänge unserer Existenz, auch mit dem Tod der Liebe.

Ich erkenne darin den Verlust des Wissens darum, woher wir kommen und wohin wir gehen, und daß es sich bei jedem, der lebt oder stirbt, um ein Geschöpf handelt, das nach dem Verständnis der Bibel ein Geschöpf Gottes ist. Der Sinnverlust des Lebens also scheint mir die Ursache der Schwierigkeiten zu sein, in die wir geraten, wenn wir so unmenschlich mit dem Tod umgehen.

Die Würde des Todes hat etwas mit der Würde des Lebens und des Menschen im ganzen zu tun. Dies steckt in der uralten Weisheit des 90. Psalms: »Der du die Menschen lässest sterben und sprichst: Kommt wieder Menschenkinder, Herr, lehre uns bedenken, daß wir sterben müssen, auf daß wir klug werden.«

Solche Menschenweisheit, solche Gottesweisheit sollte es doch eigentlich leicht machen, nun gelassener zu werden, um den Tod erwarten zu können, um ihn hereinzunehmen in den Ablauf des Lebens, um mit Hoffnung sterben zu können. Jesus Christus hat uns gesagt, daß es diese Hoffnung gibt. Eine unbeschreibliche, unbeschreibbare Hoffnung: daß das Leben weitergeht, daß der Tod nicht das letzte Wort hat, daß wir im Sterben nicht tiefer fallen können als in die Hände Gottes. Wenn wir das einmal ganz ruhig hören würden, darüber nachdenken, uns auf diese Hoffnung einlassen, wieviel einfacher, natürlicher wäre unser Umgang mit dem Tod! Wieviel menschlicher würden wir sein in Krankenhäusern und psychiatrischen Kliniken. Denn wo er auch ist, der Sterbende bleibt Gottes Geschöpf. Wen nach Einsicht der Ärzte Gott sterben lassen will, der soll sterben dürfen. Er darf nicht nur Objekt technischen Aufwandes sein, er hat einen Anspruch darauf, als Mensch zu sterben und nicht als künstlich am Leben gehaltene Hülse. Leben ist zu erhalten, aber der Tod gehört zum Leben.

Ich wünsche Ihnen, liebe Zuhörer, daß Sie zu beidem Mut haben und sich nicht mehr fürchten als unbedingt notwendig ist – aufrechten Ganges.

Guten Abend!

2. Dezember 1980

Ich muß wieder so viel anderes schreiben, daß ich nicht zu diesem Tagebuch komme. Der Beitrag für den 6. Dezember ist nun wegen St. Nikolaus eine Sendung über Kinder und Eltern geworden. Ich habe lange gezögert. Muß man nicht jede dieser kostbaren Minuten nutzen, um die Satten aufzuschrecken? Aber die Rolle des Unglückspropheten liegt mir ja in Wirklichkeit gar nicht. Da ist heute der »Spiegel« viel deutlicher. Er beschreibt ganz konkret und brutal, was passiert, wenn im Zentrum von Hamburg ein atomarer Sprengkörper einschlägt – mit allen Einzelheiten. Und dazu die geradezu kindischen Vorbereitungen des Zivilschutzes und die zynischen Reden der Militärärzte. Hoffentlich lesen es alle, die dieses Magazin kaufen, auch die, die nur nachschauen, ob sie selbst drin vorkommen.

Morgen kommt das ZDF mit der Aufnahme für eine Sendung: »München – ein Zufall? Fragen zum Rechtsextremismus.« Auch darauf muß ich mich vorbereiten. Denn wir wollen sehr deutlich werden. Ich habe ein paar alte Unterlagen durchgesehen und meine Einschätzung neu bestätigt bekommen: wie die Weichen eben gleich 1945 falsch gestellt wurden. Wie es nie eine Stunde Null gegeben hat, keine Revolution. Keine Selbstreinigung. Dafür sehr bald den verhängnisvollen Artikel 131 des Grundgesetzes, der uns alle Parteigenossen wieder in den öffentlichen Dienst brachte, bis in die höchsten Gerichte hinein, bis in die Schaltstellen der Macht, der Polizeiexekutive, der Bundeswehr – auch wenn die Herren Offiziere formal keine Mitglieder der NSDAP waren. Und wie ungebrochen der frisch-fröhliche Antikommunismus primitiver Art sich am Leben hielt, durch die »Zone«, die Blockade Westberlins, den 17. Juni 1953. Darüber soll ich morgen etwas sagen, alles heikle Zusammenhänge, von denen niemand gern öffentlich spricht. Es ist schon schlimm, wenn einem dann die Redakteure der Fernsehanstalten sagen: Wir können das nicht so aussprechen. Da gibt es nur noch wenige. Da muß man den Heinemann-Preis haben. In der Zeitung steht übrigens: Herr Scheel will der Nachfolger seines Nachfolgers Carstens werden. So löst immer einer den andern ab. Man kann schon nicht mehr lachen darüber.

Draußen liegt nun endlich auch in Berlin Schnee. Wir haben neues Futter für die Vögel streuen müssen. Hier ist es warm und trocken und hell an meinem Schreibtisch. Man wagt gar nicht an das Katastrophengebiet in Süditalien zu denken. Man findet dort immer noch – nach zehn Tagen – Lebende unter den Trümmern. Und deutsche Pioniere sind am Werk. Dafür haben sie meine ganze Sympathie.

4. Dezember 1980

Es muß vor siebzehn Jahren in diesen Tagen gewesen sein, um den 6. Dezember 1963 herum. Ich war als Gast der britischen Regierung in London gewesen, und bei meiner Rückkehr erwartete mich schon an der Gangway des gerade gelandeten Flugzeuges der damalige Chef der Senatskanzlei, Dietrich Spangenberg – ich möge bitte nicht nach Hause fahren, sondern erst ins Rathaus kommen, er hätte mir Wichtiges zu sagen. Ich war damals Bürgermeister, also der Stellvertreter Willy Brandts, und Senator für Sicherheit und Ordnung. Ich fürchtete, es hätte einen schweren Zwischenfall an der Mauer gegeben, den ich in London nicht erfahren hatte. Aber Spangenberg blieb im Wagen schweigsam. Nicht alle Fahrer behalten für sich, was sie auf der Fahrt aufschnappen.

Mit der Mauer hatte die wichtige Nachricht schon zu

tun. Aber es begann sich die Hoffnung abzuzeichnen, daß wir sie durchlässig machen könnten. Es war ein Brief »von drüben« eingetroffen, der Verhandlungen über ein Passierscheinabkommen anbot. Und damit traten wir in jenen unvergeßlichen Dezember 1963 ein, der, ohne daß wir seine Folgen genau abschätzen konnten, der Anfang einer neuen Politik zwischen den beiden deutschen Staaten war, ja der Anfang einer neuen West-Ost-Politik in Europa. Heute klingt dies alles selbstverständlich. Jeden Monat wird irgendein neues Abkommen über irgendeine technische Frage unterzeichnet. Das ist nach dem Grundlagenvertrag fast schon Routine geworden. Damals begaben wir uns auf einen Weg, der nach Landesverrat roch, und nur mit größter Vorsicht betreten werden konnte. Die DDR galt als die »Zone«, ihr Regime bestand aus kommunistischen Verbrechern, ihr Staatsgebiet seit dem 13. August 1961 war ein besseres Gefängnis. Jeder direkte Kontakt barg die Gefahr der Anerkennung im völkerrechtlichen Sinne in sich, die Festschreibung der Teilung, die Hinnahme des Status quo. Zwar war durch Egon Bahrs Rede in der Evangelischen Akademie Tutzing – »Wandel durch Annäherung« – und durch meine Rede im Hessischen Rundfunk – »Was Anerkennung ist, bestimmen wir« – die öffentliche Diskussion darüber in Gang gekommen, wie wir aus den versteinerten Fronten, an denen sich nichts mehr bewegte, herauskommen können. Aber diese Debatte war bösartig und haßerfüllt, und keineswegs nur die Springerpresse behandelte jeden, der vom Pfade der strikten Abgrenzung abwich, als Kapitulanten. Nun aber sollte am Ende mühseliger Gespräche ein Papier auf dem Tisch liegen, das Unterschriften eines Beauftragten der Regierung der DDR und des Senats von Berlin gleichberechtigt nebeneinander trug – ein schier unvorstellbares Ereignis.

So wurden die Wochen bis unmittelbar vor Weihnachten

eine lebensgefährliche Gratwanderung. Die Schritte, die nun notwendig waren, bedurften unbedingter Vertraulichkeit und doch mußte – in Abstufungen – eine große Anzahl von Beteiligten laufend informiert werden: die alliierten Schutzmächte, die Bundesregierung, der Senat im ganzen, die Vorsitzenden der Fraktionen des Abgeordnetenhauses – und die Presse. Da das Rathaus Schöneberg ein offener Markt ist, verfolgten die Journalisten jeden von uns auf Schritt und Tritt, buchstäblich bis in die Toilette. Gerüchte blühten wie Unkraut, und da wir bei Zeitungen und Rundfunk sowieso mit tiefstem Mißtrauen beobachtet wurden, war bald eine gereizte Atmosphäre entstanden, die die Arbeit, die zu leisten war, unendlich erschwerte.

Sie blieb praktisch bei sechs Männern und ihren engsten Mitarbeitern hängen: dem Regierenden Bürgermeister und seinem Stellvertreter, dem Chef der Staatskanzlei, dem Pressechef, dem Bundessenator und dem Verhandlungsführer (West) selbst. Also bei diesen Namen: Brandt, Albertz, Spangenberg, Bahr, Schütz und Korber. Der letztere war damals ein noch jüngerer, äußerst begabter und verläßlicher Beamter mit politischem Fingerspitzengefühl. Er hat bis an die Grenze physischer und psychischer Belastung seinen Auftrag erfüllt. Ihm stand in jener ersten Phase auf der »anderen Seite« (so die vornehme Umschreibung für »DDR«) Herr Wendt gegenüber, Staatssekretär, ein alter, redlicher Kommunist, dem es ohne Zweifel auch um die Menschen ging und nicht nur um seine Auftraggeber. Sie trafen erst alle zwei oder drei Tage, dann täglich, zum Schluß sogar mehrmals täglich zusammen – möglichst abwechselnd in Ost- und Westberlin. Die Gespräche mußten immer wieder unterbrochen werden, weil Weisungen einzuholen waren. Da es keine telefonische Verbindung gab, mußte Horst Korber, verhandelte er »drüben«, immer wieder über die Grenze zurück. Zuletzt hatten wir, um ihm weite Wege zu ersparen, direkt am Grenzübergang Invalidenstraße ein Außenbüro eingerichtet. Wir traten dann sofort zusammen, zu dritt oder viert, bei allen wichtigen Entscheidungen bei Willy Brandt, sonst in meinem Zimmer. Und wichtig war alles – denn die Hohenpriester und Schriftgelehrten des Vier-Mächte-Status und der Anerkennungsfurcht sahen mit Argusaugen zu – in Berlin und in Bonn, ja bis in die Hauptstädte der Schutzmächte. Es ging bis ins Absurde, es durften keine Agenturen der DDR in Westberlin errichtet werden, aber man brauchte Passierscheinausgabestellen in Westberlin, es sollten keine Hoheitsrechte des fremden Staates – der doch angeblich kein Staat war – ausgeübt werden – so kamen Postbedienstete der Deutschen Post (Ost), die natürlich in den Springerzeitungen allesamt Angehörige des Staatssicherheitsdienstes waren. So war schließlich die Form der Unterschrift die letzte, schwierigste Hürde. Das endgültige »Ja« wurde in einer Nachtsitzung des Senats ausgesprochen. Der damalige Vizekanzler Erich Mende nahm teil und gab die Zustimmung der Bundesregierung. Wir hatten Glück, der Kanzler selbst und sein Kabinett waren in einem Sonderzug nach Stuttgart unterwegs und unerreichbar: Theodor Heuss war gestorben. Er half uns – mit seiner Beerdigung – über letzte Einwände hinweg.

Es war vier oder fünf Tage vor Weihnachten. Nun lag die Verantwortung für die Durchführung der Vereinbarung bei mir. Ich bin an diesem Weihnachten Tag und Nacht im Rathaus gewesen. Die Passierscheinstellen waren einzurichten, die Menschenströme zu lenken, die Übergänge zu öffnen, eine Fülle bürokratischen Kleinkrams zu erledigen. Denn was jetzt geschah, hatten wir zwar erhofft, aber in diesem Maß nicht erwartet. Es machte sich eine Völkerwanderung auf, schon morgens um drei standen bei klirrender Kälte endlose Schlangen vor den Abfertigungsstellen. Es war ja eine befristete Regelung – nur über die Festtage. Es mußte fast alles mit Phantasie und sehr schnell improvisiert werden. Aber ein Wunder geschah: Die schwerfällige und sehr bequem gewordene Berliner Verwaltung zog mit, die Rundfunksender gaben Tag und Nacht jede Information weiter, die Polizei war wirklich ein Freund und Helfer, und die Bürger selbst, die stundenlang Wartenden behielten ihre Geduld und ihren Humor. Als die ersten Westberliner durch die geöffneten Schlagbäume gingen, stand ich an der Oberbaumbrücke und sah sie im Dunkel verschwinden. Ich habe mich meiner Tränen nicht geschämt. Es war ein fast alttestamentliches Bild: ein Bild der Menschlichkeit. Die Mauer war durchlässig geworden. Die Vernunft hatte gesiegt. Im Abgeordnetenhaus gab es noch Rückzugsgefechte der CDU. Sie konnte wenig sagen, ihre Bundesregierung hatte zugestimmt. Sie hatte allerdings eines richtig erkannt: Es war ein neuer Weg beschritten worden, ein Weg, der schließlich zu den Verträgen führte, die die CDU/CSU auch im Bundestag bis zum letzten Augenblick bekämpfte.

Heute, rückblickend, kann ich nur sagen: diese Dezembertage von 1963 gehören zu den wichtigsten Erfahrungen meines Lebens. Die erste Erfahrung: man kann etwas Vernünftiges auch gegen die geschlossene öffentliche Meinung durchsetzen. Zweite Erfahrung: der Mensch ist immer wichtiger als das Papier. Dritte Erfahrung: die Berliner und sogar die Berliner Verwaltung sind im Ernstfall besser als ihr Ruf. Politisch aber war etwas Großartiges geschehen: Die verkrusteten Fronten waren an einer, wenn auch winzigen Nahtstelle in Bewegung gekommen. Das Volk hatte bewiesen, daß es zusammengehören will, auch wenn die Grenzen es scheiden. »Wiedervereinigung« war ein bewegender menschlicher Vorgang geworden; nach den großmäuligen Phrasen der unbeirrbaren Helden, die sich keinen Schritt nach vorn bewegten, lagen sich nun Vater und Sohn, Mutter und Tochter in den Armen.

Heute haben wir trotz aller Schwierigkeiten und Rückschläge gesicherte Verträge. Wenn wir beharrlich bleiben, wird auch der Weg von Ost nach West breiter werden. Freilich gehört zu dieser Beharrlichkeit Mut und ein Stück Hoffnung, die man sich nicht nehmen lassen darf, von keinem Kalten Krieger in Ost und West. Ich bin sehr glücklich, daß ich damals dabei sein durfte.

6. Dezember 1980

Nun ist klirrender Winter. Ich habe morgens tüchtig Schnee geschippt. Das Haus ist warm. Man muß sich jede Stunde sagen, wie gut man es hat. Die Berliner haben auf einen Appell des Senders Freies Berlin in drei Tagen über eine Million für die Erdbebenopfer gespendet. So leicht ist das, wenn man tüchtig auf dic Tränendrüsen drückt: für Italien, ein Land, das sich selbst helfen könnte, wenn seine Regierenden nicht völlig in Schlamperei und Korruption versunken wären. Hätte man für das unvergleichbare Elend in der Sahelzone das gleiche Ergebnis erreicht? Ich wage es zu bezweifeln. Man kommt ja auch nicht auf den Gedanken, so etwas zu tun. Nicht in Berlin. Da muß man nach Baden-Baden zu Franz Alt gehen ...

Berlin – nun verläßt auch Peter Glotz wieder die Stadt. Ich verstehe, daß ihn Willy Brandt nach Bonn holen will. Aber für uns ist es deprimierend. Keiner von denen, die wir so dringend brauchen, bleibt. Keiner von den Mittelmäßigen geht. Auch nicht der Polizeipräsident, der gerade mit seinem Rücktritt droht wegen der Namensschilder für ein paar seiner Beamten. Wenn er doch ginge!

Winzige Probleme von Schilda. Nebenan steht Polens

Schicksal auf des Messers Schneide. Und damit das Schicksal jeder Vernunft in Europa und zwischen den Weltmächten. Man riecht förmlich die Lust der Leute, die den Konflikt von außen anheizen möchten, damit sie ihren Kalten Krieg in voller Schönheit wiederhaben. Polen ist ihnen dabei völlig gleichgültig, wichtig allein ein handfester Eingriff. Die Heuchelei ist perfekt. Wir denken an unsere Freunde in Warschau und Krakau. Es kam lange kein Lebenszeichen von ihnen. Dafür wurde wieder einmal eine polnische Verkehrsmaschine nach Westberlin entführt. Natürlich hat man die Passagiere auf die Möglichkeit zu bleiben mehr oder minder deutlich hingewiesen. Sie flogen alle wieder zurück.

Auch Besuch aus der DDR haben wir. Eine Pfarrfrau, wegen ihrer Krankheit weit unter dem Rentenalter zur Ausreise berechtigt – eben rief sie noch einmal an; völlig erschöpft und angewidert von der Einkaufsschlacht in unseren Geschäften, ist sie froh, wieder nach Hause zu können. Nun wird sie drüben wieder nach dem Nötigsten anstehen müssen. Aber unsere Art von Freiheit scheint nicht mehr sehr attraktiv zu sein. Ich erinnere mich an den Zeitpunkt, als die Behörden der DDR die Rentnerbesuche in den Westen freigaben. Die Presse fragte mich, wieviel wohl hierbleiben würden, die Hälfte oder 25 Prozent? Ich antwortete mutig: Unter fünf Prozent. Es waren dann nicht einmal ein Prozent. Aber natürlich: Das waren nur alte Leute. Das Problem ist so alt wie die Teilung. Die Flüchtlinge, auch und gerade zur Zeit der Massenauswanderung vor dem Bau der Mauer, kamen zu höchstens zehn Prozent aus wirklich politischen Gründen oder gar wegen persönlicher Gefährdung. Viele wegen der Ausbildung ihrer Kinder. Ich glaube, hätten die Verantwortlichen in der DDR den Mut, das Reisealter drastisch herunterzusetzen, gingen sie kein großes Risiko mehr ein. Aber sie haben vor die Entscheidung die heikle Anerkennung zweier Staatsbürgerschaften durch Bonn gesetzt. Und so wird wohl noch auf lange Sicht alles beim alten bleiben. Auch ich bin in dieser Sache zögernd. Es ergäbe sich mit Sicherheit eine dritte Staatsbürgerschaft für West-Berlin. Die existiert zwar in der Praxis des Ostens bei der Behandlung Westberliner Pässe seit langem. Aber jene Festschreibung, gerade auf diesem besonders komplizierten Gebiet, wäre wohl falsch. Im übrigen müßte das Grundgesetz geändert werden. Dafür findet sich keine Zweidrittelmehrheit.

Es ist inzwischen Abend geworden. Herrliche Stille. Auch die verrücktesten Autofahrer haben ihren Wagen bei diesem Schnee zu Hause gelassen. Die Luft ist fast so kalt und klar wie in Arosa. Noch fünf Wochen – dann fahren wir dorthin. Urlaub vom »Ruhestand«.

8. Dezember 1980

Eben zogen sie die Straße am Bahndamm entlang: amerikanische Soldaten in ihren Tarnanzügen, als wollten sie nach Sibirien aufbrechen, mit ihren Maschinenpistolen und leichten MGs, frierend und ein bißchen lächerlich. Ich denke an die eigne Soldatenzeit, freilich nicht im Frieden, in keiner Art von Frieden. Ich hatte mich ja »freiwillig« gemeldet, nachdem ich durch die ersten Musterungen noch bis 1941 freigestellt war, ein typischer Astheniker, damals. Aber dies hat es ja viel häufiger gegeben, als es heute noch bekannt ist – die Flucht vor der Gestapo in die Wehrmacht. Bei mir war es ein Bilderbuchfall: Ein Sondergericht in Breslau hatte mich nicht, wie es der Staatsanwalt beantragt hatte, wegen »Heimtücke« zu einer mehrjährigen Zuchthausstrafe verurteilt, sondern nur wegen Vergehen gegen den sogenannten Kanzelparagraphen zu wenigen Monaten Gefängnis. Der Prozeß fand unter Ausschluß der Öffentlichkeit statt. Als Zuhörer anwesend waren nur zwei Beamte der Geheimen Staatspolizei. Als das Urteil verkündet war, nahm mich der Verteidiger beiseite: »Gehen Sie sofort von hier ins Wehrbezirkskommando und lassen Sie sich einziehen. Im Zimmer X sitzt der Major Y, der weiß Bescheid.« Ich ging und war eine halbe Stunde später Inhaber eines Wehrpasses, Soldat, dem Zugriff der Gestapo entzogen. Vier Wochen später mußte ich einrükken. Sonst wäre ich mit an Sicherheit grenzender Wahrscheinlichkeit in »Schutzhaft« genommen worden. Wäre ich wegen eines kriminellen Deliktes verurteilt gewesen, wäre die Strafe bis zum »Endsieg« ausgesetzt worden. Da es sich um ein politisches Vergehen handelte, mußte ich die Strafe verbüßen, aber in einer Wehrmachthaftanstalt. Das habe ich dann 1943 getan, in der alten Festung Glatz – »auf der Rasierklinge«, wie meine Haftgenossen wegen der Kürze der Haft sagten.

Aber erst einmal war ich in Uniform. Ich habe nicht die Absicht, meine Abenteuer, die eher den Geschichten des braven Soldaten Schwejk glichen, aufzuschreiben. Ich habe niemals auf einen Menschen zu schießen brauchen, ich habe mir meine kleinen Freiheiten als einfacher Soldat erhalten – wegen der Vorstrafe wurde ich erst Anfang 1944 zum Gefreiten, Weihnachten 1944 zum Obergefreiten befördert. Ich habe den Kommiß in allen seinen Spielarten mit ziemlicher Frechheit unterlaufen, diesen geistlosen Volksschullehrerdrill und den Machtrausch kleiner Leute und junger Offiziere, die, eben von der Schulbank gekommen, nun plötzlich vor erwachsenen Männern standen. Nur in zwei Ausnahmesituationen – extrem verschiedenen Beispielen – hat mir die Armee Respekt abgefordert: in der eisernen, aber solidarischen Disziplin des Soldatengefängnisses und in den letzten Monaten des Krieges im Generalstab der Heeresgruppe Süd, als mich der Chef des Stabes, General von Grolman, zu sich in sein Vorzimmer kommandierte, dieser Herr von Grolman, Schwiegersohn meines Gemeindepatrons in Oberschlesien, der seine schützende Hand über mich hielt, wann immer es für den Soldaten Albertz ernst wurde. Diese beiden Stationen will ich zu beschreiben versuchen.

Glatz – die historische Festung. Hier hatte schon Friedrich der Große den Herrn von Trenck einschließen lassen. Als ich eingeliefert wurde, waren die Kasematten überfüllt mit den verschiedensten Gefangenen: reine Soldatendelikte – Ungehorsam, Feigheit vor dem Feind, Wachvergehen, unerlaubte Entfernung von der Truppe – »normale« Straftaten, vom Totschlag bis zum Diebstahl, besonders viele wegen Vergehens gegen den von den Nazis verschärften § 175. Die Gefängnisleitung hatte sich eine besondere Form des Strafvollzuges ausgedacht. Nicht, wie heute, Isolierung, sondern die Unterbringung der Gefangenen in überfüllten Kasematten für eine bestimmte Zeit am Anfang der Strafe sollten die Insassen disziplinieren. So kam auch ich in einen dunklen, feuchten Keller, mit etwa hundert Mann belegt, aber nur für höchstens zwanzig ausreichend. Nur dreimal am Tag wurden wir für wenige Minuten im Eilschritt in die Kloaken und zum Empfang einer Wassersuppe getrieben. 23 Stunden waren wir in der qualvollen Enge zusammengepreßt. Einige drehten bald durch, schrieen und begannen sich zu prügeln. Andere fielen vor Schwäche um. Aber diese Pferdekur hatte eine Wirkung: Wenn wir nach Abschluß dieser Folter in die normalen Zellen verlegt wurden, kamen wir uns vor wie in einem Sanatorium. Ich lag mit einem prachtvollen, ganz einfachen Mann zusammen, der mit seinem Feldwebel aneinandergeraten war, wurde auf die Schreibstube kommandiert und hatte nicht mehr zu klagen. Dies hatte allerdings seinen besonderen

Grund. Der stellvertretende Festungskommandant hatte bei meiner Einlieferung meine Akten gelesen, befahl mich zu sich, äußerte seinen Respekt vor meiner Gesinnung und versprach mir, so weit es ihm möglich sei, zu helfen. Dieser Offizier meldete sich nach dem Krieg bei mir. Er war Lehrer in Waldenburg gewesen, Sozialdemokrat, und hat in Glatz immer wieder politischen Häftlingen geholfen. Auch dies gab es also. Darum sind summarische Urteile so gefährlich. Dieser tapfere Lehrer hieß Richter, er wurde ein vorzüglicher Rektor einer Schule im Harz.

Ich zögere eigentlich, die andere Haftgeschichte aufzuschreiben. Sie klingt völlig unglaublich. Aber sie ist wahr. Eines Tages eröffnete mir ein Feldwebel, ich müsse am nächsten Morgen nach Berlin überstellt werden. Ich hätte einen Termin vor dem Reichskriegsgericht. Ich widersprach – ich habe keine Vorladung, weder als Angeklagter noch als Zeuge. Er brüllte mich an: »Sie haben übermorgen diesen Termin. Morgen früh werden Sie nach Berlin gebracht.« »Jawohl, Herr Feldwebel.« Tatsächlich marschierte ich am nächsten Morgen zwischen diesem Mann und einem zweiten Unteroffizier zum Bahnhof. Ein Abteil war für den Gefangenentransport reserviert. Als der Zug durchs Eulengebirge fuhr, kramte der Feldwebel in seinem Gepäck, holte ein Koppel hervor und sagte: »Nehmen Sie das, Sie haben natürlich keinen Termin. Aber mein Kollege und ich brauchten eine Dienstreise nach Berlin. Nach dem schweren Luftangriff wollen wir unseren Frauen beim Ausräumen der Wohnungen helfen. Da können Sie mitmachen. Sie werden es gut haben. Nur nachts müssen Sie eingeschlossen werden, damit der Vollzug der Strafe nicht unterbrochen wird. Wir haben eine schöne Zelle in Moabit für Sie bestellt.« Und so geschah es – ich räumte tagsüber Möbel, konnte mit meiner Frau telefonieren, Freunde besuchen, abends wurde ich eingeschlossen, und nach drei

Tagen ging es wieder zurück nach Glatz. Dies war allerdings eine makabre Fahrt. Der Zug war überfüllt mit Flüchtlingen, die sich vor den nächsten Bomben fürchteten. Aber der Strafgefangene Albertz mit seinen zwei Begleitern fuhr im verschlossenen Abteil bequem in sein altes Gefängnis.

Seitdem halte ich nichts mehr für unmöglich, wenn Uniformierte zusammenhalten, und sei es mit ihren Gefangenen.

Heute soll, wie ich höre, die Festung Glatz wieder Gefängnis sein, aber ein polnisches. Es eignet sich ja auch sehr gut dafür.

9. Dezember 1980

Die Nachrichten über angebliche Vorbereitungen der Roten Armee, in Polen einzumarschieren, werden immer nervöser. Die Geheimdienste haben ihre große Stunde. Ich nehme eher an, die polnische Armee wird die Führung im Lande übernehmen, um Schlimmeres zu verhüten. Und dann sollten wir nicht allzu sehr schreien. Militärdiktaturen sind doch anderswo die besten Freunde des Westens. Aber nun spekuliere ich auch schon. Es ist wie eine ansteckende Krankheit.

Das Hauptquartier der Heeresgruppe Süd lag Ende August 1944 in Satu Mare, damals auf ungarischem Staatsgebiet, heute wieder in Rumänien. Ich hatte – ganz auf mich allein gestellt – eine Fahrt von drei oder vier Tagen dorthin. Es ging über Wien und Budapest, Debrecen. Schließlich stand ich in der gerade noch unzerstörten Stadt (zwei Tage nach meiner Ankunft erlebte sie einen schweren Bombenangriff) vor einem herrschaftlichen Hause und fragte, wie man auch sonst nach einem Bewohner fragt: Wohnt hier

Herr von Grolman? Ja, er »wohnte« dort, und für mich begann, so kurz vor Ende alles Schrecklichen, diese faszinierende, verwirrende Zeit, die ich nie vergessen werde. Zivil ausgedrückt, hatte ich eine Mischung von Vorzimmerdienst, Telefonvermittlung und ein bißchen persönlicher Betreuung zu versuchen. Militärisch war ich ein Unikum. Denn natürlich hatte der General auch einen Ordonnanzoffizier, der sich aber nur um wenig mehr als um seine eigenen Vergnügungen kümmerte. Ich als Gefreiter – also ein »Mannschaftsdienstgrad« – war eigentlich völlig fehl am Platze, und die Offiziere des Stabes und die draußen an den Telefonleitungen mußten sich erst mit Mühe daran gewöhnen, daß hier die archaische Hierarchie des Heeres unterbrochen war. Aber den General von Grolman focht das wenig an – vielleicht merkte er es auch gar nicht. Jedenfalls habe ich in diesen sechs Monaten während des dauernden Rückzuges der deutschen Truppen bis dicht vor die österreichische Grenze als ein völlig Außenstehender miterleben können, was die deutsche Heeresführung damals bedeutete, damals noch, also nach dem fehlgeschlagenen Attentat des 20. Juli. Die Offiziere, vor allem auch mein Chef, hatten mit diesem Versuch nichts zu tun gehabt. Sie haßten den Führer und taten ihre Pflicht. Sie waren gebildete, hochgebildete Menschen und gaben ihre Befehle nach vorn, wissend, wieviel »Verluste« sie bedeuten würden. Sie kämpften einen zähen Kampf gegen sinnlosen Widerstand, der ihnen wieder von oben, also vom Oberkommando des Heeres, befohlen wurde. Sie waren aufgeschlossen und freundlich, auch gegenüber dem seltsamen Gefreiten in ihrer Mitte. Aber sie lebten in der strengen Kastengesellschaft ihrer Traditionen, in denen auch die Offiziere noch streng getrennt waren (die mit roten und die ohne rote Streifen). Es gab mindestens drei verschiedene Küchen. Der Oberbefehlshaber, damals Herr Frießner, hatte wohl eine eigene. Sie wußten über das, was außerhalb ihres Befehlsbereiches geschah, wenig Bescheid. Am wenigsten über die »Heimat-Front«. Der Durchbruch der Roten Armee nach Schlesien, der Heimat des Generals und meine Heimat, kam völlig überraschend. Als ich nach dem Terrorangriff auf Dresden ausgeschickt wurde, die Familie des Generals zu suchen (ich fand sie, Gott sei Dank, und auch die meine) und nach der Rückkehr berichtete, was ich gesehen hatte, waren sie fassungslos. Unser Quartier war damals im Schloß der Eszterházy im Donaubogen. Wir lebten herrlich und in Freuden, während unsere Frauen und Kinder auf vereisten Straßen auf der Flucht waren. Eine schizophrene, bizarre Welt. Zuletzt war nur noch ein Motiv zum Handeln und Dabeisein übriggeblieben: die Rote Armee aufzuhalten, solange es ging, um möglichst viele deutsche Soldaten in westliche Gefangenschaft zu überführen. Der General von Grolman wurde am 26. März 1945 abgelöst, weil er sich weigerte, einen Befehl zur Offensive auf den Plattensee auszuführen. Er durfte seinen »Burschen« und mich mit nach Deutschland nehmen – auf den Truppenübungsplatz Grafenwöhr. Er übernahm selbst dann noch das Frontkommando einer Division. Ich blieb in Bayern. Für mich war dieses letzte Kapitel des Krieges eine große Belehrung über den unauflöslichen Widerstreit zwischen Pflicht und Gewissen. War er unauflöslich? Hätte der Krieg nicht spätestens 1941 beendet werden können, gar nicht erst begonnen werden müssen, wenn die deutschen Generale sich geweigert hätten, ihn zu führen? Aber es waren eben ihr Krieg, ihre Karriere, ihre roten Streifen. Sie waren zum Gehorsam erzogen. Das Volk hatte in seiner Mehrheit diesen Hitler gewollt. Nun war das Ende da.

Aber nicht das Ende meiner Geschichte mit Herrn von Grolman. Er war als untadeliger Mann nur kurz interniert.

Im Jahr 1949/50 brauchte ich dringend als Flüchtlingsminister einen Mitarbeiter, der mir half, die zweite Umsiedlung der Vertriebenen vom überfüllten Norddeutschland in die weniger belegten Gebiete der amerikanischen und französischen Zone zu organisieren. Ich ging zu Hinrich Kopf und Kurt Schumacher und fragte sie, was sie sagen würden, wenn ich einen General in den zivilen öffentlichen Dienst einstellen würde. Sie waren beide einverstanden. So zog Grolman als Referent für diese zweite Umsiedlung in mein kleines Ministerium ein, wohl der erste hohe Offizier im Ministerialdienst eines deutschen Landes – jetzt war ich der Chef, eine seltsame Verwandlung der Szene, die wir mit viel Humor ausgekostet haben. Er war vorzüglich, leise, freundlich, bestimmt. Mein Nachfolger machte ihn zum Staatssekretär. Grolman war auch mit Speidel und Heusinger bei der ersten Unterredung deutscher Generale mit Kurt Schumacher, unmittelbar vor der Wiederaufrüstung der Bundesrepublik. Ich hörte zu: wie sie sich verstanden, wie dieser preußische Leutnant des 1. Weltkrieges mit diesen Herren sprach – eine faszinierende Nacht. Dieses Gespräch war wohl auch die Grundlage dafür, daß Grolman fast einstimmig zum ersten Wehrbeauftragten des Bundestages gewählt wurde. Er hat auch diese Aufgabe unbestechlich wahrgenommen, so unbestechlich, daß er dann Opfer einer schmutzigen Intrige wurde. Wegen einer angeblichen oder tatsächlichen homosexuellen Beziehung, die öffentlich gemacht wurde, mußte er gehen. Der Bundesminister für Verteidigung hieß damals Strauß. Nach einem schweren Zusammenbruch hat Grolman dann noch Jahre im Ruhestand in Hannover gelebt. Als er starb, war ein Freund gegangen. Ich habe seither, außer mit Graf Baudissin und dem guten Herrn Bastian, nichts mehr mit deutschen Generälen zu tun gehabt. Meine Polizeioffiziere genügten mir.

11. Dezember 1980

»Da trat vor aus den Lagern der Philister ein Riese, mit Namen Goliath, von Gath, sechs Ellen und eine Handbreit hoch; und er hatte einen ehernen Helm auf seinem Haupt und einen schuppichten Panzer an, und das Gewicht seines Panzers war fünftausend Lot Erz, und er hatte eherne Beinharnische an seinen Schenkeln und einen ehernen Schild auf seinen Schultern. Und der Schaft seines Spießes hatte sechshundert Lot Eisen, und sein Schildträger ging vor ihm her.« (1. Buch Samuel Kap. 17) Man sieht ihn richtig vor sich, den armen Riesen Goliath, wenn man in diesen Tagen von den Drohgebärden der beiden Weltmächte liest: Aufmarsch von zehn Divisionen an der russisch-polnischen Grenze, Urlaubssperre für die Nationale Volksarmee, Einberufung der Reserven auf der einen Seite – Festhalten der Nordmeerflotte der Nato in ihren Operationsgewässern, Verlagerung von vier AVACS-Flugzeugen in die Bundesrepublik. Sorgen um Berlin in Brüssel auf der anderen, auf unserer Seite. Jedermann weiß zwar, daß bei einer Intervention der Sowjets in Polen kein Nato-Schuß fällt, denn er würde die Vernichtung Europas einleiten. Aber Stärke muß demonstriert werden, die Rüstungskosten müssen noch ein paar Prozent steigen – welch eine günstige Gelegenheit! Fünftausend Lot Erz! Ob je ein David mit einer Schleuder kommt und diesem Irrsinn ein Ende bereitet? Herr Apel ist ins Schleudern gekommen mit seinen »Tornado«-Kosten. Kein Mensch weiß, womit die amerikanischen Forderungen nach noch höherer Rüstungslast bezahlt werden sollen – aber die Schraube wird weiter gedreht, hüben und drüben, bis sie alles erdrosselt. Morgen werden wir hier eine Veranstaltung haben: »Ein Jahr nach dem Brüsseler Nachrüstungsbeschluß« – die Zeitungen werden drei Zeilen berichten. Spinner und

Träumer sind wir. Aber wenn die Katastrophe so oder so eingetreten sein wird, will es keiner gewesen sein. Jaurès hatte zwar recht. Carl von Ossietzky hatte zwar recht – aber am Tod der Millionen ist niemand schuld. Gestern mußte ich wieder die übliche Frage beantworten für eine Sendung des Westdeutschen Rundfunks: »Warum steigt die Jugend aus?« Ja, warum wohl? Abgesehen davon, daß es ja nicht »die« Jugend ist. »Die« Jugend ist in ihrer Mehrheit genauso blind wie ihre Väter und Großväter.

Aber die Amtskirchen schweigen weiter oder reden halbherzig daher. Abtreibung von ungeborenem Leben ist für sie Mord, die Vernichtung der Menschheit offenbar nicht.

Aber ich darf das nicht sagen. Ein Oberlandeskirchenrat aus Hannover hat mir das gerade gestern in wohlgesetzter Rede geschrieben.

Peter Lorenz ist gestern als Präsident des Abgeordnetenhauses ausgeschieden. Er ist nun Mitglied des Bundestages. Es gab einen großen Empfang im Charlottenburger Schloß. Ich bin nicht hingegangen. Hier ist immer noch eine Hemmschwelle, sie dann bei einer solchen Massenveranstaltung (800 Geladene!) alle wiederzusehen – die ganze Fraktion.

Aber so gehen sie alle – Brandt und Bahr und Schütz und Glotz und Amrehn und Lorenz. Natürlich sind wir keine Festung mit verschlossenen Toren. Aber der Blutverlust wird immer spürbarer. Die Substanz immer dünner. Das Niveau immer niedriger. Warum bleibe ich eigentlich? Ich habe ja gerade öffentlich verkündet, ich ließe mich von dieser Stadt nicht trennen. Zukunft habe sie, eine Aufgabe in aller Absurdität ihrer Lage. Die Zuhörer klatschten an dieser Stelle meiner Heinemann-Rede besonders lange und laut, wie erleichtert. Auch der Regierende Bürgermeister. Als müsse es immer wieder gesagt werden: Es lohnt sich, zu bleiben. Aber der Marsch durch die Wüste der Provinzialität, der täglichen Kleinkariertheiten, der Naturschutzpark-Atmosphäre, der Subventionsskandale wird immer beschwerlicher. Dabei hat gerade Dietrich Stobbe in seiner Rede beim Heinemann-Preis gezeigt, daß er sehr nachdenklich geworden ist. Daß Kurskorrekturen nötig sind. Frischer Wind. Schmerzlicher Verzicht auf Normalität. Sie kann sich nicht allein helfen, diese Stadt. Aber vielleicht wird ihr dadurch am besten geholfen, daß man ihr nicht mehr so viel hilft, jedenfalls mit weniger Geld, aber dafür mit mehr Menschen, die bereit sind, ihre Fähigkeiten und ihr Schicksal an diese Stadt zu binden. Auch wenn sie von den Kleinbürgern, die jetzt fast überall das Sagen haben, gar nicht gern gesehen werden. Hier – an dieser Stelle, ähnlich wie in unserem Verhältnis zur DDR – zeigt sich besonders erschreckend, daß wir keine Nation mehr sind – oder nie gewesen sind – trotz (oder wegen?) aller Deutschnationalen. Was hätte ein anderes Volk aus seiner abgetrennten und geteilten Hauptstadt gemacht! Die Franzosen mit Paris – die Israelis mit Jerusalem. Ich meine: Gerade in ihrer Vorläufigkeit, gerade in der Behelfsmäßigkeit ihrer politischen Strukturen liegt die Zukunft der Stadt. In der Widersprüchlichkeit ihrer Realitäten, das letzte Stück Deutschland, über das noch nicht endgültig verfügt ist, die letzte offene Grenze von Ost nach West, trotz Mauer und Stacheldraht. Der letzte Ort, an dem sich die Sieger des Zweiten Weltkrieges unmittelbar begegnen. Das letzte besetzte Gebiet. Aber das alles wird als Negativposten gebucht, statt es positiv auszunutzen. Ich weiß, hier kommen sofort die Ängste hoch, wir gerieten zwischen alle Stühle, wir lösten uns vom »Bund«, wir gerieten ins Schlingern. Niemand will die Lösung vom Bund. Ich jedenfalls nicht. Die Lichter gingen dann hier wirklich aus. Aber etwas mehr Beweglichkeit, etwas mehr Mut zur Sonderstellung sollte sich nicht nur auf unseren Briefmarken und Personalausweisen ausdrücken. Wir sind hier nicht die DDR, das sagt jeder, aber wir sind eben auch nicht voll ein Land der Bundesrepublik Deutschland – und wir sollten es auch gar nicht wollen. 1967 habe ich das noch als Regierender Bürgermeister auf der berühmten (oder berüchtigten) Tagung der Berliner SPD in Glienicke gesagt. Es hat erheblich zu meinem Rücktritt beigetragen. Natürlich könnten wir nie die Rolle spielen, die Wien oder Helsinki oder Genf seit langem ausfüllen. Aber für die innerdeutschen, innereuropäischen Vorgänge, warum eigentlich nicht? Ob je an dieser Stelle, in dieser Richtung, weitergedacht wird? Oder ist das endgültig zu spät? Und nach innen? Warum ist Westberlin nicht die liberalste Stadt in Deutschland geworden? Warum haben wir hier die eifrigsten Staatsanwälte, die »Notgemeinschaft für die Freie Universität« und – bis auf die »Schaubühne« – so konventionelle Theater? Warum gibt es höchstens noch ein gutes Dutzend Westberliner, die über die Grenzen ihrer Stadt gehört und ernstgenommen werden? Lebendigkeit, Farbe, Phantasie sind längst in die alternativen Lebensweisen, an den Rand also, abgedrängt. Und wo immer innerhalb der Institutionen noch Flagge gezeigt wird, wie etwa im Berliner Studio des ZDF mit seinem Magazin »Kennzeichen D«, haben solche Unternehmungen schwer zu kämpfen. Das war ja auch der besondere Reiz jener Veranstaltung in der Preußischen Staatsbibliothek – völlig unabhängig von meiner Person und dem Anlaß –, daß dort die freie Restgemeinde Westberlin zusammen war, die Aufrechten.

12. Dezember 1980

Günter Gaus soll als Nachfolger von Peter Glotz in den Senat. Das ist wirklich eine hervorragende Idee und gibt ein wenig Hoffnung gegen alles, was ich gestern geschrieben habe. Aber er wird es schwer haben, der Gute, ein Adler in einem Hühnerhof.

16. Dezember 1980

Das letzte »Wort zum Sonntag« ist fertig und ein Artikel für die »Zeit«. Nun kann ich die Beine ausstrecken – nur noch die Predigt für den Heiligen Abend in meiner alten Kirche.

Vorgestern die Feier zur Verleihung der Carl-von-Ossietzky-Medaille an Ingeborg Drewitz. Diese großartige Frau – leider kam ihre schöne Dankesrede in den Zustand völliger Erschöpfung ihrer Zuhörer: Drei Stunden hat die Zeremonie gedauert – außer der Laudatio von Fritz Eberhard auf provinziellem Niveau, eben »Polkwitz«, nicht Berlin, schade, schade.

20. Dezember 1980

In Erlangen haben sie den Vorsitzenden der Jüdischen Gemeinde und seine Lebensgefährtin ermordet. Es kommen die üblichen ersten Meldungen: politische – d. h. also faschistische, antisemitische oder persönliche Motive. Was immer ein Staatsanwalt – ausgerechnet in Bayern – ermittelt, die Nachricht wird schlimme Folgen haben. Erlangen liegt nahe bei dem Wohnsitz von Herrn Hoffmann und seiner verbotenen Kampfgruppe und hat (bis in die theologische Fakultät hinein) eine böse nationalsozialistische Vergangenheit.

In Berlin waren heute Tausende von jungen Menschen auf der Straße. Bis jetzt ist von einer friedlichen Demonstration die Rede – nach brutalen Straßenschlachten am letzten Wochenende. Die völlig gescheiterte Wohnungspolitik des Senats hat Kreuzberg zu einem Herd von Aggressionen werden lassen. Die Polizei hat blind zugeschlagen, wie es ihr Präsident befahl. Nichts, aber auch nichts wurde aus den Fehlern der vergangenen Jahre gelernt. Nun wird vermittelt und verhandelt, nachdem das Kind wieder einmal in den Brunnen gefallen ist. Spekulation und zynischer Profit beim Abriß alter Häuser regieren die Stunde – unter einer sozial-liberalen Koalition.

Gleichzeitig wurde der größte Millionenskandal mit veruntreuten Krediten aufgedeckt. Die zuständigen Senatsmitglieder waschen ihre Hände in Unschuld. Der Held der Westberliner Schickeria, Mitglied der FDP, ist ins Ausland entkommen.

Fröhliche Weihnachten! Ich versuche, an meine Predigt am Heiligen Abend zu denken, nachdem heute abend mein letztes »Wort zum Sonntag« über die Bildschirme läuft – nichts als ein verzweifelter Versuch, auf den Hunger in der Sahelzone aufmerksam zu machen. Von »Kindermord« ist da die Rede. Ist das ein unangemessenes Wort? Aber am Heiligen Abend? Da wollen, da sollen die Menschen etwas ganz anderes hören: die Geburt Jesu, nichts anderes, ist zu predigen. Aber was hat sie bewirkt? Und wer wurde da geboren? Ich denke an die Weihnachten vergangener Jahre: zu Hause, von der Mutter bereitet, unvergeßlich schön, im eigenen Haus, von der Frau mit den Kindern und mir gefeiert, unverwechselbar. Weihnachten 1945, nachdem alles vorüber war, das Weihnachtsoratorium in der Stadtkirche von Celle für meine Flüchtlinge gesungen – in der

Fremde und doch zum Weinen und Lachen vertraut, als ob nichts geschehen wäre. Weihnachten 1961, als ich das erste Mal abgeholt wurde vom Kommandeur der Schutzpolizei, die Wachen an der Mauer zu besuchen, und dann 1963, als sie für uns wieder offen war. Mit den Polen würde ich dieses Jahr gern feiern, diesem einmaligen Volk, das gerade wieder gezeigt hat, was Solidarität bedeuten kann, Würde und Glanz und Trauer, in Danzig auf der Werft bei der Einweihung des Mahnmals für die erschossenen Arbeiter von 1970. Die neue Gewerkschaft, die kommunistische Führung, die Kirche. Wayda hatte den Ablauf bestimmt, Penderecki die Musik geschrieben. Welch ein Volk! An diesem Volk reden wir, ausgerechnet wir, herum. Die wir nicht einmal leerstehende Wohnungen für junge Leute freigeben können. Wo Steine und Gummiknüppel die Sprache einer dummen Gewalt reden. Wo die Haifische des Kapitals immer fetter werden, unter dem Schutz eines Bürgerlichen Gesetzbuches aus dem Jahre 1870 und seines Eigentumsbegriffes.

Was werde ich predigen? Wen? Jedenfalls nur ihn. Den Bruder der Schwachen, das winzige Kind, den Mann, der als Hochverräter und Gotteslästerer umgebracht wurde. Ihn jedenfalls. Und damit den Mensch gewordenen Widerspruch zu unserem Leben und unsere Befreiung zugleich. – In der »Zeit« habe ich geschrieben:

Vier Minuten und dreißig Sekunden. Der schwierigste Termin des Jahres – Reflexionen über ein weihnachtliches »Wort zum Sonntag«.

Es war, glaube ich, der preußische König Friedrich Wilhelm I., der den Pfarrern in seinem Lande Sanduhren auf die Kanzeln stellen ließ, um sie ans Ende ihrer Predigten kommen zu lassen. Wie lange mögen sie gelaufen sein? Wahrscheinlich nicht unter einer Stunde.

Heute, im »modernen Leben«, hat diese preußische Sanduhr ihren elektronischen Nachfolger gefunden. Du sitzt vor der Fernsehkamera, und vor dir unter dem Monitor, auf dem du dich beim Sprechen betrachten kannst, läuft die Uhr in Zahlen: 1,30 – 2,40 – 3,50 – 4,20. Vier Minuten und dreißig Sekunden darf dein »Wort zum Sonntag« dauern. Mit An- und Absage vier Minuten und fünfzig Sekunden.

Vor vierzehn Tagen waren es 28 Sekunden zuviel. Nach Frankfurt mußte telefoniert werden, ob diese Zeitüberschreitung durchgehen könne. Sie wurde genehmigt. Ich atmete auf. Ich brauchte den Text nicht noch einmal zu sprechen. Schneller, nicht soviel atmen, keine auch noch so kleine Pause. Natürlich, ich bin kein Showmaster. Es ist nur das höchst problematische »Wort zum Sonntag«, eingequetscht zwischen Sportberichten und spätem Film.

Am Samstag werde ich wieder dort sitzen im Wettlauf mit der Uhr – fünf Tage vor Weihnachten. Was soll ich sagen? Zum zweitenmal habe ich schon diesen Termin, diesen leichtesten und schwierigsten des Jahres.

So leicht: einfach von dem Kinde zu erzählen, seinem Elend, seinem Glanz, von dem tiefen Sinn, wo und wie es geboren wurde, von der Umkehr aller Maße, sich zum Winzigen und Hilflosen zu beugen und es anzubeten.

So schwer: weil unser Weihnachten verkommen ist bis zur Unkenntlichkeit, prostituiert ans Geschäft, zum schönen Märchen degradiert in einer Welt, in der nicht kindliche Unbefangenheit, kindliche Freude und kindliches Trauernkönnen irgendeinen Wert haben, sondern die zynische Macht der Gewalt, die Macht der Ängste, der wirklichen und der eingebildeten Ängste. Insoweit ist das »moderne Leben« nicht sehr unterschieden von den Zeiten Jesu – nur die Dimensionen sind andere geworden, das Wissen um die Zusammenhänge größer. Die Bilder der Zerstörung kommen ins Haus.

Nicht, weil es etwas Neues war, sondern wohl, weil das Grauen ohne alles Pathos mit aufreizender Nüchternheit vorgestellt wurde, stehe ich noch unter dem Eindruck des Berichtes, den uns der tapfere Franz Alt in »Report Baden-Baden« von den sterbenden Kindern in Nord-Uganda vermittelte. Ich kann am Samstag nicht vom Kind der Maria sprechen, ohne von diesen Kindern zu reden. Aber wie soll es mehr werden als ein neuer, eindringlicher Appell zum persönlichen Opfer. Wie soll ich die Hemmschwelle überwinden, die gegen Caritas und für eine radikale Änderung der Politik der Reichen steht?

Sie haben ja recht. Aber sollen deshalb noch ein paar tausend Kinder mehr sterben? Für ein einziges Dorf im italienischen Erdbebengebiet sind in Westberlin 2,7 Millionen Mark gespendet worden. In dieses korrupte Land, das aus jeder Katastrophe noch ein Geschäft für wenige gemacht hat. Aber Uganda liegt weit weg. Es sind schwarze Kinder. Aber ich muß es versuchen. In vier Minuten und dreißig Sekunden. Ich muß es versuchen. Also, so heißt der Text:

»Wort zum Sonntag – am 20. 12. 1980 – Sender Freies Berlin. – Liebe Zuhörer, warum sage ich nun heute abend nicht einfach, in vier Tagen ist der Heilige Abend. Alles andere ist unwichtig. Nur auf dies eine wollen wir uns freuen, unbeirrt. Auf den Geburtstag des Sohnes der Maria, Jesus, der für viele von uns Christus ist, der geliebte Sohn Gottes. Im Elend ist er geboren, aber die Engel singen über dieser Geburt vom Frieden auf Erden. Ein winziges Kind ist er, wie du und ich es waren und in dieser Nacht Kinder geboren werden, quer durch die Welt. Aber eben hier halte ich ein.

Die Bilder tauchen wieder auf, die Millionen Deutsche im Magazin ›Report‹ sahen: Kinder im nördlichen Uganda, verhungert und verdurstet nach vierjähriger Trockenheit, Kinder mit riesigen Köpfen und glänzenden Augen, über die Fliegen laufen. Und die Mütter dazu. Wie versteinert, mit schlaffen, hängenden Brüsten, weil sie nicht einmal mehr weinen können. Vor vierzehn Tagen habe ich hier von Problemen gesprochen, die wir mit unseren Kindern und Enkeln haben. Wie winzig werden sie! Die schwarze Mutter in der Sahelzone kennt keine Aggressionen ihres Kindes mehr. Es ist zu schwach. Es wird gleich sterben. Das Kind in Uganda oder Somalia oder in den Slums von Bombay oder Rio hat keine Last mit seiner Mutter. Sie ist durch Hunger selbst so schwach, daß sie ihr Kind nicht einmal mehr streicheln kann.

Hier bei uns geht es um Einkommen und Auskommen, hat der Bundeskanzler gesagt, dort um Leben und Tod. Recht hat er. Nur wann und wie soll sich das ändern? Warum wird nicht weitergedacht und -gefragt? Wer trägt die Verantwortung für diese sterbenden Kinder? Wer läßt sie sterben? Wer mordet sie? Vielleicht wir? Wir, mit den Milliarden, die wir für Waffen ausgeben statt für die Hilfe in die Dritte und Vierte Welt? Wir, die wir zynisch an einer Weltwirtschaftsordnung festhalten, die diese Kinder umbringt, aber uns immer reicher macht? Reicher und satter und selbstgefälliger.

Aber das Kind Jesus ist ein Bruder dieser Sterbenden. Wir können seine Geburt nicht feiern und ihren Tod verdrängen. Weihnachten ohne Wissen um unsere Schuld an diesem Kindermord ist pure Heuchelei. Aber was können wir tun? Schreien können wir. Das tue ich jetzt und hier.

Laut sagen, daß längst vorgeschlagen wurde, was zu geschehen hat. Etwa in dem Bericht der Nord-Süd-Kommission unter dem Vorsitz eines deutschen Friedensnobelpreisträgers, Willy Brandt. Wehren müssen wir uns auch auf den Straßen gegen die sinnlose Vergeudung von Geld und Kraft und Verstand für immer neue Waffen in Ost und West.

Aber heute in diesen Tagen am Heiligen Abend? Bitte drückt euch nicht mit dem Argument des Tropfens auf den heißen Stein! Wenn von Millionen Kindern ein paar tausend Kinder durch unsere Hilfe überleben können? Wäre das nichts? Darum gebt alles, was ihr übrig habt, am Heiligen Abend in den Gottesdiensten für ›Brot für die Welt‹, für ›Misereor‹, und wenn ihr in keine Kirche geht, für das ›Rote Kreuz‹.

Darum laßt den Unfug, Silvester mit Lärm und Gestank das neue Jahr zu begrüßen. Gebt, was ihr spart, den Sterbenden, daß sie überleben. Tut es um Gottes willen, um des Kindes Jesu willen, um euretwillen, damit ihr überlebt und eure Kinder.«

Ob ich die Zeit eingehalten habe? Ob wir die Zeit einhalten? Ob unsere Kinder und Enkel überleben?

21. Dezember 1980

Die große Demonstration (wohl 15000 junge Leute) ist friedlich verlaufen. Die Polizei hat sich zurückgehalten, die Demonstranten auch. Der Schrecken im Rathaus, in einen Dauerkrieg hineinzugeraten, wie in Amsterdam oder Zürich, war wohl zu groß. Aber die Häftlinge sind noch nicht frei, und ehe sie nicht wieder da sind, wollen die Hausbesetzer nicht verhandeln.

Heute in der Schlachtenseer Kirche am 4. Advent die heile Welt. Krippenspiel der Kinder, zwei Enkel dabei: die kleine Sabine als Engel mit einer winzigen Geige, auf der sie »Vom Himmel hoch« kratzte, und die »große« Stephanie (als König Herodes mit einer goldenen Krone) auf der Kanzel, meiner Kanzel. Die Strenge und List gegen die drei Weisen aus dem Morgenlande stand ihr gar nicht. Der Großvater bekam feuchte Augen.

Wann werden die Kinder auf den Straßen sein und gegen ihre Eltern demonstrieren? Können wir sie halten, dürfen wir es? Haben sie nicht hundertmal recht? Heute war alles so friedlich – die Schlachtenseer Bürger mit sich und der Welt, ihrer Welt, zufrieden – Richter, Ärzte, höhere Beamte, Lehrer. Der deutsche Bildungsstand – zum Teil schon selber in den 60er Jahren auf den Straßen, gegen mich. Nun arriviert. Alles vergessen? Nein, viele sind engagiert, vielfältig dabei – bei Terre des Hommes, beim Umweltschutz, in der Friedensbewegung, sogar in Parteien.

Das ganze Haus riecht nach frisch gebackenem Mohnkuchen. Ich schreibe nur Papier voll. Die Frau tut Handfestes und Vernünftiges. Nun schon das 42. gemeinsame Weihnachten. Ich weiß immer noch nicht, welchen Text ich am Heiligen Abend nehme.

28. Dezember 1980

»Sonntag nach Weihnachten« – diese angeklebten Sonntage, zu allem Überfluß zwischen Weihnachten und Neujahr. Zwanzig Leute werden heute in der Kirche sein. Am Heiligen Abend waren es wieder fünf Gottesdienste, alle brechend voll – vom »Publikum«, aber auch von vielen, die mehr erwarteten als bloße Rührseligkeiten. Mir waren wenige Stunden vor Beginn Kreuzberger Instandbesetzer angekündigt worden, die »etwas sagen« wollten. Das taten sie dann auch, nach der Predigt. Einige Bürger rumorten. Eine Frau hielt eine kleine Rede, warum die jungen Leute mit ihren Geschichten nach Schlachtensee kämen. Aber das alles ging schnell und harmlos vorüber. Die Hoffnung, durch diese Art Äußerungen Gewalt in der Stadt zu verhindern, erfüllte sich nicht. Es gab Brandanschläge auf ein Postamt, auf Geschäfte, leider auch auf den schönen U-Bahnhof Dahlem-Dorf. Das erleichtert Verhandlungen zwischen Senat und den Besetzern nicht, noch weniger die Haftverschonung für fünf noch Inhaftierte. Und es lenkt vom Grund all dieser Konflikte ab: der skrupellosen Wohnungspolitik derer, die das Geld und Grundstücke besitzen, um immer unverhüllter mit öffentlichen Mitteln Geschäfte zu machen. Wieder werden ein paar Tausend junge Menschen ins Abseits getrieben, ins Abseits der Verweigerung, einige auch ins Abseits sinnloser Gewalt. Wieder wäre das alles zu vermeiden durch glaubwürdiges Handeln der politisch Verantwortlichen. Dafür hat der Bundespräsident eine schöne Rede an die Jugend gehalten – wie bei einer Abiturientenfeier im Jahre 1910.

Ich habe ein bißchen Zeit zum Lesen gehabt in dem neuen Bismarckbuch von Lothar Gall und in einem sehr bewegenden Versuch, die Vätergeschichten des Alten Testamentes neu zu erzählen – von einem Juden geschrieben, sicher zuerst für seine Glaubensgenossen, aber sehr zum Nachdenken auch für uns, die wir uns Christen nennen –, Elie Wiesel: »Adam oder das Geheimnis des Anfangs«.

Aber vor allem hatte ich in diesen Tagen immer wieder an das Weihnachten 1945 in Celle denken müssen. Ausgelöst wurden die Erinnerungen wohl durch den Abdruck einer Zeichnung, die der »Tagesspiegel« damals veröffentlicht hatte: ein winziges Zimmer mit dürftigen Kistenmöbeln, ein Licht, eine Kanne Tee, ein Ball für das Kind, das mit seinen Eltern die erste Weihnacht in Frieden feiert. So war es ja wohl überall, wenn ich von den Bauern und ein paar wenigen anderen Besitzbürgern absehe. In den zerstörten Städten, in den Flüchtlingslagern, in überfüllten Wohnungen. Warum hat sich nur diese ganze doch einfach elende Zeit inzwischen mit einem Glanz überzogen, der alle Ärmlichkeit, alle Anstrengungen vor allem der Mütter, allen Schmutz überdeckt? Für mich und für viele andere sind diese ersten Jahre bis zur Währungsreform die Jahre eines unvergeßlichen Aufbruchs, einer völligen Befreiung gewesen, wie sie sich nie wiederholen kann. Wir hatten äußerlich nichts. Geborgte Sachen, Geld, das nichts wert war, keine Sachen zum Tauschen und Handeln. Aber kaum, daß wir ein paar Monate in der neuen Umgebung lebten, wuchsen die Freundschaften unter den Händen, öffneten sich alle vergrabenen, verschütteten, uns von den Nazis vorenthaltenen Schätze – Bücher, Theater, Filme, Konzerte – und vor allem Menschen, immer neue Menschen, entwurzelt wie wir, aber sich gegenseitig helfend, haltend in einer nie erlebten Solidarität.

Celle war 1945 eine heilgebliebene Bürgerstadt. Nicht besser oder schlechter als andere, viele Nazis bis in das Herz der Gemeinschaft der Gebildeten, das Oberlandesgericht hinein. Überschwemmt von Flüchtlingen, entlassenen Häftlingen aus dem nahegelegenen KZ Bergen-Belsen, das angeblich niemand gekannt hatte. Britisch besetzt mit strenger Anwendung des Prinzips der »Non-Fraternisation«. 28 000 Einwohner bei Kriegsende. Heute zählt die Stadt über 60 000 Bürger. Ein typisches Beispiel für die völlige Veränderung eines kommunalen Gemeinwesens durch die Folgen des Krieges.

Wir waren zunächst bei Verwandten meiner Frau untergekommen, in einem winzigen Zimmer mit zwei Betten für Eltern und zwei Kinder. Ich war arbeitslos. Die hannoversche Landeskirche dachte gar nicht daran, vertriebene Pfarrer, noch dazu aus einer unierten, preußischen Kirche zu übernehmen. Endlich fand sich ein Job bei der britischen Post. Aber am Tage, bevor ich dort hätte arbeiten können, kam der Superintendent des Kirchenkreises Celle, ein hochgewachsener, vornehmer Mann, zu uns in die Wohnung und fragte mich, ob ich nicht die pastorale Betreuung der Flüchtlinge in der Stadt übernehmen wolle. Dies sei ein persönlicher Vorschlag von ihm, kein Landeskirchenamt wisse davon, er könne mir auch nur aus Kollekten RM 300 im Monat zahlen. Aber ich erhielte ein Zimmer für Sprechstunden im Pfarrhaus an der Stadtkirche und dürfte jeden Sonntag einen Gottesdienst halten für die Flüchtlinge – natürlich, wie es sich gehört, am Rande der Stadt, um 11 Uhr nach dem regulären Hauptgottesdienst. So saß er vor mir, ein konservativer, welfisch gesinnter Mann, der tat, was er für notwendig und richtig hielt. Ich habe in den folgenden Jahren diesen großartigen Superintendenten Hoppe immer mehr schätzen gelernt. Er ist, wenn man so will, der Mensch, der an allem weiteren »Schuld« trägt: denn mit der Übernahme dieses Auftrages waren die Konsequenzen, die dann eintraten, fast zwangsläufig. Jedenfalls ertrug er sie, manchmal erstaunt, manchmal beunruhigt, aber immer voll Nachsicht und Verständnis.

Es begann damit, daß ich an mein Zimmer einen Zettel heftete: »Ev. Flüchtlingspastor Celle, Sprechstunden Montag bis Freitag 9–11, 15–17 Uhr.« Ob jemand kommen würde? Nach wenigen Tagen standen die Menschen Schlange, meldeten sich freiwillige Helfer, entstanden die ersten Verbindungen zu den städtischen Ämtern, den Besatzungsdienststellen, den gerade wieder entstehenden

Wohlfahrtsorganisationen. Es begannen auch die Gottesdienste, immer voller und voller. Beides gehörte zusammen, bedingte sich: Wort und Sakrament und eine unbeschreibliche Flut von sozialen Problemen: Arbeit, Wohnung, Kleidung, Ausbildung der Kinder, Suchen nach vermißten Vätern, Söhnen, Müttern. Schon nach wenigen Wochen wurde ich ins Rathaus gebeten. Diesmals war es der erste, noch von den Briten ernannte Oberbürgermeister, der mich bat, doch meine Arbeit auch gleichzeitig für die Stadt Celle zu tun. Er könne ein Stockwerk in einem alten Bürgerhaus zur Verfügung stellen, dort könne ich arbeiten und wohnen. So zog ich um. Es erschien ein neuer Anschlag an meiner Tür: »Ev. Flüchtlingspastor Celle – Flüchtlingsamt der Stadt Celle.« Jedem lutherischen Theologen müssen mit seiner Zwei-Reiche-Lehre Schauer über den Rücken laufen. Jedem Vertreter der Trennung von Kirche und Staat mußten alle nur denkbaren Einwände kommen. Aber damals hatten wir keine Zeit für solche Überlegungen. Ich war Pastor und Vertreter der Stadt. Ich erhielt ein Telefon und – unvorstellbar – einen uralten Opel-P 4 – mit den nötigen Benzingutscheinen. Ich weiß noch heute sein Kennzeichen: LÜN 2075. Die alte Wohnung war beides: In einem großen Raum kochte und schlief meine Frau mit den Kindern, drei andere Räume waren Büro, ich schlief in dem meinen. Die ehrenamtlichen Helfer zogen ein und arbeiteten rund um die Uhr. Einmal in der Woche wurde alles zusammengerückt, Tische und Stühle, und bis zu hundert Menschen versammelten sich zu Vorträgen, Diskussionen, Lesungen. Die Kinder schliefen mitten unter den Menschen fest – in einer dunklen Ecke. Eine besondere Gruppe von Hilflosen waren entlassene oder einfach weggelaufene Soldaten, aus den Ostgebieten stammend, auf der Suche nach ihren geflüchteten Familien. Sie brauchten vor allem eins: eine Adresse, einen festen Platz, von dem aus sie suchen und selbst gefunden werden konnten. So entstanden die »Inseln«, einfachste Unterkünfte in der Stadt und im Landkreis Celle. Vier Rote-Kreuz-Schwestern, die sich freiwillig meldeten, kümmerten sich um die verlassenen Männer, unter primitivsten Verhältnissen. Sogar noch aus Abfällen der britischen Küchen wurden herrliche Suppen gekocht. Die Leute blieben, bis sie ihre Familien gefunden hatten. Manche sehr lange. Einige für immer – dann schließlich allein in Celle untergebracht. Eine »Insel« war eine richtige Schule. Sie bot Nachholkurse an, um das nicht gültige Kriegsabitur wiederholen zu können. Ein Schulrat erschien und nahm die Prüfung ab. Ich saß dabei, aber durfte nicht fragen, natürlich. Ich war ja kein Lehrer. Einer der »Insulaner« wurde mein Fahrer. Er fuhr den armseligen P 4. Er stieg in den ersten nagelneuen VW um, als ich Minister wurde. Er gewöhnte sich an den Mercedes. Er hat zuletzt den Niedersächsischen Ministerpräsidenten Dr. Diederichs gefahren. Ein Ostpreuße, treu, zuverlässig, erfindungsreich. Ein Mann dieser ersten Stunde, Herbert Haasler.

Was war es, das uns trieb? Die Hoffnung, die große Hoffnung auf ein neues Land, eine neue Kirche, eine neue Menschlichkeit. Oh, welche Hoffnungen! Ich war ja sogar der Meinung, aus der neuen Masse der Besitzlosen würde sich eine Veränderung der gesellschaftlichen Strukturen im Ganzen ergeben. Ich konnte mir nicht vorstellen, daß 60 Prozent der Deutschen in ihrem Besitz unangefochten blieben und 40 Prozent alles verloren hatten. Ich predigte einen neuen, christlichen Sozialismus, wie andere auch. Ich war sogar – wenn auch nur kurz – der gefährlichen Legende von der »Stunde Null« erlegen. Wir wissen, dies alles ist gescheitert. An der eigenen Trägheit, am Beharrungsvermögen, auch und gerade dem der Flüchtlinge, am Betrug der Währungsreform mit seiner zynischen Behauptung, jeder müsse nun vom gleichen Punkte aus neu anfangen, an einem falschen, nämlich quotalen Lastenausgleich, für den sich auch die SPD bereitfand, an den Besatzungsmächten. Oder einfach und kürzer: an der Unmöglichkeit, schnell und konsequent, also revolutionär zu handeln. Die Eigentumsverhältnisse blieben voll erhalten, die Flüchtlinge stiegen in sie ein. Die wirtschaftliche Macht bestimmt in vollem Umfang wieder das Land, das Bundesrepublik Deutschland heißt.

Was die Demokratisierung, die Ausmerzung faschistischer Strukturen, die Bekämpfung der Nazis anging, sah alles zunächst positiver aus. Zwar war auch hier die Initiative voll in den Händen der Besatzungsmächte. Aber die Freigabe der Gründung von Parteien, der langsame Aufbau von parlamentarischen Körperschaften – Gemeinden, Kreise, Länder mit Stadträten, Kreistagen und Landtagen ließ Einübung in die Demokratie zu. Ich habe darüber berichtet. So bitter es klingt: Hätte man uns mehr Zeit gelassen, wären Währungsreform, Marshallplan und Grundgesetz nicht so schnell gekommen, hätte der neue Kalte Krieg die Deutschen – übrigens beide Teile Deutschlands – nicht plötzlich aus Besiegten zu Kumpanen der Sieger gemacht, so daß wir – zumindest in den Westzonen – sehr schnell glauben konnten, wir hätten den Zweiten Weltkrieg eigentlich gar nicht verloren – dann wäre die Demokratie auf ein festeres Fundament gestellt worden. So kam die Demokratisierung von oben: durch die Siegermächte und ihre verunglückte Entnazifizierung, durch den Parlamentarischen Rat und sein nie zur Abstimmung gestelltes, vom Volk diskutiertes Grundgesetz. Wenn heute 60 Prozent der Bürger ihre Verfassung nicht kennen, wenn sie auf entsprechende Fragen antworten, die Grundrechte stünden in der Verfassung der DDR – wenn das sogar die Mehrzahl der Beamten antwortet, dann ist das Ergebnis erschütternd. Wir haben eine funktionierende Demokratie in unserem Land. Aber alte Obrigkeitsvorstellungen sind unausrottbar geblieben. Ein kräftiger Schuß Antikommunismus hat das Volk noch selbstgerechter gemacht. Und die Regierenden wundern sich dann, wenn ihnen große Teile gerade der nachdenklichen jungen Generation in die Verweigerung weglaufen.

Wahrscheinlich hätten wir damals Widerstand leisten müssen gegen die zu schnelle, gegen die übergestülpte, gegen die den ökonomischen Bereich aussperrende Demokratisierung. Aber wir machten mit. Auch ich. Die Träume von Celle waren schnell vergessen. Viel zu schnell.

31. Dezember 1980

Meine Frau ist mit den Kindern und Enkeln zu einem Konzert in die Annenkirche in Dahlem gegangen. Ich bin zu Hause geblieben. Der Hund fürchtet sich sonst zu sehr vor dem albernen Getöse auf den Straßen. Aber ich habe mein eigenes Konzert. Der SFB spielt Vivaldis »Jahreszeiten«. Diese Musik hat mich so lange begleitet – bis zum Ende des Krieges zurück.

Kalender verändern nichts. Aber jeder, der etwas auf sich hält, äußert sich zum Jahreswechsel. Ich lese den 90. Psalm. Was ist Zeit? Was sind unsere Zeitmaße? Was heißt Vergangenheit, Gegenwart und Zukunft? »Mut zur Zukunft«, hat der Bundeskanzler gesagt. Richtig. Aber Mut zur Gegenwart wäre auch nützlich. Mut, die Vergangenheit zu betrauern.

Jetzt ist Vivaldi beim »Sommer«. Merkwürdig, wie sich seine Jahreszeiten gleichen. Traurig und fröhlich, fröhlich und traurig. Der Lärm draußen nimmt zu. Millionen fliegen in die Luft. Die Kinder fürchten sich im dunklen Wald.

Aber es sind keine Kinder. Eben beim Spaziergang warf ein ausgewachsener Staatsanwalt schreiend einen Kanonenschlag in seinen Garten.

»Herbst« – das berühmte Pizzicato mit der süßesten Melodie der Welt. Wem sie eingefallen ist, wird unsterblich. Gestern zeigte das 3. Programm des Fernsehens einen Film über Ingeborg Bachmann. Zwei, drei Zeilen, unvergeßlich, darum ein Leben, bitter, in Trauer und Einsamkeit und dunklem Ende. Aber die drei Zeilen bleiben. Nichts ist vergangen, nichts.

Der Wein ist gut. Gut und trocken. Ich bin froh, für eine Stunde allein zu sein. Aber das Alleinsein auf Dauer: Ich würde es schwer ertragen. Um mich herum sitzen sie in zwei Altenheimen und zählen die Jahre, alleingelassen. Es wird gut sein, wenn es klingelt und das stille Haus wieder voll Leben ist.

2. Januar 1981

Diese endlosen Feiertage sind vorbei – Gott sei Dank. Das könnte der Papst doch nun wenigstens schaffen: Weihnachten auf einen Sonntag verlegen. Silvester sind wieder Millionen in die Luft geknallt worden, hier in Berlin ein Haus abgebrannt, einem jungen Mann beide Hände abgerissen, Hunderte von Verletzten ...

Ich lese mit immer größerer Nachdenklichkeit Galls »Bismarck«. Vieles deckt sich in seinen großen Dimensionen mit meinen winzigen Erfahrungen. Manches ist schauerlich. Die Preußenlegende bekommt schwere Schlagseite. Aber auch hier wieder: Die Grenze nach Süden und Westen ist immer noch spürbar – und dann schon lieber preußische als bayerische Geschichte.

Die Briefflut läßt langsam nach. Aber einer hat mich gefreut: Ein fast ganz vergessener Freund aus frühen Jahren hat sich nach langem Schweigen wieder gemeldet: der Europa-Delegierte des Internationalen Komitee vom Roten Kreuz, H. G. Beckh. Er schickte mir einen Bericht über die »Familienzusammenführung« der Jahre 1947–1950 von Polen nach Westdeutschland, jener zweiten Welle von Vertreibung und Flucht aus den ehemals deutschen Ostgebieten. Beckh und dem Leiter des Warschauer Büros des IKRK, François Weinhold, verdanken Tausende von Deutschen, daß sie, wenn auch in westlicher Fremde, Deutschland und ihre Angehörigen wiedersehen konnten. Es ist schlimm, daß solche Namen fast vergessen sind. In Beckhs Bericht ist auch jene dramatische Szene von Friedland erwähnt, nüchtern und in Schweizer Juristendeutsch beschrieben. Beckh beschreibt es so:

Der erste Familienzusammenführungstransport aus Polen mit etwa 500 Deutschen und »Volksdeutschen« war zum Lager Heiligenstatt in der sowjetischen Besatzungszone gekommen. Diese Umsiedler durchquerten das no-mansland, um sich in das in Niedersachsen befindliche Durchgangslager Friedland zu begeben, welches in der britischen Besatzungszone lag. Sie wurden aber zunächst nicht zugelassen, da der zuständige britische Offizier ihnen den Eintritt in diese Zone verwehrte. Abgesehen von der deutschen Zuzugsgenehmigung, wünschten die britischen Behörden, daß die in die Besatzungszone einreisenden Personen aus Polen mit einem »permit« versehen waren, das von einem Permit-Officer in Warschau auszustellen gewesen wäre. Doch viele dieser zu ihren Familien eilenden Deutschen wohnten gar nicht in Warschau und hatten fast keine Mittel mehr, auch nur kleinere Gebühren zu entrichten.

Hier war es wie ein Wunder, daß das Wort Familienzusammenführung schließlich doch Tür und Tor, auch als Folge vorhergehender Schritte, ebenfalls durch den IKRK-Delegierten Nicolas Burchkardt, bei der niedersächsischen Regierung, öffnete.

Auch der herbeigerufene niedersächsische Flüchtlingsminister Pastor Albertz konnte die Ablehnung des zuständigen britischen Offiziers nicht mildern, so daß er aus humanitären Gründen, inspiriert von der hohen humanitären Bedeutung der Familienzusammenführung, schließlich von sich aus die Aufnahme dieser Personen in Niedersachsen verfügte. Ein Kompetenzstreit zwischen einer sich auf besatzungsrechtliche Normen beziehenden Behörde und einem andererseits auch zuständigen Minister, der in seiner Entscheidung durch ein humanitäres Postulat gestützt wurde, war entstanden. Als Pastor Albertz die Not dieser Menschen dem zuständigen General im britischen Hauptquartier dargelegt hatte, stimmte er diesen um.

Dieser Vorfall, der je nach der anzunehmenden Rechtsauffassung als ein Durchbruch naturrechtlicher Aspekte oder die Ausübung eines *ius cogens* bezeichnet werden kann, öffnete definitiv den Zugang in die britische Besatzungszone für die im Rahmen der Familienzusammenführung eintreffenden Personen.

In einer der anschließend an die internationale Konferenz in Hannover bereits berichteten Besprechungen in Bonn, wurde in Gegenwart der Vertreter des britischen Permit-Officers in Warschau abschließend festgelegt, daß in den Fragen der Familienzusammenführung die deutschen Behörden nunmehr definitv zuständig sein sollten.

H. G. Beckh
Ehemaliger Europa-Delegierter des IKRK

Es war einer der Tage in meinem Leben, in denen ich ganz auf mich gestellt handeln mußte. Die »Flüchtlinge« standen in Sichtweite vom Schlagbaum der Britischen Zone im Niemandsland. Die Russen hatten sie passieren lassen. Die Engländer ließen sie nicht herein. Ich verhandelte stundenlang mit einem britischen Grenzoffizier. Ohne Ergebnis. Ich telefonierte mit Bonn, das sich gerade etabliert hatte. Keiner wagte zu entscheiden. Dann ging der Offizier zum Mittagessen. Zurück blieben zwei deutsche Polizisten. Ich gab ihnen die Weisung, den Schlagbaum zu öffnen. Sie weigerten sich. Hier hätten nur die Engländer das Sagen.

Da ging ich selbst und öffnete den Schlagbaum. »Kommt herüber.« Und da kamen sie, liefen und rannten aus Angst, der Schlagbaum könnte sich wieder senken, Männer, Frauen, viele Kinder. Als ich nach Hannover zurückkam, hatte der Ministerpräsident, mein guter Hinrich Wilhelm Kopf, schon angerufen: »Heinrich, Heinrich, was hast du da angestellt? Der britische General ist wütend. Du sollst dich morgen bei ihm melden.« Nun, Beckh schreibt, ich hätte diesen General, ich glaube, es war Lingham, umgestimmt. Das weiß ich nicht. Er war wirklich wütend, aber dann bekundete er seinen Respekt. Und die »Familienzusammenführung« lief jedenfalls.

Der Vorfall ist ein übrigens seltenes Beispiel eines offenen Konfliktes mit den Besatzungsmächten. In Berlin (West), dem letzten besetzten Teil Deutschlands, waren solche Konflikte noch seltener. Willy Brandt hat ein paar Mal revoltiert gegen arrogante und ignorante Vertreter der Schutzmächte. Ich hatte einen dramatischen Zusammenstoß mit ihnen: als ich gegen den Willen der Stadtkommandanten den Leiter des Landesamtes für Verfassungsschutz kurzerhand beurlaubte und dann entließ wegen Illoyalität zu seinem deutschen Dienstherrn. Er hatte zwei. Und er fühlte sich mehr als alliierter Angestellter denn als deutscher Beamter. Dies ist ein weites Feld. Wenn ich etwa an die alliierte Telefonüberwachung in Westberlin denke – außerhalb aller deutschen Gesetze – und mit deutscher Hilfe bei der deutschen Post durchgeführt, im Jahre 1981 und bis in alle Ewigkeit, regt sich schon ein sehr patriotisches Gefühl bei mir – von der Verfassungstreue ganz zu schweigen. Aber das ist alles tabu, das ist der bittere Preis für den »freien« Teil Berlins. Ich kann jedenfalls nur lächeln, wenn sich die Leute bei uns über die Praktiken der DDR – zu Recht – erregen. Das Telefon nach drüben ist auch auf unserer Seite nicht vor dem Abhören geschützt – das Telefonieren der Westberliner miteinander auch nicht. Ein Eldorado der Nachrichtendienste in schöner Kumpanei mit den Deutschen – unabänderlich, durch das Besatzungsstatut.

Beckh hat übrigens noch nach dem Bau der Mauer gute Dienste der Vermittlung zwischen Ost- und Westberlin geleistet. Er, der Repräsentant der Quäker in Berlin, und die schwedischen Freunde waren für lange Zeit die einzigen Bindeglieder über die vermauerte Grenze, seriös, unbedingt verschwiegen und von oft rührender Hilfsbereitschaft. Und menschlicher, nüchterner als die bornierten deutschen Kalten Krieger. Wenn es ganz ernst wird, sind die Neutralen, sogar die unbedingten Pazifisten, die Christen, die Konsequenzen aus ihrem Glauben ziehen, eben doch ganz gut von den zerstrittenen Parteien zu gebrauchen. Aber eben wohl nur dann. Sonst sind sie Spinner und Träumer.

4. Januar 1981

Gestern abend ein alter Film: Curt Götz – »Dr. Hiob Prätorius«. 1949. So etwas kam damals in heiteren, nachdenklichen Spielfilmen ganz ungeschützt vor: Man müsse den Erreger der Dummheit suchen, der nach zwei Weltkriegen nun wieder nach Waffen rufe. Es gäbe nur ein wirksames Mittel zur Verhinderung des nächsten Krieges: Die Staatsmänner und Generale sollten die vorderste Front aufsuchen und dort als erste gegeneinander kämpfen. Dies alles ganz leicht vorgebracht. 1981 ist dies längst umgekehrt entschieden: Die politische und militärische Führung wird überall in atombombensicheren Bunkern die Vernichtung ihrer Völker leiten. Gott gnade der Zivilbevölkerung, die in der Nähe solcher Befehlszentralen wohnt! Ob wir jemals in diesem Lande eine öffentliche Auseinandersetzung über diese Frage erreichen: Wer verteidigt eigentlich wen, wann und wo? Was geschieht mit dem Volk, das angeblich verteidigt werden kann? Was geschieht in Braunschweig oder Kassel oder Fulda, zum Beispiel? Was geschieht in den Zentren – dort, wo die Kernkraftwerke stehen, wo Atombomben auf deutschem Boden lagern? Ich höre von Pfarrerkollegen, in der DDR werden Übungen mit der Zivilbevölkerung durchgeführt bis hin zu den Schulkindern. So primitiv das sein mag, es schärft das kritische Bewußtsein dafür, was heute »Krieg« bedeutet. Hier geschieht nichts. Die Katastrophenpläne sind kindisch. Der Bürgermeister einer norddeutschen Großstadt sagt mir, er beteilige sich nicht an diesen Planspielen. Die Bevölkerung könne ja nicht in die Nordsee flüchten. Hier in Westberlin erübrigt sich sowieso jede Schutzmaßnahme. Aber den Befehlsstand für die politische Führung gibt es natürlich. Ich habe ihn selbst auf den dringenden Wunsch der Kommandantur gebaut.

Und dazu nun Bismarck zu lesen. Über seine Kriege. Wirklich noch die Fortsetzung der Politik mit anderen Mitteln. Und im großen und ganzen ein Krieg der Soldaten. Wenn ich von der Aushungerung von Paris durch deutsche Truppen einmal absehe.

10. Januar 1981

Die wievielte Senatskrise ist es, die ich nun außerhalb des Rathauses erlebe? Es ist ein seltsames Gefühl, so genau zu wissen, wie sich alles abspielt: die Räume zu kennen, in denen sich das Satyrspiel vollzieht nach festgelegten Ritualen. Eine Sitzung jagt die andere: Landesvorstand, Franktionsvorstand, Fraktion, Koalition. Dazwischen die »Kungelgespräche« in den Kreisen – rechts, Mitte, links, was immer das bedeuten soll. Die Flure voller Journalisten. Dann schließlich das Hinübergehen durch zwei Seitentüren vom stillen Zimmer des Regierenden Bürgermeisters in die brodelnde Fraktion. Jeder kämpft um seinen Platz, um sein bißchen Einfluß, jeder erpreßt jeden. Seit Jahrzehnten ist das so. Wo sind die Gründe?

Zuerst: ein verheerender Konstruktionsfehler in der Berliner Verfassung. Nicht wie im Bund der Regierungschef, sondern das Abgeordnetenhaus kann jeden Senator wählen und abwählen. Nicht er stellt mit sich selbst seine Mannschaft. Sondern er muß jedes Mitglied des Senats erst durch seine Fraktion und dann durchs Parlament bringen. So wird er abhängig von jeder Strömung, jeder Intrige, jedem Flügelkampf. Diesmal war es für jeden Kundigen besonders deutlich: weil ein »Linker« (Ristock) gehen sollte, mußte auch ein »Rechter« (Pätzold) fallen. Dieser »Linke« aber mußte gehen, weil sonst ein anderer »Rechter« (Riebschläger) allein im Regen gestanden hätte. Das Ganze wird ein Karussell mit immer gleichen Personen. Neue Gesichter auftauchen zu lassen, ist nur im Handstreich möglich (Gaus). Das Mittelmaß regiert. Die Karriere geht meist auf der Schiene Persönlicher Referent eines Senators – Fraktionsgeschäftsführer –, manchmal ein Stadtrat. Ganz selten ist eine normale Berufserfahrung. Ganz selten ein Senator ohne Hausmacht in der Partei. So sind die Durchfälle bei Vorschlägen, die nicht in dieses Schema passen, immer wieder eingetreten. Zweimal versuchte 1959 Willy Brandt, mich zum Sozialsenator vorzuschlagen. Vergeblich. Zweimal versuchte ich, Dietrich Spangenberg zu meinem Stellvertreter zu machen. Vergeblich. Der Durchfall von Horst Korber als Bundessenator setzte die Serie fort. Die Neulinge gingen schnell: Adolf Arndt, Karl Schiller, Peter Glotz.

Denn die Verfilzung ist vollständig. Das Parlament besteht mit gefährlicher Schlagseite aus Angehörigen des Öffentlichen Dienstes, Beamten und Angestellten der Bezirksverwaltungen, Angestellten der landeseigenen Betriebe und Einrichtungen. Der öffentliche Dienst kontrolliert sich selbst. Dies ist auch der eigentliche Grund für immer neue Skandale. Neu ist diesmal nur, daß ein Senator, der selbst die politische Verantwortung für einen Millionenverlust trägt, Fraktionsvorsitzender werden kann. Hier ist jedes Gefühl für das Mögliche verlorengegangen.

Aber der Regierende Bürgermeister hatte in den Zwängen seiner Abhängigkeit wohl keine andere Wahl. Vielleicht kann er durchhalten bis 1983. Vielleicht ist er der dritte, der in den Berliner Verhältnissen umkommt. Wenn man Brandt, der rechtzeitig ging, und Reuter, der an dem gleichen Elend starb, nicht mitzählt.

Zwei neue, gute Leute sind wenigstens gekommen: Gaus und Brunner. Wie lange werden sie es ertragen, dieses Berliner Klima?

Ich weiß nicht, womit ich es verdient habe: jetzt hier so friedlich sitzen zu können und in den fallenden Schnee zu sehen. Aber wenn man diese Stadt so liebt wie ich, könnte man auch in diesem schwierig erkämpften Frieden verzweifeln. Mittwoch übrigens ein kurzer Flug nach Westdeutschland: Bergneustadt, die Heimvolkshochschule der Friedrich-Ebert-Stiftung. Der Leiter ist ein alter Mitstreiter von mir aus meiner Zeit als Innensenator in Berlin, einer der ganz Treuen. »Nie wieder Krieg von deutschem Boden« – ein Abend in einem Seminar für Bonner Theologiestudenten. Aber auch Leute aus dem Ort waren da – und der alte, ehrwürdige Ludwig Metzger aus Darmstadt, Carola Stern, Ansgar Skriver vom WDR. Fast drei Stunden Diskussion. Die Studenten bei »Ohne Rüstung leben«. Es war sehr schwierig, ihnen klarzumachen, wie weit der Weg dorthin sein wird. Wie wichtig, die Vernichtungsmaschine der nuklearen Strategie zurückzuholen. Im übrigen sind die Theologiestudenten ja immer noch privilegiert und unbetroffen, solange sie von jedem Dienst freigestellt sind. Man sollte das schleunigst ändern – aber auch das würde an der katholischen Kirche scheitern.

11. Januar 1981

In El Salvador scheint es heute nacht zum offenen Ausbruch des Bürgerkrieges gekommen zu sein. Wahrscheinlich spielt auch hier das magische Datum des 20. Januar eine Rolle, an dem Präsident Reagan sein Amt antritt. Sein famoser General Haig hat im Hearing vor dem US-Senat schon mit dem Eingreifen der Vereinigten Staaten zugunsten diktatorischer Militärregimes in Lateinamerika gedroht und den Sturz Allendes durch die Mithilfe des CIA gerechtfertigt. Herrliche Verbündete!

In Berlin schwenkt die einzige Zeitung, die man lesen kann, ganz offen zu einer Empfehlung des baldigen Regierungswechsels um. Herr von Weizsäcker fordert Neuwahlen und spielt mit der Möglichkeit eines Volksentscheides, wie fragwürdig auch die rechtliche Möglichkeit dazu sein mag. Stobbe geht schweren Zeiten entgegen.

Arosa – Dienstag, 20. Januar 1981

Womit soll ich hier beginnen – mit Arosa, versunken im Schnee? Seit Samstagabend sind wir in diesem seit Jahren vertrauten Hotel. Der Urlaubstermin war festgelegt – und nun wie eine Erlösung. Heraus aus Berlin: Wannsee – Gerstungen – Bebra – Basel, Badischer Bahnhof – Basel, Schweizerische Bundesbahn. Drei Grenzen. Dahinter zurückgelassen der Sumpf der Partei, die die Stadt so lange regiert hat, die hektischen Nachrichten mit immer neuen Namen. Hier klingt es nun von ferne: Vogel soll kommen, Vogel aus München – wie tief sind die Preußen gesunken!

Oder mit dem Hin und Her um die amerikanischen Geiseln und dem Allotria vor Reagans Amtsantritt? Hier im tiefsten Graubünden waren die Jubelgesänge der Mitternachtsparty in Washington zu hören. Hollywood in der Zentrale der westlichen Weltmacht.

Oder mit dem geliebten Hund, der gestern in einer Kolik wie ein Kind geschrien hat – und wir konnten ihm nicht helfen?

Ich sitze an meinem kleinen Tisch in diesem unglaublich altmodisch eingerichteten Zimmer. Wie überall in der Schweiz ist der Service hervorragend, die Küche vortrefflich, die Atmosphäre angenehm – der Stil der alten Familienhotels aus dem Beginn des Jahrhunderts, im 1950er Geschmack modernisiert. Ich habe mir eine Lampe erbeten, damit ich beim Schreiben besser sehen kann. Es kam eine Nachttischlampe mit einem geblümten Schirm. Sie macht es nun hell und schaut zu, während draußen die Flocken fallen, unaufhörlich, seit Tagen, zwei Meter Schnee liegen schon, oder drei, immer wieder geräumt von großen und kleinen Schneepflügen. Die Berge sind verschwunden.

Das Herz geht, wie immer in den ersten Tagen, auf 1800 m Höhe ein wenig schneller, abends noch von rotem Veltiner getrieben. Zauberberggefühle kommen auf. Die Schweiz – rechtschaffen und selbstgerecht, von Waffenhandel und dem Geld aller Diktatoren der Welt in ihren Safes lebend – und doch eine Insel des Friedens, der Ruhe und einer manchmal sogar angenehmen Rückständigkeit. An den Tischen wird viel über die Aufstände in Zürich geredet – verprügeln sollte man sie, diese Chaoten, herausprügeln aus der Schweiz. Vertraute Töne von 1967/68 in

Westberlin. Sie begreifen es nicht, diese rechtschaffenen Kantonbürger, was die jungen Leute bis aufs Blut reizt – da es ihnen doch so gut geht.

Arosa jedenfalls ist unverändert, seit wir 1956 das erste Mal hier oben waren. Es gibt nur keine Frankenmünzen aus dem Jahre 1910 mehr. Sie sind neu und fest, viel fester als die D-Mark. Darum sind auch weniger Westdeutsche hier.

Was soll ich zu Berlin noch schreiben? Einen Kommentar wie hunderte andere auch, meist von Leuten verfaßt, die nie einen Finger für diese Stadt krumm zu machen bereit waren und sich nun an der Leichenschau beteiligen? Oder die Sprüche aus Bonn und sogar aus München, die vergessen machen wollen, was die Republik als Ganze für diese Stadt zu tun versäumt hat, weil man glaubte, alles – wie so vieles – mit Geld und immer mehr Geld regeln zu können? Ich habe in diesem Tagebuch schon genug über die Ursachen und Wirkungen geschrieben, die zu dem Debakel am vorigen Donnerstag geführt haben. Aber keiner hatte erwartet, auch ich nicht, daß die Blöße so grausam offengelegt werden würde. Wie ein Eitergeschwür ist es geplatzt: das mangelnde Vertrauen, der zynische Egoismus einzelner. Sie wären ja Helden gewesen, wenn sie das Ende dieses Senats offen herbeigeführt hätten. Aber so sind sie ganz kleine, miese Halunken. Jedenfalls muß nun auch der letzte gemerkt haben, was diese Berliner SPD geworden ist, ein Verein von Karrieristen des öffentlichen Dienstes. Die Leute in Bonn haben das gewußt. Willy Brandt hat dieses Wissen mit nach Bonn genommen. Wenn man irgendeinen Freund im Westen auf Berlin ansprach, zuckte er mit den Achseln. Der Aufstand gegen mich wurde hingenommen. Den Senat von Klaus Schütz ließ man in Skandalen versinken. Nun ist der dritte Versuch gescheitert. Ich habe Dietrich Stobbe in diesen schlimmen Tagen zweimal geschrieben, vor und nach dem Desaster. Er mag mit Verantwortung tragen dafür, daß alles so kam, wie es kommen mußte. Er stammt ja selbst aus einer der sich befehdenden Gruppen. Aber er hat seinen Sturz aufrecht und menschlich sympathisch getragen. Im Gegensatz zu seinem Widersacher, den er wohl für seinen Freund hielt, Klaus Riebschläger.

Was dieser Mann den Bürgern der Stadt an überheblicher Dummheit zugemutet hat, war unerträglich. Nun soll also der ehemalige Münchner Oberbürgermeister retten, was zu retten ist. Und zu retten ist ja nicht nur ein verkommener Landesverband einer Partei, sondern diese geliebte halbe Stadt. Ich traue Hans-Jochen Vogel sehr viel zu. Aber er weiß es selbst, welch schwierigen, tückischen Weg er geht.

Ich bin froh, daß er Neuwahlen noch in diesem Jahr zur Vorbedingung seines Hilfeversuchs gemacht hat. Ich selbst wäre für sofortige Neuwahlen gewesen. Hätte die SPD selbst den Antrag noch für diese Woche gestellt, hätte sie deutlich gemacht, daß sie sich selbst zu reinigen wünscht. Nun handelt sie weiter unter dem Druck eines Volksentscheides. Aber diesen Leuten in ihrer Mehrheit zuzumuten, den eigenen Stuhl aufzugeben, ist wohl eine schlichte Überforderung.

Dies alles bedeutet nicht, daß ich Herrn von Weizsäcker mehr zutraue als anderen, den Sumpf der Stadt, der ja keineswegs nur ein Parteisumpf der SPD ist, trockenzulegen. Er hat sich geschickt und angemessen bewegt in diesen Tagen. Aber er muß wissen, wie sehr seine eigenen Freunde bis tief in die 50er Jahre zurück am Postengeschäft beteiligt waren, wie sehr sie mit der Subventionsmentalität der Berliner Wirtschaft versippt sind. Er hat selbst den zutreffenden Ausdruck von der Partei-und-Party-Kungelei erfunden. Garski, gegen den weiterhin keine internationale

Fahndung ausgeschrieben ist (denn er hat ja nur 120 Millionen Mark Steuergelder veruntreut), hatte einen Vertrag mit meinem guten Peter Lorenz. Weizsäcker würde auch in Schwierigkeiten kommen, einen glaubwürdigen Senat auf die Beine zu bringen. Aber für die SPD in Berlin wäre es das heilsamste, sich erst einmal ein paar Jahre von den Regierungsgeschäften auszuruhen. Ob ihr diese Gnade zuteil wird, werden entweder die nächsten Tage oder die nächsten Monate entscheiden.

Es ist Abend geworden. Ich will den Deutschlandfunk einschalten. Ob die Geiseln frei sind? Auf alle Fälle ist Ronald Reagan seit zwei Stunden Präsident der Vereinigten Staaten. Bewahr ihn Gott und uns!

21. Januar 1981

Die Sonne ist zum ersten Mal durchgebrochen und verwandelt die Schneeberge in eine Traumwelt. Die Züge der kleinen roten Eisenbahn, die mein ganzes Entzücken sind, blieben gestern für Stunden stehen. Heute fahren sie pünktlich, haben schon Geburtstagspost von den Kindern gebracht. Aber ich darf sie noch nicht lesen.

Es ist schon eine merkwürdige Erfahrung, so weit weg von allem Geschehen zu sein, nur noch Betrachtender, Leidender, Betroffener. Nichts ändern zu können. Die Welt ist über den kleinen Rundfunkapparat und durch zwei Zeitungen ganz dicht im Zimmer. Aber die Uhr der kleinen Dorfkirche schlägt ungetrübt ihre Stunden.

Die eignen Jahre vergehen. Man muß sich immer wieder ausrechnen, wie alt die eigenen Kinder schon sind: 41, 38, 35 – und wie alt die Enkel ... Kinder schreibe ich noch, und sind doch Mutter und Vater, führen ihre Ehen, haben ihr eignes Leben. Dabei werden sie einem selbst nie richtig erwachsen. Man nimmt sie in den Arm, als liefen sie noch mit ihrem Ball über die Wiese. Ob man sein eigenes Alter damit herunterspielen will? Wie alt ist ein Mensch? Die Allerweltsweisheit »So alt wie ich mich fühle« ist ja doch nur eine Seite der Wahrheit. Die Kräfte lassen nach, die Augen sehen nicht mehr gut, die Beine sind steif und reagieren mit Schmerzen auf jeden Wetterumschlag. Ich habe 25 Jahre lang mehr als andre gearbeitet. Nun tue ich viel weniger als viele Altersgenossen. Sitze in der Schweiz und schreibe leere Seiten voll. Morgen erst 66. Vater wurde 78. Noch 12 Jahre? Weniger, mehr? Wie gut, daß es keiner von uns weiß.

Habe ich zu zornig über Berlin geschrieben gestern? Über diese Berliner Partei, zu der ich seit 1970 nicht mehr gehöre? (Meine Mitgliedschaft in der SPD wird in Westdeutschland geführt.) Ich liebe diese Stadt so sehr, daß Trauer und Zorn übermächtig werden. Und bin doch sicher auch selber mit daran Schuld, daß sie in ihren heutigen Zustand geraten ist. Weil ich nicht laut und früh genug auf die Schäden hingewiesen habe, zu lange mitspielte in diesem bösen Spiel. Auch wenn ich alles dagegen aufrechne, was ich seit meinem ersten Arbeitstag in dieser Stadt 1955 dem damaligen Regierenden Bürgermeister Otto Suhr gesagt habe: die Stadt sei offensichtlich ein Opfer des Parteienprozesses geworden – rot-schwarz, schwarz-rot – in schönem Wechselspiel. Er wußte es auch, dieser redliche Mann, der so bald und viel zu früh sterben sollte.

Es wird ganz schnell dunkel in den Bergen. Eben war noch die riesige Tanne vor dem Fenster zu sehen. Nun ist finstere Nacht. Gleich wird die Glocke läuten: 18 Uhr.

Wir nehmen an, der Hund ist von einer Zecke in den Rücken gebissen worden. Hat er deshalb so geschrien? Wir fanden sie tot auf seiner Schlafdecke. Hoffentlich war es nur dieses kleine Unglück. Er ist der weitaus älteste in der Familie.

22. Januar 1981

Psalm 23

Der gute Hirte. Ein Psalm Davids

Der Herr ist mein Hirte.
Mir wird nichts mangeln.
Er weidet mich auf einer grünen Aue.
und führet mich zum frischen Wasser.
Er erquicket meine Seele.
Er führet mich auf rechter Straße um seines Namens willen.
Und ob ich schon wanderte im finstern Tal,
fürchte ich kein Unglück;
denn du bist bei mir,
dein Stecken und Stab trösten mich.
Du bereitest vor mir einen Tisch
im Angesicht meiner Feinde.
Du salbest mein Haupt mit Öl
und schenkest mir voll ein.
Gutes und Barmherzigkeit werden mir folgen mein Leben lang,
und ich werde bleiben im Hause des Herrn immerdar.

23. Januar 1981

Dr. Vogel ist gewählt mit allen seinen Leuten. Ich habe ihm geschrieben. Und nun erst einmal genug von Berlin!

Arosa präsentiert sich jetzt wirklich wie auf seinen Ansichtskarten. Zum Wochenende sind sicher ein paar Tausend Churer, Züricher und Baseler hier heraufgekommen. Die Besucher stehen eine Stunde wartend an den Liften.

Aber die schmalen Spazierwege für die Alten sind nicht so voll. Die »Zeit« bringt eine herrliche Beilage über die Schweiz, von Schweizern geschrieben – da ist ja fast alles, was wir zu wissen meinen, Legende – bei Wilhelm Tell angefangen.

Ich lese: Wolfgang See, »Nun büßt mal schön« – seine Erfahrungen als Gefängnispfarrer in Berlin-Tegel. Wegen Vorabdrucken aus diesem Buch erhielt er Hausverbot, die Kirchenleitung gab wie immer in solchen Fällen nach. Er arbeitet nun wieder als Gemeindepfarrer. An dieser Konfliktsache zwischen Staat und Kirche wird ja immer wieder von neuem deutlich, wie schwer die Unabhängigkeit von Pfarrern und anderen kirchlichen Mitarbeitern durchzuhalten ist. Aber es gibt hier eben – im Gegensatz zur Seelsorge in der Bundeswehr oder beim Bundesgrenzschutz und Polizei – tapfere einzelne, die auch den Konflikt nicht scheuen. See ist ein solcher. Es mag manchmal am Stil seiner Äußerungen Kritik nötig sein. In der Sache hat er völlig recht. Das Strafvollzugsgesetz ist bis auf wenige Modelleinrichtungen ein Stück Papier. Das Aufsichtspersonal ist nach Ausbildung und Niveau völlig überfordert. Die sozialen Dienste sind hoffnungslos unterbesetzt. Und die öffentliche Meinung im Lande immer noch in Straf- und Sühnevorstellungen des Mittelalters befangen. Auch darum wird der neue Regierende Bürgermeister in Bonn als Justizminister sehr fehlen.

Ich selbst habe in den letzten Jahren in den Berliner Gefängnissen immer eine unvergleichbare Sonderstellung gehabt. Ich war immer nur für Stunden in Einzelfällen im Knast, meist in extremen Haftsituationen von sogenannten Terroristen. Dauernd im Gefängnis als Pfarrer Dienst zu tun, ist unglaublich schwierig. Sie sind auf das Wohlwollen des Personals und der Anstaltsleitung angewiesen und dann immer im Verdacht der Gefangenen, ein verlängerter Arm des Staates zu sein. Besonders empfindlich sind ihre Privilegien. Allein mit jedem Gefangenen sprechen zu dürfen, Amtsverschwiegenheit um jeden Preis, also auch das Aussageverweigerungsrecht vor Gericht, müssen scheinbar immer neu ins Bewußtsein der Beteiligten gebracht werden. Bischof Scharf und ich wissen ein Lied davon zu singen, wie unterschiedlich die zuständigen Haftrichter hier verfahren. Einmal half nur die Androhung einer Beschwerde beim Bundesverfassungsgericht, eine Sprecherlaubnis ohne Aufsicht eines Beamten durchzusetzen. Denn nicht jeder Richter heißt Barbara Just-Dahlmann. Meinen schwersten Konflikt in diesem Zusammenhang hatte ich beim Ausfliegen der Häftlinge nach Aden. Auf dem Flughafen in Frankfurt bin ich bei meinen Gesprächen mit den Häftlingen abgehört worden. Bis heute, sechs Jahre nach dem Vorfall, habe ich keine Antwort vom Kontrollausschuß des Bundestages, an dessen Mitglied Herbert Wehner ich mich beschwerdeführend gewandt hatte. Der Krisenstab hatte durch den Bundesgrenzschutz die Wanzen in der Zelle anbringen lassen. Und dies in einer Situation, in der ja wohl alles auf meinen guten Willen, Peter Lorenz freizubekommen, ankam. Dummheit oder Frechheit? Wahrscheinlich beides.

Eben bringt der Rundfunk die Nachricht, daß 24 SPD-Abgeordnete einen Antrag gestellt haben, den Verteidigungsetat um eine Milliarde DM zu Gunsten der Entwicklungshilfe zu kürzen. Wütende Reaktionen von Genscher und Wehner. Nun müßte der Rat der Ev. Kirche in Deutschland den Mut haben zu sagen: Die Leute haben recht. Aber natürlich wird er schweigen.

Die Glocken von Arosa läuten den Sonntag ein, beide Kirchen, dicht nebeneinander gelegen, wetteifern, das Tal mit dem Gedröhne ihres Geläutes zu füllen. Ein ökumenischer Wettstreit. Einmal in diesem Urlaub werde ich den reformierten Gottesdienst besuchen. Vielleicht morgen – aber die Sonne ist zu herrlich über dem Schnee ...

25. Januar 1981

Merkwürdigerweise habe ich so viel Schnee und so viel Sonne nur im tiefsten Flachland erlebt: in Oberschlesien. Über zwei Orte muß ich erzählen: Groß-Strehlitz und Roschkowitz, das die Nazis in »Röstfelde« umgetauft haben. In dem einen war ich Hauslehrer in einer fürstlichen Familie, in dem anderen, wenn auch als Soldat, Pfarrer.

Groß-Strehlitz ist eine kleine Kreisstadt, zwischen Oppeln und Gleiwitz gelegen, »ohne besondere Kennzeichen«. Eine riesige katholische Kirche, eine winzige evangelische, ein großes Zuchthaus, ein schönes Schloß. In meinem 7. und 8. Semester konnte man in Breslau als Glied der Bekennenden Kirche nicht mehr Theologie studieren. So meldete ich mich auf eine Annonce des Grafen Castell, der für seinen zweiten Sohn einen Hauslehrer suchte und wurde erstaunlicherweise sogleich eingeladen, diese Arbeit zu beginnen. Ich blieb in Breslau zum Schein immatrikuliert, belegte eine Vorlesung, die ich nicht besuchte, und fuhr eines schönen Frühlingstages ziemlich unsicher, wer oder was mich erwarten würde, in diese oberschlesische Stadt. Am Bahnhof wartete ein Zweispänner, und wenige Minuten später fuhr der Wagen vor dem Schloß vor. Knirschender Kies unter den Rädern. Am Portal stand die Hausherrin: die Gräfin Sibylle zu Castell-Castell, Durchlaucht, da eine geborene Prinzessin Reuss, jüngere Linie. Damit begann eine der schönsten Erfahrungen meiner sonst ja sehr ärmlichen Studentenzeit, ein halbes Jahr heiles, helles, freundliches Leben. Eine Familie in solchem Wohlstand war mir noch nicht begegnet. Aber nicht das Geld und der riesige Grundbesitz, sondern die Selbstverständlichkeit, mit der in den alten Formen einer längst vergangenen Gesellschaftsschicht gelebt wurde, faszinierten den jungen »Kandidaten«. So wurde ich angeredet. Und ich war es auch – vielen Äußerlichkeiten gegenüber, bei nie gekannten Speisen, den Dienern in weißen Zwirnshandschuhen gegenüber, und einer Gummibadewanne, die morgendlich mit heißem Wasser und großen, weißen Handtüchern in mein Zimmer geschoben wurde. Den Unterricht teilte ich mir mit einer englischen Dame, die für ihre Sprache zuständig war. Alles andere fiel mir zu – sogar Frühsport mußte getrieben werden, ein Witz bei meinen turnerischen Fähigkeiten. Der Schüler und ich freundeten uns bald an. Ohne jede pädagogischen Kenntnisse ist es mir heute noch unerklärlich, wie dies möglich wurde. Wahrscheinlich nahmen wir beide das Lernen nicht sehr ernst.

Jeden Morgen hatte der Kandidat vor dem gesamten Hausstand eine Andacht zu halten. Ich schrieb mir die Texte auf – und gäbe viel, sie heute noch einmal lesen zu können. Was mag der Student der Theologie da wohl vorgebracht haben? Jedenfalls waren es wohl diese Andachten, die die Brücke zwischen der Gräfin und mir schlugen. Ich war bald wie ein Sohn im Hause. Die Abende vergingen in langen Gesprächen mit dieser hochintelligenten und warmherzigen Frau, die freilich Gunst und Abneigung wohl zu teilen und zu verteilen wußte.

Der Graf, der durch den plötzlichen Tod eines Onkels über Nacht zu dem riesigen Besitz gekommen war, hatte als aktiver Offizier des Ersten Weltkrieges noch einmal einen ganz neuen Beruf lernen müssen. Er hat dies wohl mit großem Ernst getan. Er galt überall, sicher mit sehr patriarchalischen Zügen, als vorbildlicher Landwirt und kümmerte sich nicht nur aus Klugheit, sondern aus Überzeugung um seine »Leute«, meist wasserpolnisch sprechende Arbeiter: Ich habe ihn sehr verehrt.

Beide, der Graf und die Gräfin, waren engagierte Gegner des Systems – sicher, weil es einfach zu ordinär war, aber auch mit einem sehr genauen Sinn für die Rechtlosigkeit, die über uns alle hereingebrochen war. Beide waren fromme Christen mit stark pietistischen Zügen. Auch diese Frömmigkeit hat stark auf den jungen Theologen eingewirkt. Er hat dort – frei von Vorlagen – ohne Scham laut beten gelernt. Und das ist wohl bis in die Schlachtenseer Gemeinde wirksam geblieben.

Im Herbst 1937 hatte ich in einem Gottesdienst der Groß-Strehlitzer Kirche zu predigen. Diese Predigt, und wohl mein Signalement der Gestapo, veranlaßten den Kreisleiter der NSDAP, beim Grafen meine Entlassung zu fordern, wenn er nicht in Schwierigkeiten geraten wolle. Ich mochte um keinen Preis der Grund solcher Schwierigkeiten sein und ging. Aber ich war noch bis zu meiner Einberufung 1941 immer wieder Gast im Schloß. Die Gräfin wurde Patin unseres ersten Kindes, das nun – immer noch – Ilse-Sibylle heißt.

Ich sah das zerstörte Schloß von Groß-Strehlitz und den gänzlich verwilderten Park bei einer meiner Polenreisen. Die heile, unwirkliche Welt von 1937 war zerbrochen. Für mich endete sie damals schon drastisch: Ich hatte ja kein Elternhaus und wollte meinen Schwiegereltern nicht zur Last fallen. So blieb ich auf schlesischen Gütern: Zuerst beim Grafen Yorck in Klein-Öls, der in seinem großen Schloß ein Dutzend verfolgte und heimatlos gewordene Gegner aufgenommen hatte, und dann bei Freunden im Kreise Öls. Ein Teil des konservativen Adels hat in ebendieser Zeit vielen gefährdeten Nazigegnern geholfen.

26. Januar 1981

In Arosa geht die Grippe um. Mich hat sie auch zur Hälfte erwischt. Hoffentlich muß ich mich nicht hinlegen. Kaum etwas ist unangenehmer, als in einem fremden Hotelbett krank zu sein. So sitze ich heute schon vormittags am Schreibtisch. Die Stubenmädchen singen zu ihren Staubsaugern auf den Fluren italienische Lieder. Meine Frau ist mit dem Hund in den Ort gegangen, Aspirin kaufen.

Die Sonntagszeitungen sind da. Wie schnell sich die Stimmungen ändern! Dr. Vogel füllt die Seiten, die Lebensläufe der neubenannten Senatoren – eine Frau ist natürlich dabei, das rituelle Opfer der Männerherrschaft, immer in den gleichen Ressorts – Familie, Jugend und Sport. Kim Dae Jung ist begnadigt – zu lebenslanger Haft. Wenigstens dies haben die weltweiten Proteste erreicht. Die SPD erregt sich über politische Morde in Bolivien – und wird wohl auch dorthin bald Waffen liefern. Es läutet Mittag – Gott sei Dank mit nur einer Glocke.

Das ist wie auf dem Dorf, wie in Roschkowitz. Meine Berufung, die Berufung des Schützen Albertz auf diese oberschlesische Pfarrstelle ist eine Geschichte für sich. Auch hier bewährten sich archaische Formen, nämlich die des alten Gutsherrenpatronats. Der alte Herr von Cramon stöbert mich in einem Beobachtungslazarett der Wehrmacht in Breslau auf – wohin ich wegen meiner Schwejk-Manieren zur Beurteilung meines Geisteszustandes von meiner Ausbildungskompanie geschickt worden war – und berief mich kurzerhand, ohne irgend jemanden zu fragen. Ich konnte die Stelle nicht antreten. Meine Frau mußte allein mit unserem ersten Kind in das einsame Pfarrhaus ziehen. Aber ich schaffte es mit freundlicher Hilfe, immer wieder für Monate ganz in der Nähe in einem britischen Zivilinterniertenlager Dienst zu tun und konnte so wenigstens an den Wochenenden in dem neuen Zuhause sein – und ab und zu auch den Gottesdienst halten. Roschkowitz – töricht verdeutscht »Röstfelde« – war ein Unikum. Mit seinen Filialgemeinden mehrheitlich evangelisch, bei polnisch sprechender Bevölkerung, paßte es nicht in die allgemeine Gliederung polnisch = katholisch. So wurde bis Mitte der 30er Jahre der Hauptgottesdienst in polnischer Sprache gehalten. Ein Nebengottesdienst folgte um elf Uhr für die Gutsherrschaft und wenige deutsch sprechende Einwohner. Ich war der erste Pfarrer, der kein Polnisch mehr verstand. Inzwischen hatte man ja sogar die Familiennamen germanisiert. Der tüchtige Lehrer und Kantor Mrozek hieß plötzlich Merck – natürlich änderte dies alles nichts an der tatsächlichen Volkszugehörigkeit in diesem Grenzgebiet.

So weiß ich nicht viel von diesem abgelegenen Dorf. Aber eben: Viel Schnee ist mir in Erinnerung, wenn man sich von der drei Kilometer weit entfernt liegenden Bahnstation gegen den eisigen Wind zu Fuß oder mit dem Fahrrad nach Hause kämpfte – und der blühende Flieder, als Rainer geboren wurde – und seine Taufe vor versammelter Gemeinde, einen Tag bevor ich nach Glatz ins Gefängnis gebracht wurde – und der Weg durch die Felder gerade auf die Prosna zu, den Fluß, der bis 1918 die deutsch-russische, und dann bis zu Hitlers Überfall die deutsch-polnische Grenze bildete. Meine Frau weiß mehr zu erzählen. Für sie ist Röstfelde der Ort der Flucht, im Januar 1945, vom Ortsgruppenleiter absichtlich nicht rechtzeitig benachrichtigt, so daß sie erst nach dem allgemeinen Treck im letzten Moment das Dorf verlassen konnte, mit zwei kleinen Kindern – den heulenden Hund zurücklassend. Heute wird man nicht mehr zu fliehen brauchen – wohin auch? Aber davon sagen die Verteidigungsschwätzer kein Wort.

Viele polnisch sprechende Einwohner sind übrigens geblieben und haben die Rote Armee erwartet, viele sind zurückgegangen. Heute ist das Pfarrhaus Teil einer großen Mittelpunktschule (zu deutscher Zeit gab es nur die einklassige Dorfschule), die Kirche natürlich katholisch. Roscowice – so heißt es nun, der Geschichte, den Menschen, die dort wohnen, angemessener.

Einer von ihnen hat uns vor drei Jahren in Berlin besucht. Eine herrlich unkomplizierte junge Polin, Lehrerin im Ort, die meinen Namen in den zurückgelassenen Kirchenbüchern gefunden hatte und einfach auf der Durchreise bei mir anrief. Sie hat uns erzählt, wie es heute in Roschkowitz aussieht. Eigentlich hat sich nicht viel verändert. Der Pfarrer gehört einer anderen Konfession an und ist Pole. Aber er ist wie sein deutscher Vorgänger der Mittelpunkt des Ortes. Das Gut beschäftigt weiter die meisten Leute, aber es ist verstaatlicht. Einen Ortsgruppenleiter gibt es auch. Er scheint so beliebt zu sein wie der unsere.

Der Abgeordnete Hansen hat in einem Artikel in der Zeitschrift »Konkret« die Rüstungspolitik der Bundesregierung frontal angegriffen. Ich kenne den Wortlaut seines Beitrages nicht. Vielleicht hat er sich im Ton vergriffen. In der Sache scheint er dasselbe gesagt zu haben, was ich seit über einem Jahr landauf, landab vorbringe, und was Franz Alt heute in »Report« in der ihm eignen nüchternen Art fragt: wieviel Moral oder – wem dies Wort nicht gefällt – wieviel »Werte«, »Grundwerte« in der Politik noch bedeuten? Er kommt zu dem Schluß, alles, was heute offiziell zu Waffenlieferungen in Spannungsgebiete gesagt wird, sei schlicht und deutlich Heuchelei. Dies sagt Hansen auch. Franz Alt ist ein angesehener Journalist, Mitglied der

CDU, ich bekomme mit großen Lobreden den Gustav-Heinemann-Bürgerpreis und bin Mitglied der SPD. Keiner drängt auf Rücknahme oder Korrektur unserer Äußerungen. Keiner verlangt den Parteiausschluß, jedenfalls kein Parteioberer. Hier wird mit zweierlei Maß gemessen. Da gibt es Leute, die durch ein breites Ansehen in der Öffentlichkeit große Freiheit genießen – Narrenfreiheit? Da gibt es andere, die werden zur Raison gebracht. Manchmal sieht es so aus, als hielte man sich Mahner und Kritiker vom Dienst, Unglückspropheten oder eben Hofnarren, um die eigene Liberalität zu beweisen, während man in den Quartieren der praktischen Politik nur auf das aus ist, was man so schön Handlungsfähigkeit der Regierung nennt. Die Schizophrenie schreitet fort. Morgens im Pressebericht des Deutschlandfunks schreiben die Zeitungen in einem Atemzug von der gröblichen Einmischung der Sowjetunion in die Staaten ihres Paktsystems und von den unbedingten Bindungen der Bundesrepublik an die Vereinigten Staaten. Angstvoll wird jedes Stirnrunzeln in Washington beobachtet, jedes Abweichen um nur einen Zentimeter vom Tugendpfade der Nato. Gleichzeitig erwartet man geradezu eine gewisse Unabhängigkeit Polens von seinem mächtigen Nachbarn – merkt eigentlich niemand, wie unglaubwürdig alle diese Beschwörungen werden?

Ich weiß ja um die schlechthinnige Abhängigkeit des geschlagenen Deutschlands von den Weltmächten. Aber sie gilt für beide deutsche Staaten. Man soll doch nicht so tun, als sei die Bundesrepublik Deutschland ein souveränes Land und die DDR ein Satellit Moskaus. Man braucht doch diese bitterste Konsequenz der Politik Hitlers nicht mit schönen Worten zu verbrämen. Man könnte, indem man offen von diesen Abhängigkeiten spricht, die auf unserer Seite noch durch Westberlin multipliziert werden, vielleicht ein wenig redlicher werden gegenüber seinem Volk – und ein wenig patriotischer. Zu Beginn des Jahres 1980 war nach dem Einmarsch der Roten Armee in Afghanistan ein wenig von solchem Patriotismus zu spüren – bei Schmidt und Honecker. Heute, nach dem verhängnisvollen Aufrüstungsbeschluß von Brüssel, ist es wieder still geworden. Ich kann hier im Ausland die Form des Angriffs des Abgeordneten Hansen nicht beurteilen. Aber daß jetzt im Bundestag Fragen gestellt werden, die sonst nur auf den Marktplätzen laut würden, halte ich für einen Fortschritt – und es gehört Mut dazu, mehr Mut, als ich ihn als Außenseiter aufzubringen habe.

28. Januar 1981

Pferdeschlittenfahrt durch Arosa. Nostalgisch in Sonne und Schnee. Der Hund zwischen uns auf dem Sitz, nur mit dem Kopf aus den Decken schauend. Das hat er noch nie erlebt – Auto, Bahn, Flugzeug, aber nun Pferde mit läutenden Glocken. Er zittert erst vor Aufregung. Dann fügt er sich in seine neue Rolle und betrachtet die Hunde am Wegrand, die laufen müssen, sehr von oben herab. Der Ort wird immer voller. Die Schweizer Kantone beginnen der Reihe nach mit ihren Skiferien. Noch zehn Tage Ferien. Im Flachland soll Nebel sein. In Berlin bestimmt.

Dort wird nur noch um den Termin der Neuwahlen gestritten. Der 17. Juni ist vorgeschlagen worden. Sehr geschmackvoll und sehr deutschnational. Am gleichen Datum beginnt der Deutsche Evangelische Kirchentag in Hamburg. Herr von Weizsäcker ist sein derzeitiger Präsident. Aber das stört ja niemand in der Kirche. Politischen Mißbrauch kirchlicher Funktionen gibt es nur von links. Es gab einen »roten« Bischof von Berlin, der hieß Kurt

Scharf. Wer ihn kennt, kann über diese Redeweisen der Springerpresse nur lächeln. Daß es vorher einen Bischof gab, der offen Mitglied der CDU war, hat niemand gestört.

Otto Dibelius war es. Als er starb, mußte ich als Regierender Bürgermeister im Rathaus die Trauerrede für den toten Ehrenbürger der Stadt – Scharf ist bezeichnenderweise mit der Ernst-Reuter-Medaille abgefunden worden – halten. Hier ist sie.

Rede auf Otto Dibelius (1967)

Wer nicht in der Ruhe seines Studierzimmers, sondern bedrängt von seinem Terminkalender und den Akten und Telefonen sich darüber Gedanken gemacht hat, was er nun heute als Regierender Bürgermeister zum Gedächtnis und zum Ruhm des Ehrenbürgers Otto Dibelius sagen solle, der hat es nicht ganz einfach, zu beginnen.

Zunächst liegt auch über diesem weltlichen Raum der Wunsch des verstorbenen Bischofs, nicht über seine Person zu reden. Das ist nun eben durch den Präsidenten des Abgeordnetenhauses geschehen. Das ist auch ganz unvermeidlich. Aber vielleicht kann ich doch versuchen, auch heute und hier mich an diesen Wunsch zu halten und auszudrücken, was vor dem Bild des großen Toten uns in der hier versammelten Gemeinschaft derer, die in so vielfältiger Weise die Stadt Berlin darstellen, bewegen sollte.

Da ist zuerst und als wichtigstes und eben auch hier in der Repräsentanz der Bürgergemeinde zu sagen, daß dieser Ehrenbürger Otto Dibelius aus einem, seinem Glauben lebte. Da gibt es nicht mehr viele unter uns, die das so sichtbar und hörbar machen können, wie er es konnte. Da ist also zunächst dafür zu danken, daß es dies heute in dieser Welt noch gibt. Es ist eine Welt, die der Versuchung völliger Bindungslosigkeit ständig erliegt. Es ist in diesem Teil der Stadt und unseres Landes die Versuchung, Freiheit so zu verstehen, als sei es eine Freiheit von jeglicher Ordnung. Es ist eine Welt, in der bei der Relativierung aller Maßstäbe die Maße weitgehend verloren sind. Es ist jene pluralistische Gesellschaft – ein Wort, das Otto Dibelius gar nicht gern hörte –, in der der Plural das eine unverwechselbare Ich des einzelnen immer mehr auszuschließen droht.

Es ist das dankbare Erstaunen darüber, daß es noch Männer gibt, die aus Überzeugung sagen können: Dies halte ich für richtig und dies halte ich für falsch.

Otto Dibelius hat in seinem langen Leben immer wieder klar und deutlich ja oder nein gesagt. Ich bekenne mich offen und gern dazu, daß ich bei solcher Art Äußerungen häufig nicht seiner Meinung war. Viele seiner nächsten Freunde haben dies immer wieder schmerzlich erlebt. Aber der tiefe Respekt und die große Dankbarkeit dafür, daß einer sagt, was er will, daß einer sich wehrt, in die große Herde der Opportunisten und Pragmatiker einzutreten, war ein Geschenk für diese Stadt und für uns alle. Jeder von uns, wo immer er auch stehen mag und woher er seine Maßstäbe sich setzt oder gesetzt erhält, hat das gespürt. Jeder wußte, dieser Mann war ein Christ, nicht weil er den Titel eines Bischofs führte, sondern weil er an das, was ihm gesagt worden war, glaubte.

Von diesen Maßstäben aus hat dann auch dieser Bischof versucht, engagiert wie kaum ein anderer, mit herzerfrischender Deutlichkeit, unbequem und Unbequemlichkeit verbreitend, seinem Land zu dienen. Der Vater seiner Kirche, dieser zerrissenen, geschlagenen, gedemütigten Kirche von Berlin-Brandenburg, war im besten Sinn des Wortes ein Patriot. Auch hier wieder: Er hatte seine Meinungen, die viele von uns, auch der, der hier spricht, auf weite Strecken nicht teilten. Aber der in exemplarischer Weise für das Ganze, für diese Stadt, für die Einheit des Landes, für die Zusammengehörigkeit der Menschen, für das, was unter diesen Menschen Freiheit und Gerechtigkeit sein mag, eingetreten ist. Präsident Bach hat uns dafür schon einige Zeugnisse vor Augen geführt. Er war nun wirklich ein Berliner, er hätte in keiner anderen Stadt leben und sterben können. Er gehörte zu dieser Stadt wie ihre Kirchen, ihre Schlösser, ihre Wälder und Seen und die Luft, in der wir leben.

Er hat das Verhältnis zwischen Kirche und Staat immer wieder beschrieben – zuletzt in der zum Widerspruch reizenden Untersuchung über die Obrigkeit. Aber auch hier wieder: Auch wenn man völlig anderer Meinung ist als er, welch ein bewegender

Versuch, göttliche und menschliche Autorität einander zuzuordnen und denen, die ihre Autorität vom Willen des Volkes ableiten, zu sagen, wer letzten Endes ihr Amt trägt. Der, der am leidenschaftlichsten den von uns abgespaltenen Teilen unserer Stadt und unseres Landes zugewandt war, war am härtesten von ihnen ausgeschlossen. Der, dem es um nichts weiter ging, als das, was zusammengehörte, auch zusammenzuhalten, ist bei den Kommunisten zum Zerrbild der Spaltung geworden. Die Menschen drüben und wir wissen es besser. Die Tragik versäumter Entschlüsse und Irrwege, die viele von uns gegangen sind, warf ihren Schatten auch über das Bild dieses Mannes. Er ist gestorben, ohne das Land, dem er verpflichtet war, wiederzusehen. Aber er mahnt uns wie kaum ein anderer, daß nicht noch allzuviele sterben müssen, bis wir wieder zusammengehören.

Damit bin ich beim Dritten, was ich zum Gedächtnis von Otto Dibelius sagen möchte. Dieser Mann, der so viel Distanz um sich schuf und in dessen Gegenwart auch hochgewachsene Eitelkeiten verdorrten, er war den Menschen, war uns allen zugewandt.

Hinter diesem alt gewordenen Gesicht und diesem strengen – nun muß das Wort einmal vorkommen – preußischen Habitus verbarg sich eine große Güte. Vielleicht ist es erlaubt, gerade dies aus persönlichen Erfahrungen zu schildern. Ich werde nie vergessen, wie ich, frisch nach Berlin gekommen und als Senatsdirektor in der Volksbildungsverwaltung gerade meine ersten Schritte übend, ihm zum Antrittsbesuch in seinem Haus am Faradayweg gegenübersaß – der alte Bischof dem insoweit jungen Pfarrer, der in das opus alienum politischer Verantwortung geraten und noch dazu Sozialdemokrat war. Er hielt mir einen langen, höchst dibeliusschen Vortrag über seine Erfahrungen mit der deutschen Sozialdemokratie, und jeder, der den Bischof kannte, wird sich ungefähr vorstellen können, was er mir da gesagt hat. Ich war ein wenig konsterniert und erschreckt und wollte zu einer großen Gegenrede anheben. Da wischte er das alles mit einer Handbewegung weg und wünschte mir ganz warmherzig alles Gute und schloß, ohne eine Widerrede zu dulden, diesen merkwürdigen Exkurs mit dem Satz: »Ich freue mich ja so, daß Sie hier sind.« Damit ging ich verwirrt aus seiner Stube und trug das, was ich ihm sagen wollte, als Monolog auf der Rückfahrt im Auto mir selber vor.

Ja, und dann gibt es einen Brief des Bischofs vom 28. Dezember 1966 an den Regierenden Bürgermeister. Ich glaube, daß ich berechtigt bin, diesen Brief hier einfach vorzulesen. Es zeigt diesen alt und ein wenig einsam gewordenen Mann besser als alle Worte, die ich für ihn finden könnte.

»Mein lieber Herr Regierender!

Von meinem Büro ist, wie ich annehme, schon durchgesagt worden, daß ich zu Ihrem Neujahrsempfang nicht kommen werde. Ich halte diese Neujahrsempfänge für eine gute Sitte und habe, solange ich im Amte war, jedesmal am Neujahrstag meine Mitarbeiter aus den verschiedenen Sparten meiner kirchlichen Verantwortung empfangen. Ich bin unter Ihrem Vorgänger manches Mal im Charlottenburger Schloß gewesen und habe kräftig Hände geschüttelt. Aber – jetzt kann ich das eben nicht mehr. Das Gedränge im Charlottenburger Schloß, wo Ausgänge Mangelware sind, ist mir zuviel. Dafür muß man jüngere Muskeln und festeres Stehvermögen haben, als es einem mit 86 Jahren noch geschenkt wird.

Aber es ist mir doch ein persönliches Anliegen, Ihnen zu zeigen, daß ich Ihren Übergang in ein neues Jahr mit hoffender Teilnahme begleite. Daß wir verschiedenen Parteien angehören und ich gewohnt bin, bei einer einmal getroffenen Entscheidung auch zu beharren, tut dem keinen Abbruch. Ich habe niemals meinen Glauben und meine persönliche Sympathie von irgendwelchen Partei-Grenzstrichen abhängig gemacht. Ich habe aber in meinem jetzigen Zustand etwas mehr Spielraum als früher, über das menschliche Leben in Vergangenheit, Gegenwart und Zukunft nachzudenken, und bin mir darüber klar, daß jetzt die Zeit kommt, in der der große Umbruch an seiner empfindsamsten Stelle durchgestanden werden muß. Es war schon zu Weihnachten zu merken. Was ›feiern‹ eigentlich bedeutet, wissen die Menschen von heute ja überhaupt nicht mehr. Daß man ganz hemmungsfrei, ohne etwas zu wollen, ohne etwas denken zu müssen, einfach beieinander sein kann in der Gemeinschaft froher und hoffnungsvoller Gefühle – das ist für die junge Generation von heute unvorstellbar. Ich habe manchesmal in der Vergangenheit gesagt: Im Neuen Testament der heutigen jungen Generation spricht der Engel: ›Siehe, ich verkündige euch große Probleme, an denen alle Welt während der nächsten paar tausend Jahre zu knabbern haben soll!‹

Wenn man heute still für sich nachdenkt, stürzen sich in der Tat die Probleme von allen Seiten hernieder. Zu lösen sind sie alle nicht, aber man muß hindurch! Und der Regierende Bürgermeister der Hauptstadt wird sehr viel Mühe haben, durch die Probleme, die im neuen Jahr auf ihn zukommen, hindurchzustoßen.

Dafür erbitte ich für Sie Gottes Kraft und Weisheit. Ich erbitte Ihnen nicht zuletzt einen häuslichen Zustand, aus dem ständig ein bißchen Friede, ein bißchen Hoffnung und ein ganz kleines bißchen Glaube fließt. Und – nicht zuletzt die Erfahrung, daß man von anderen getragen wird. Als Handelnder ist man immer allein. Und daß nach Jeremia 17 der Mann verflucht wird, der sich auf Menschen verläßt – das habe ich in meinem langen Leben, vor allem seit 1933, reichlich erfahren! Aber wenn es einem einmal geschenkt wird, von echtem Vertrauen getragen zu werden, dann ist das eben doch etwas ganz Großes!

Kurz und gut: lieber Bruder Regierender, Gott gehe mit Ihnen ins neue Jahr! Ihr getreuer Dibelius.«

Damit sollten wir schließen. Ich glaube, jeder hat gemerkt, daß Otto Dibelius in diesem Brief nicht nur den Adressaten meinte, sondern uns alle. Wir können nur hoffen und bitten, daß Menschen wie dieser Mann nicht aufhören, unter uns zu leben. Daß Otto Dibelius unser Ehrenbürger war, ehrt diese Stadt.

Ja, so war unser Verhältnis zueinander, so distanziert, so herzlich.

Heute mittag rief Dr. Vogel an, wollte sich für meinen Brief bedanken und zu einem Gespräch einladen – »seine vier lebenden Vorgänger«. (So viele sind es schon seit 1966!) Wir sollen ihm Leute nennen für einen Beraterkreis – jeder etwa fünf. Ich habe Zeit zum Nachdenken. Seine Stimme, mit dem deutlich bayrischen Unterton, aus dem Schöneberger Rathaus – ein bißchen traurig, aber ganz fest. Ob er lange Berater brauchen wird? Die Wahlen sind nun schon für Mai geplant, vielleicht wird's April. Es ist wie eine Operation, die man immer weiter vorzieht, und von der kein Mensch weiß, wie sie ausgehen wird.

Der Abgeordnete Hansen hat in der SPD-Fraktion nicht einmal das Wort zur Verteidigung bekommen. Der Ton seines Artikels, den ich nun kenne, ist rüde. Dafür hätte er sich entschuldigen können. Die Sache ist auch meine Sache. Die Methoden in der SPD-Fraktion kenne ich nur aus Ostberlin. Politiker, die wie Gaus mit »Herz und Verstand« über die deutschen Verhältnisse sprechen, sind allzu selten geworden. Deshalb verdient er Achtung und Beachtung. Man muß sich nur fragen, ob Gaus, da er missionarischen Eifer verspürt, nicht besser auf ein Senatsamt verzichtet hätte? So die heutige »Süddeutsche Zeitung«. So ist es eben. Da äußert sich einer mit »Herz und Verstand«, der wie keiner von uns Westdeutschen die DDR erlebt hat, weil er dort Jahre mit offenen Augen und Ohren lebte, und dann bekommt er Schelte von allen Seiten.

Das Gespräch in der »Zeit« ist ein Kabinettstück kluger, warmherziger Beurteilung der Menschen im anderen deutschen Staat. Illusionslos nüchtern zugleich, aber von einer patriotischen Zuneigung zu diesem Lande zwischen Elbe und Oder – und eine scharfe Kritik an den Sonntagsrednern auf unserer Seite, denen die DDR im Grunde völlig gleichgültig ist, und die dieses Stück Deutschland nur für ihre innenpolitischen Zwecke mißbrauchen, arrogant, unwissend und ohne jede Rücksicht auf die Menschen, um die es sich auf beiden Seiten der Grenze und in Westberlin handelt.

Aber eben: Dies alles darf man sagen, nur nicht im »Staatsamt«. Da darf man es nicht einmal denken. Dies alles kenne ich in hundert Abwandlungen, seit ich selbst »Staatsämter« innehatte – von jener ersten Erfahrung an, als ich zwei Tage Minister war und öffentlich zu meinen ostdeutschen Landsleuten sagte: »Ihr müßt hier leben und arbeiten, als ob kein einziger von uns je in die Heimat zurückkehren würde.«

Dies im Juni 1948 gesagt, war Hochverrat. Selbst Hinrich Kopf nahm mich beiseite und bat mich dringend, nicht alles zu sagen, was richtig sei.

»Propheten« dürften das, Mahner, Träumer. Die Politik folgt dann über 20 Jahre später nach. Und auch dann, nach dem Warschauer Vertrag, wird noch über die Verzichtler gehöhnt. Aber dann darf man sich auch nicht wundern, wenn Glaubwürdigkeit im »Staatsamt« unmöglich wird.

Da ist es einfach erfrischend – übrigens in der gleichen Ausgabe der »Süddeutschen Zeitung« –, die Rede abgedruckt zu finden, die Bischof Schönherr über »Chancen und Probleme christlicher Existenz in einer sozialistischen Gesellschaft« in der Evangelischen Akademie Tutzing gehalten hat. »Für das Risiko des Vertrauens werben«, das ist der Schlüsselsatz. »Ohne Macht, ohne Geld, ohne Privilegien den Herrn Jesus Christus mit allen Konsequenzen zu bezeugen« – das ist schwerer und leichter als bei uns. In der bayrischen Landeskirche vorgetragen – wo Bischof und Oberlandeskirchenräte unmittelbar aus der Staatskasse besoldet werden –, eine Rede wie aus einer anderen Welt.

»Was dieses Land braucht, ist Zuneigung« – vielleicht ist es dieser Satz gewesen, der der wirkliche Auslöser der Empörung über Günter Gaus gewesen ist und gar nicht der alberne Streit über die Nation. Die DDR: Zuneigung? »Da ist doch nur ein Gefängnis, eine graue Masse, die jederzeit bereit ist, ihr verhaßtes Regime abzuschütteln, Wachtürme, Schießanlagen, Spürhunde, ein perfekter Polizeistaat und sächsische Bonzen, Lakaien der Sowjetunion. Da ist Atheismus und Materialismus. Da gibt es nichts zu essen und kaum etwas Wichtiges zu kaufen ...« Grau in Grau muß dieses Bild bleiben. Man braucht es für den Hausgebrauch in der eignen Küche. »Dieses Land braucht keine Zuneigung.« Was in den Köpfen der Deutschnationalen in unserem Lande vorgeht (über alle Parteien verteilt), ist schwer auszumachen. Sie wollen angeblich die Wiedervereinigung; wenn sie morgen – ohne Krieg – käme, würden sie sich umsehen. Daß sie ohne Gewalt nicht kommen kann, müßten sie inzwischen gemerkt haben. Aber auch dies ist merkwürdig verdrängt. »Verteidigung« kommt hier mit ins Spiel. Gegen wen? Natürlich auch gegen die Nationale Volksarmee. Also gegen Deutsche. Die laufen über, wird an den Stammtischen erzählt. Die glorreiche Bundeswehr rückt an die Oder vor – natürlich, natürlich. Es ist alles so absurd, daß man nicht weiß, ob man weinen oder lachen soll.

Diesem Land Zuneigung? Das ist mehr als alles Geschwätz von der Einheit der Nation. Was weiß ein Mensch am Bodensee von seinem Landsmann in Rügen? Aber sich mit wirklichen Interessen dem zu öffnen, was das Volk zwischen Elbe und Oder denkt und fühlt, hofft und leidet, uns meilenweit voraus hat an Solidarität und Sensibilität – das kostet Mühe und Zeit und nun auch Geld – 25 DM pro Tag. Die Besucherzahlen sind um 40 Prozent zurückgegangen seit der Erhöhung des Zwangsumtausches. Das sind doch nicht alles Rentner und Großfamilien, die da wegbleiben. 25 DM sind zuviel für die Nation.

Aber ich muß mich an die eigne Nase fassen. Ich bin viel zu selten »drüben«. Ohne Auto mag es mühsam sein, ins Land zu fahren. Es ist keine Entschuldigung. So bleiben Besuche in Ostberlin, oft nur für Stunden mit genau verabredeten Terminen. Gelegentliches Mitfahren mit einem Freund in die Pfarrhäuser der Umgebung, viel zu selten. Und die Gespräche in Westberlin mit denen, die herüber dürfen. Einmal habe ich in der DDR gepredigt, einmal eine Diskussion mit Theologiestudenten gehabt. Einmal im Jahr besuche ich den hochverehrten ehemaligen Generalsuperintendenten von Cottbus, D. Jacob, der jetzt in Fürstenwalde lebt. Dabei bin ich drüben bekannt, mindestens so wie im Westen. Die Menschen grüßen auf den Straßen, in der S-Bahn.

Aus allem diesen, viel zu wenigem, kann ich nur bestätigen: Diese Deutschen brauchen Verständnis, Zuhören, Solidarität. Keine guten Ratschläge plus einem halben Pfund Kaffee, sondern eben Zuneigung. Gaus hat offensichtlich auch die Landschaft erst neu entdeckt, als Hamburger. Mir ist sie Heimat. Mehr Heimat als alles Bayerische oder Rheinische. Das ist ja wohl auch der tiefste Grund, warum ich 1955 ohne jedes Zögern und gern nach Berlin gegangen bin. In die Mitte. In die große Nähe zu Schlesien, Pommern, in die Mark Brandenburg. Nach Preußen.

Die DDR ist ein kommunistisches Land. Sie ist das westliche Glacis des Warschauer Paktes. Können die Menschen, die dort leben, mehr dafür, daß dies so ist und auf unübersehbare Zeit so bleiben wird, als die Bürger der Bundesrepublik Deutschland? Nur weil sie das »Glück« hatten, das Ende des Krieges in einer westlichen Besatzungszone zu erleben? Oder diesseits oder jenseits einer Straße in Berlin?

1. Februar 1981

Sonntagvormittag. Ich sitze auf meinem Balkon. Die Sonne wärmt den alten Körper wie im Frühling. Ich sehe die Berge gegenüber, die jetzt im Winter nicht zu betreten sind, die Kirchturmspitze mit der Uhr in römischen Zahlen, die Schweizer Fahne auf dem Vordach des Hotels, rot und weiß gegen den strahlend blauen Himmel. Der Lärm der Hauptstraße ist kaum zu hören, dafür Kinder, die mit ihren Schlitten von Kulm herunterkommen und das Geschrei der Dohlen. Vollkommener Frieden. Seit Napoleons Zeiten ist hier Frieden. Es gibt wichtigeres als Frieden, hat der General gesagt, der jetzt amerikanischer Außenminister ist. Was denn? Liebe, Freiheit, Gerechtigkeit gedeihen nur im Frieden.

Aber in Zürich hat es gestern über viele Stunden wieder Krawalle gegeben. »Scharmützel« nennt das der Schweizerische Rundfunk. Einer Frau ist mit einem Gummigeschoß der Polizei ein Auge schwer verletzt worden.

Hier ist von alledem nichts zu merken. Warum kann ich nicht einfach abschalten und nur den makellosen Himmel über den Bergen sehen? Fünfzig Jahre Konflikte, Auseinandersetzungen, Hoffnungen und zerstörte Hoffnungen sind doch genug. Vielleicht lerne ich es noch. Nur noch zu sitzen und zuzuschauen. Wie die Alten früher auf den Bänken vor den Häusern saßen, in denen längst ihre Kinder wohnten. Müde und lebenssatt. Satt vom Leben. So sind die Patriarchen des Alten Testaments gestorben.

Die Glocke läutet Mittag. »Der Tag ist seiner Mitte nah ...« Ein erster Februar. Ein freundlicher Monat. Nur 28 Tage. Wir müssen zum Essen gehen. Die Speisekarte ist französisch geschrieben. Es ist ein immer neues Vergnügen zu entdecken, welche wohlbekannten Speisen sich hinter den klingenden Phantasienamen verbergen. Nur nicht an Uganda denken!

2. Februar 1981

Ich sitze abends allein in meinem Zimmer. Meine Frau ist krank: die »Schweizer Grippe«. Es ist alles sehr traurig. Ich habe eine Flasche »Churer Schiller« vor mir stehen. »Als ›Schiller‹ darf nur ein Wellscher Wein bezeichnet werden, welcher durch gemeinsames Keltern von blauen und weißen Trauben aus dem gleichen Rebberg bereitet wurde. Im Jahre 1804 hatte Chur in seinen Grenzen noch 280 ha

Reben. Heute sind es noch 8 ha.« Also auch hier. Aber der Wein ist vorzüglich.

Dazu lese ich zur Aufheiterung Samuel Pepys' berühmtes Tagebuch 1660–1669. Es beschämt mich sehr. So ungeschützt kann ich nicht mehr schreiben. Aber geändert hat sich nicht viel in der Welt. Nur: Der Schmutz in den Straßen und Häusern ist in die Luft und ins Wasser entwichen.

Die Zeitungen sind voll von Berichten über die Zusammenstöße zwischen jungen Leuten und der Polizei in Berlin, Hamburg, Frankfurt und Zürich. Präsident Reagan empfängt als erstes Staatsoberhaupt aus dem Ausland den südkoreanischen Diktator, ein schönes Symbol ...

Aber wichtiger ist mir heute abend, daß meine Frau die Nacht schlafen kann.

3. Februar 1981

Das Rathaus rief an. Der Senator Sauberzweig las mir eine lange Erklärung des Senats zur künftigen Wohnungspolitik, zu den »Instandbesetzungen« und zum Thema Gewalt auf der Straße vor. Er bat mich im Namen von Dr. Vogel, doch ein positives Wort zu sagen. Der Bischof sei auch gebeten worden. Ich habe nach einer Stunde Nachdenken die Bitte abgelehnt. Ich könne von Arosa aus, so weit hinter der Front, nicht fromme Sprüche machen. Ich übersähe auch die Lage nicht und müßte erst mit der anderen Seite sprechen.

Ich hoffe, die Entscheidung war richtig. Aber ich kann unmöglich einer Erklärung zustimmen, in der vom »Rechtsstaat« so geredet wird, als sei alles in Ordnung. 14 Monate ohne Bewährung für einen gewalttätigen Studenten und kein Haftbefehl, geschweige denn eine

Interpol-Fahndung nach dem Betrüger Garski. Das ist der Rechtsstaat der Berliner Justiz.

Ich muß überhaupt, ehe ich mich zu Berliner Dingen öffentlich äußere, ein offenes Gespräch mit dem Regierenden Bürgermeister führen, unter vier Augen.

In Norwegen haben die Sozialdemokraten eine Frau, Mutter von vier Kindern, Ärztin, als Ministerpräsidentin vorgeschlagen. Aller Achtung wert!

Meiner Frau geht es besser, Gott sei Dank. Ich hoffe, sie wird morgen aufstehen können. Dann noch ein paar Einkäufe zum Mitbringen für die Kinder, Koffer packen, und die Zeit ist zu Ende. Arosa ade. Wir wollen in Heidelberg Station machen. Ich werde in die Vorlesung meines Sohnes gehen können – über Jeremia. Das wird eine große Freude sein.

Berlin, 14. Februar 1981

Berlin hat mich wieder. Kalt und unfreundlich, jeden Morgen mit neuem Schnee, mit überfüllten Bussen (weil uns unsere S-Bahn fehlt) und immer neuen Hausbesetzungen. Manche Leute freuen sich, daß ich wieder da bin: der Zeitungshändler und der alte Mann, dem ich in der Frühe begegne, wenn er seinen Enkel im Kinderwagen zur Kinderkrippe fährt. Und die Vögel sind noch da, sogar schon ein paar Stare.

Die Rückfahrt war gut – unterbrochen in Heidelberg, diesmal mit Frau und Hund in der Vorlesung des Sohnes, die lange Strecke über Gerstungen durch die DDR, im Dunkeln, in einem für die dortigen Verhältnisse atemberaubenden Tempo auf den unsäglich schlechten Schienen. In Wannsee warten die Berliner Kinder. Am nächsten Morgen zwei Koffer Post abgeholt. Die Berge Papier abgetragen. Unmöglich, alles zu lesen.

Und dann sich erzählen lassen von den hektischen Wochen hier. Von Scharf und Gollwitzer. Von Dieter Hildebrandt, den ich gestern sah, bei einer Pressekonferenz für das »Schiff für Vietnam«. Fernsehkonsum nachgeholt. Lauter neue Gesichter plötzlich auf der Mattscheibe, die bayerische Invasion.

Eineinhalb Stunden Regierungserklärung von Dr. Vogel. Die erste gute Rede im Abgeordnetenhaus seit Jahren. Und doch seltsam vorbei an den Herzen der Jungen. Dafür gibt es elementare Zeugnisse. Das ZDF war während der Übertragung der Rede in eine besetzte Wohnung gegangen und hatte die Reaktionen der jungen Leute aufgenommen. Alle Nachdenklichkeit wird zum »Philosophischen Schmus«, Empörung über die Solidarität mit Polizei und Justiz – nach allem, was passiert ist, auch sehr ungeschützt vorgetragen – Hohngelächter, als die schlimme Galaveranstaltung zur Rettung der Kaiser-Wilhelm-Gedächtniskirche in der Oper lobend erwähnt wird (DM 350,– Eintritt, die ganze Schickeria der Stadt versammelt, nun ohne Herrn Garski, aber mit aller politischen Prominenz von Vogel bis Weizsäcker, mitten drinnen Herr Springer).

Eine mutige, aber gescheiterte Gesprächsrunde zwischen Politikern und Hausbesetzern habe ich leider nicht gesehen. Hinterher rief der verantwortliche Redakteur bei mir an, ob ich mich nicht zu der immer mehr wachsenden Sprachlosigkeit äußern könnte. Ein neuer Turm von Babel ist gebaut worden. Keiner versteht den andern. Nur der Superintendent von Kreuzberg und Horst Eberhard Richter wurden noch gehört. Ich wollte und konnte nicht sofort vor die Kamera. Aber es wird wohl in absehbarer Zeit unausweichlich werden.

Was soll ich dann sagen? Da wird von »unserm Rechtsstaat« geredet. »Unser Rechtsstaat«, das sind für die Kreuzberger 14 Monate Gefängnis ohne Bewährung für ein paar Steinwürfe und sieben Monate mit Bewährung für einen Polizeibeamten, der aus Versehen einen unschuldigen Autofahrer erschoß. »Unser Rechtsstaat«, das ist die Räumung unberechtigt besetzter leerstehender Wohnungen durch hunderte von Polizisten und die rechtmäßigen Spekulationen von Kommanditgesellschaften reicher Ärzte und Kaufleute mit 150%iger Abschreibung von Schulden über das Berlin-Förderungsgesetz. Aber jeder Regierende Bürgermeister ist an dieses Recht gebunden. Und es wird keine Mehrheiten geben, gerade das Bau- und Bodenrecht zu ändern, in diesem Bundestag jedenfalls nicht.

Hinter diesem allen in diesen Tagen die Auseinandersetzungen in der SPD. Der rührende Versuch von Willy Brandt, die Gegensätze mit einer Fünf-Punkte-Formel auszuräumen, die zu allen Sachfragen »Sowohl-als-auch« sagt. Und die Entscheidungen, die wie eine Kindsgeburt auf uns zukommen: der Vollzug des Rüstungsbeschlusses, die Kosten der »Tornados«, das Null- oder Negativ-Wachstum ...

In den Geburtstagsbriefen, die ich hier vorfand, steht von Johannes Rau bis Bischof Kruse, ich solle weiter ein unbequemer Mahner sein. Wie schön, wie schön. Man hat ein Gewissen und füllt es dann in den Mund anderer ein.

Dr. Vogels schriftliche Einladung zu einem Gespräch mit den Vorgängern und auszusuchenden »bekannten Persönlichkeiten« liegt nun vor. Ich fürchte, sie soll ein öffentlicher Vorgang werden. Aber so geht es nicht. Ich muß ihn anrufen.

Die Schwiegermutter von Ingrid Siepmann ist gestorben. Ich sehe sie noch vor mir sitzen, mit ihrem Mann, kurz nach dem Flug nach Aden, um nach ihrer Tochter zu fragen. Sie hat sie nicht mehr wiedergesehen. Ich schreibe heute an den Vater. Das Herz wird schwer. Das Datum der furchtbaren Tage jährt sich bald wieder.

Freitag, 20. Februar 1981

Die Tage sind seltsam diffus. Man kommt nicht zum Nachdenken und Schreiben. Am Montag ein Gespräch über Ossietzky im Sender Freies Berlin. Am Dienstag in »Panorama« unbeschreibliche Bilder von jugendlichen Randalierern auf deutschen Fußballplätzen. Von diesen Gewalttätigkeiten redet kein Mensch – dabei sind es an jedem Wochenende Tausende, die mit Messern, Schlagstöcken und Wurfgeschossen, meistens schon betrunken, in die Stadien einrücken. Die Kehrseite der »Brot-und-Spiele-Gesellschaft« – oft noch halbe Kinder, die Produkte der Fernsehfamilien und der Hauptschulen. »Was bedeutet Schalke 04 für dich?« Auf die Frage des Reporters diese Antwort: »Mein Leben.« Mein Leben? Welch ein Leben!

Mittwoch: Flug nach Düsseldorf zur Jury für den Heinrich-Heine-Preis. Ich fliege gar nicht mehr gern seit jenem Flug in den Jemen. Jedes Mal überfallen mich die alten Erinnerungen wie kaltes Wasser. Dabei sind die unsäglichen Sardinenbüchsen, die man uns für die Berlin-Flüge anzubieten wagt, wirklich keine Vergleichsobjekte für die erste Klasse der großen Lufthansa-Maschinen. In die Jury bin ich anstelle des verstorbenen Carlo Schmid gewählt worden. Außer den Düsseldorfer Stadtvätern waren der ehrwürdige, ganz heitere Müller-Marein, Reich-Ranicki und Mikat da, dazu ein französischer Professor. Ich darf die Diskussion und das Hin- und Herschieben der Namen nicht schildern. Völlig unerwartet gab es nach zwei Stunden eine Zweidrittelmehrheit für Walter Jens. Er wollte es, angerufen, gar nicht glauben. Ich habe mich riesig gefreut.

Abends, bei der Heimkehr, steht plötzlich ein polnischer Freund vor der Gartentür. Sehr besorgt über die Lage in seinem Land, sehr skeptisch gegen Walesa und vor allem seine Hintermänner. Kein Kommunist, aber ein Patriot, der fürchtet, Polen könne im Chaos untergehen.

Gestern Besuch eines Beamten aus dem Planungsstab des Bundeskanzleramtes. Langes Gespräch über »die jungen Leute«. Glaubwürdigkeit und Zwänge, Möglichkeiten und Machbarkeiten. Sehr nüchtern und sehr intelligent, dieser Mann, und ziemlich verzweifelt. Denn Signale für eine Umkehr, für eine Befreiung aus der Verstrickung von Rüstung, Kernenergie, Ausbeutung der Dritten Welt, sind eben nicht in Sicht. Aber ich hoffe, ihm wenigstens die Gründe für das Aussteigen in alternative Lebensformen ohne Schminke gezeigt zu haben.

Am gleichen Tag veröffentlicht der »Stern« die Landkarte der Bundesrepublik mit den Standorten atomarer Raketen und Waffenlager. Für den Wissenden nichts Neues, nicht einmal ein militärisches Geheimnis.

Aber der Generalbundesanwalt hat ein Ermittlungsverfahren eingeleitet. Die Begründung ist herrlich: Die Bevölkerung werde beunruhigt. Ich hörte bisher immer: Diese Vernichtungswaffen brächten uns Sicherheit. Dann kann man sie doch vorzeigen.

Ich hoffe jedenfalls, diese Karte bringt so viele Proteste auf die Beine wie Brokdorf und Gorleben. Sie liegt genau auf der Linie meiner seit Jahr und Tag vorgetragenen Meinung: Sagt den Menschen, was »Verteidigung« heute bedeutet, dann sollen sie entscheiden, was sie wollen – auch wenn kaum noch ein Weg aus der tödlichen Umklammerung durch die Weltmächte möglich erscheint.

Carola Stern rief an: Ostermontag soll das Gespräch zwischen Hans Apel und mir im Westdeutschen Rundfunk laufen, eine volle Stunde. Das wird noch aufregender als die Begegnung mit Bischof Lohse.

Diffuse Tage also, keine Ruhe. Aber immer noch Schnee, mit ein bißchen nördlicher Sonne.

22. Februar 1981

»Nach Mitteilung des Präsidenten des Konsistoriums der Ev. Kirche, Flor, hat das Konsistorium zwei Pfarrern, die zeitweise in ein besetztes Haus in der Mittenwalder Straße in Kreuzberg eingezogen waren, ›bei allem Verständnis für die Beweggründe‹ von einem solchen Schritt ausdrücklich und dringend abgeraten.« (»Der Tagesspiegel« vom heutigen Sonntag.) Wie gut, daß der Herr Jesus Christus kein Evangelisches Konsistorium als Aufsichtsbehörde hatte! Sie hätten ihm »bei allem Verständnis für die Beweggründe« sicher »ausdrücklich und dringend abgeraten«, in Jerusalem einzuziehen, um sich dort hinrichten zu lassen. Aber dann gäbe es heute auch kein Evangelisches Konsistorium in Berlin. Wohin ist unsere kirchliche Bürokratie verkommen? Und wo bleibt eine Kirchenleitung, die diese Bürokratie zur Ordnung ruft – zur evangelischen Ordnung? Aber dieses kleine Beispiel von heute morgen bestätigt nur meine Einschätzung, daß alle Erfahrungen des Kirchenkampfes längst vergessen sind, und daß der Versuch, nach 1945 die kirchlichen Bürokratien endlich durch gewählte, synodale Kirchenleitungen zu überwinden, gescheitert ist.

Bei den Vorüberlegungen, wie ich wohl die Erinnerung an die Entführung und Befreiung von Peter Lorenz in dieses Tagebuch einbringe, bin ich auf den alten Pfarrer-Kalender 1975 gestoßen und habe die Eintragungen jener Februartage studiert, in denen ich, nicht ahnend, was mich erwartete, meinen Dienst als Gemeindepfarrer in Schlachtensee tat: Montag, den 24. 02., acht Uhr Dienstbesprechung mit den Mitarbeitern der Gemeinde, 13 Uhr Dienstbesprechung im Haus der Mitte in der Gropiusstadt, 18 Uhr ein Gemeindebesuch. Dienstag, den 25. 02., zwei Beerdigungen. Mittwoch, 26. 02., zehn Uhr ein Krankenbesuch, elf Uhr ein Besuch in einem Todesfall, zwölf Uhr eine Beerdigung. Donnerstag, 27. 02., 7.56 Uhr Abfahrt nach Recklinghausen; zwei Stunden später war Lorenz schon entführt. Ich saß im Zug, zwischen Wannsee und Helmstedt, auf der Fahrt durch die DDR und las Zeitungen. Ich sollte erst am Abend erfahren, was in Berlin geschehen war.

So tut man seine Arbeit – mit verbundenen Augen. Irgendwo in der großen Stadt saßen die Leute zusammen, die die Tat vorhatten, legten den Ablauf dieses Politkrimis fest wie ein kleiner Generalstab, animierten die Helfer, fuhren die Strecken ab, die sie am 27. 02. benutzen würden, staffierten das »Gefängnis« für das Opfer aus, entwarfen die Botschaften. Botschaft Nr. 1: »Unsere Genossen werden auf dem Fluge begleitet von ...« Ich saß in meinem Pfarrbüro, besuchte Gemeindemitglieder, stand auf kalten Friedhöfen, schlief nachts gut und fest ... Filme haben das manchmal aufregend dargestellt. Wie zwei Linien aufeinander zulaufen, bis sie sich schneiden. Bis mich am Freitag, den 28. 02. um zwölf Uhr in Dortmund bei meinen Kindern der Anruf der Senatskanzlei Berlin erreicht und mir die Botschaft Nr. 1 vorgelesen wird. »Abraham!« – »Hier bin ich.«

Wenn ich heute an diese Vortage zurückdenke, sind sie nicht mehr und nicht weniger als ein typischer Ausschnitt aus meinem damaligen Leben als Gemeindepfarrer. Die schönsten Jahre meines Lebens? Ich war ja das erste Mal, so spät und nach so viel Umwegen, ein »richtiger« Gemeindepfarrer. Die Vikariate in der Bekennenden Kirche waren doch nur Hilfsdienst für die Pfarrer im Amt und ein bißchen Indianerspiel, das Pfarramt in Oberschlesien konnte der Soldat nicht wahrnehmen, der Flüchtlingspastor in Celle war eine extreme Ausnahmeposition. Dann kamen 20 Jahre staatlicher Dienst.

Ein knappes Jahr war ich 1970/71 zwar schon in einer Gemeinde gewesen, in Neukölln, kommissarisch, von heut' auf morgen von Bischof Scharf dorthin geschickt, weil nach der Beurlaubung des Pfarrstelleninhabers alles drunter und drüber ging. Ins Wasser wurde ich geworfen und mußte schwimmen, jeden Sonntag predigen, alle Amtshandlungen übernehmen, Konfirmandenunterricht geben – woran ich beinahe gescheitert bin. Das war eine harte, nützliche Schule für den Wiederanfänger. Aber der Auftrag war nicht auf Dauer gedacht. Ich wohnte nicht in der Gemeinde. Ich wurde auch zunächst gebeten, eine ganz andere Aufgabe zu übernehmen.

In der Gropiusstadt wurde zu den dort errichteten zwei Pfarrgemeinden ein Zentrum für Kinder-, Jugend- und Erwachsenenarbeit gegründet. Zwei Theologen, vier Sozialarbeiter und die Erzieher einer großen Kindertagesstätte bildeten ein Team. Ich trug die Verantwortung nach außen. Dies war »reine« Sozialarbeit. Daß wir »Kirche« waren, mußte immer wieder deutlich gemacht werden, den Mitbürgern und uns selbst. Daß wir es auch ohne fromme Worte gewesen sind, ist mir in einem ganz wörtlichen Verständnis des Evangeliums sicher. Ich habe unendlich viel gelernt in diesen drei Jahren – vor allem von den Sozialarbeitern und den jungen Kollegen der 67er-Theologie. Es war manchmal mühsam. Es war auch viel Unausgegorenes in unseren Gesprächen und in den Aktivitäten unserer Gemeinwesenarbeit. Aber ich habe diese Konfrontation mit einer unmenschlichen Satellitenstadt nicht vergessen, auch nicht, als ich gegen alle Erwartung zum Pfarrer in Schlachtensee berufen wurde.

Hier war nun wirklich Gemeinde. Eine Gemeinde mit einer bemerkenswerten Geschichte – in der Nazizeit, in einem schweren Konflikt mit Axel-Springer-Christen in den 60er Jahren, der ehemalige Rechtsanwalt Röder (heute in Haft wegen Mitgliedschaft in einer rechtsextremen kriminellen Vereinigung) war damals der Mann, der mit Unterstützung der CDU die Gemeinde beinahe zerstört hätte – eine Gemeinde also, die viel hinter sich hatte und nun auch bereit war, den seltsamen Pfarrer zu tragen, der einmal ihr Bürgermeister war. Diese Vergangenheit trug ich ja sichtbar herum. Bei meinen ersten Gemeindebesuchen wußten die Leute nicht, wie sie mich anreden sollten – aber bald war es dann wohl doch klar, ich war ein Pfarrer wie die anderen auch, trotz aller Belastungen und Chancen, die sich aus den 20 Jahren politischer Arbeit ergaben. Irritierend mag für viele gewesen sein, daß der angeblich so »linke« Mann in seinen Gottesdiensten so konservativ war – mit der alten Liturgie, streng an den Text gebundenen Predigten, dem Abendmahl als sonntägliche Selbstverständlichkeit. Aber auch daran hat man sich wohl gewöhnt. Ich war vom ersten Tag an umgeben von Verständnis und Zuneigung meiner Kollegen im Amt – Freundschaften von Pfarrern und ihren Familien in einer Gemeinde sind ja leider eine Seltenheit. Sie nahmen auch Rücksichten. Ich brauchte keinen Unterricht zu geben. Ich habe auch nie ein böses Wort gehört, als nach der Aden-Geschichte das Pfarrhaus in Schlachtensee zu einer Anlaufstelle unzähliger Hilfesuchender und die Gottesdienste auch oft eine Art Touristenattraktion wurden. Die Gemeinde Schlachtensee ist mir Heimat geworden, Geborgenheit – auch nach dem Ausscheiden aus dem Amt, und obwohl ich nun hier sitze und schreibe, anstatt im Gottesdienst zu sein. Wahrscheinlich aber haben die schlimmen Tage im Februar/März 1975 ihren wesentlichen Anteil an diesem allen. Damals wurde exemplarisch deutlich, was Christsein, was Pfarrersein, was

Gemeinde der Solidarität bedeuten kann. Und damit bin ich wieder bei jenem ahnungslosen Mann auf seiner Reise nach Recklinghausen am Donnerstag, den 27. Februar 1975.

Ich lasse zunächst den nüchternen Bericht folgen, den ich am 11. März 1975 aufgeschrieben habe. Er war auch Grundlage meiner Aussage vor Staatsanwälten und Gerichten:

Berlin, den 11. März 1975

Bericht von Pfarrer Heinrich Albertz über die Durchführung eines Auftrags im Zusammenhang mit der Entführung von Herrn Peter Lorenz

I. Am Donnerstag, dem 27. Februar 1975, war ich morgens um 7.56 Uhr mit dem Zug nach Recklinghausen gefahren, um dort am Abend einen Vortrag in der Ev. Akademie zu halten.

Von der Entführung von Peter Lorenz erfuhr ich an diesem Tage um 18.00 Uhr bei einem Empfang, den mir der Oberbürgermeister der Stadt Recklinghausen im Rathaus gab. Am Morgen des 28. Februar 1976 fuhr ich mit der Bahn von Recklinghausen nach Dortmund, um meine jüngste Tochter mit ihrer Familie kurz zu besuchen.

Gegen 11.30 Uhr erreichte mich ein Anruf von Herrn Fanselau, Senatskanzlei Berlin, in dem er mir die erste Botschaft der Entführer vorlas und mich damit mit der Rolle vertraut machte, die mir die Entführer zugedacht hatten. Er kündigte mir einen Anruf des Regierenden Bürgermeisters an.

Bevor Herr Schütz mich erreichte, hatte ich Gelegenheit, mit Bischof D. Scharf zu telefonieren. Wir waren uns einig, daß, wenn die politischen Instanzen sich auf den von den Entführern vorgebrachten Erpressungsvorschlag einlassen, ich mich zur Verfügung stellen sollte. In diesem Sinne habe ich Herrn Schütz bereits am Telefon gegen 12.30 Uhr geantwortet.

Ich wurde durch einen Hubschrauber des Bundesgrenzschutzes bis Hannover und mit einer PanAm-Maschine von Hannover nach Berlin geflogen und unmittelbar zu dem Regierenden Bürgermeister gefahren. In dem Gespräch bat mich Herr Schütz, mich zur Verfügung zu halten. Ich stellte klar, daß ich diesen Auftrag nur als Pfarrer der Ev. Kirche durchführen könnte und daß ich die feste Zusage der politisch Verantwortlichen brauchte, nicht an einem Unternehmen beteiligt zu werden, das etwa wie in Fürstenfeldbruck enden sollte.

Ich kehrte nach diesem Gespräch in meine Wohnung zurück. Meine Frau befand sich zu dieser Zeit in Hamburg bei ihren Kindern.

Der Bischof und andere Mitglieder der Kirchenleitung von Berlin-Brandenburg (West) suchten mich auf, um die Lage zu besprechen. Es wurde erörtert, ob es möglich sei, noch eine zweite Person meines Vertrauens mit in das Flugzeug zu bringen. Erst gegen Mitternacht wurde auf meine Bitte mein Haus unter polizeilichen Schutz gestellt.

Am Sonnabend, dem 1. 3. 1975, begaben sich Bischof D. Scharf, der Präsident des Konsistoriums und ich zu dem Chef der Senatskanzlei, Herrn Herz, um weitere Informationen zu erhalten. Zu dieser Zeit lagen keine wesentlichen neuen Ergebnisse vor. Der Wunsch, einen zweiten Mann mitfliegen zu lassen, wurde vorgetragen. Am Sonntag, dem 2. März 1975, hielt ich um 10.00 Uhr im Gemeindehaus Schlachtensee den Gottesdienst. Am Ende dieses Gottesdienstes wurde ich mit der Botschaft vertraut gemacht, die Herr Lorenz unmittelbar an mich gerichtet hatte und die offensichtlich eine Antwort auf meine Fernseherklärung in der Abendschau des SFB vom Vorabend des 1. März gewesen war, in der ich auf der einen Seite mehr Sicherheiten für die Freilassung von Peter Lorenz forderte, auf der anderen Seite den Entführern zusicherte, daß sie in keine Falle laufen würden. (Text dieser Erklärung liegt vor.) Ich wurde von Herrn Fanselau um Freigabe der Botschaft von Peter Lorenz an mich gebeten, welche ich sofort erteilte. Außerdem wurde ich gebeten, sofort nach Rückkehr des Regierenden Bürgermeisters aus Bonn diesen aufzusuchen. Das Gespräch mit Herrn Schütz fand wegen einer durch die Autobereitstellung verzögerten Abfahrt von mir um 16.00 Uhr im Rathaus Schöneberg statt. Ich erhielt von Herrn Schütz noch einmal die feste Zusage der beteiligten Stellen, daß keine Gewalt bei einem Abflug der für die

Freilassung bereitgestellten Gefangenen angewendet würde, und wurde gebeten, mit den in Berlin einsitzenden Gefangenen, Frau Siepmann und Frau Becker, um 18.30 Uhr von Tegel nach Frankfurt zu starten.

Ich fuhr noch einmal nach Hause, um meine Sachen zu packen und mich von meiner Frau zu verabschieden.

Nach einer freundlichen Begrüßung durch die französischen Behörden auf dem militärischen Teil des Flugplatzes Tegel wurde ich zu der bereitstehenden französischen Kuriermaschine geführt. Wenige Minuten später fuhren die Gefängniswagen mit den beiden gefangenen Frauen vor. Sie waren gefesselt. Ich begrüßte sie einzeln und sagte ihnen, ich würde sie im Flugzeug ansprechen. Auf dem Flug nach Frankfurt habe ich den beiden Gefangenen einzeln gesagt, daß ich jederzeit in Frankfurt zu ihrer Verfügung stünde. Sie nahmen dies ohne weitere Stellungnahme zur Kenntnis. Sie wirkten in diesem Augenblick völlig verkrampft und verschlossen. Nach der Landung in Frankfurt wurden die Berliner Gefangenen in Zellen des Flughafenpolizeireviers geführt und damit von mir getrennt. Ich selbst wurde von dem hessischen Ministerpräsidenten Osswald und dem Polizeipräsidenten von Frankfurt und den Herren der Lufthansa begrüßt.

Ich fragte, wann die Berliner Gefangenen mit den aus Bayern herbeigeschafften zwei Gefangenen zusammengeschlossen würden. Mir wurde geantwortet, daß dies noch eine Weile dauern würde. Die Gefangenen sollten sich erst in den Zellen erfrischen. Im Einvernehmen mit den anwesenden Beamten begab ich mich mit Herrn Fanselau, der mich nach Frankfurt begleitet hatte, und den mir zur Verfügung gestellten Sicherheitsbeamten in das Hotel Sheraton, um dort auf eine Aufforderung der Gefangenen, mich sprechen zu wollen, zu warten. Der Zusammenschluß der Gefangenen verzögerte sich aus mir unbekannten Gründen nach meiner Erinnerung bis gegen 22.00 Uhr. In der Zwischenzeit suchte mich ein Vorstandsmitglied der Lufthansa AG und der Chefpilot der Lufthansa auf, um mich über Einzelheiten des Fluges zu orientieren (Zusammensetzung der Crew, kein Alkohol an Bord und weitere technische Einzelheiten).

Vor allem erklärten sie mir, daß aus Gründen der Sicherheit unbedingt eine zweite Besatzung von noch einmal vier Mann an

Bord gehen sollte, und baten mich dringend, dies den Gefangenen klarzumachen.

Nachdem ich in der Zwischenzeit gegessen und mit meiner Frau telefoniert hatte, erreichte mich unmittelbar nach dem Zusammenschluß der Gefangenen deren Wunsch, mich zu sprechen.

Ich wurde in einen Raum geführt, in dem die Gefangenen Frau Becker, Frau Siepmann, Herr Pohle und Herr Heissler, an einem Tisch saßen. Ich begrüßte die Gefangenen und setzte mich zu ihnen. Ich fragte nach ihren Wünschen. Neben einigen Kleinigkeiten, nämlich etwas Kaffee und Brot zur Verfügung gestellt zu bekommen sowie einen Radioapparat für die Nachrichten zu erhalten, war ihr Hauptwunsch eine sofortige telefonische Verbindung mit Frau Kröcher-Tiedemann, die noch in einer Essener Haftanstalt einsaß, hergestellt zu bekommen. Sie könnten die von ihnen verlangte und auch selbst gewünschte Erklärung über ihre Bereitschaft zum Abflug erst abgeben, wenn dieses Gespräch stattgefunden hätte und sie wüßten, ob Frau Kröcher-Tiedemann mitzufliegen wünsche. Herr Pohle wies darauf hin, daß er in der vergangenen Nacht bereits einmal mit Frau Kröcher-Tiedemann hätte telefonieren dürfen und dabei den Eindruck gewonnen habe, daß deren Erklärung, nicht mitfliegen zu wollen, unter Druck zustande gekommen sei. Außerdem wünschten die Gefangenen auch noch, mit ihren Anwälten telefonieren zu können. Ich begab mich daraufhin zu dem im Flughafengebäude tagenden hessischen Krisenstab, der unter Vorsitz des hessischen Ministers des Innern, Herrn Bielefeld, tagte. In meiner Gegenwart wurde die Bitte der Gefangenen, telefonieren zu dürfen, zum Krisenstab nach Bonn weitergegeben. Die Erlaubnis für das Telefonat mit Frau Kröcher wurde nach meiner Erinnerung innerhalb einer halben Stunde gegeben. Ich ging wieder zu den Gefangenen und teilte ihnen diese Erlaubnis mit. Bei diesem zweiten Gespräch brachte ich die Frage des Reiseziels und der doppelten Besatzung vor, ebenso fragte ich nach der abzugebenden Erklärung. Zum Reiseziel erhielt ich keine Auskunft. Dies würde sich alles ergeben. Eine doppelte Besatzung wurde mit Nachdruck abgelehnt. Vier Besatzungsmitglieder genügten für den vorgesehenen Flug.

Die Erklärung sei bereits fertig, sie könne aber erst nach dem Telefongespräch mit Frau Kröcher abgegeben werden.

Ich begab mich mit den Beamten noch einmal kurz in mein Hotel. Ich hatte den Gefangenen gesagt, wenn nicht bis etwa 23.30 Uhr das Gespräch zustande gekommen sei, würde ich noch einmal zu ihnen herüberkommen. Etwa um diese Zeit erreichte mich auch eine Bitte der Gefangenen, sie wieder aufzusuchen. Zu meinem großen Erstaunen war das Gespräch nicht hergestellt worden. Auf meine Frage nach dem Grunde wurde mir die läppische Antwort gegeben, man müsse erst noch die Nummer der Haftanstalt feststellen. Ich habe mit großer Deutlichkeit meinen Unmut über die Behandlung dieser Angelegenheit zum Ausdruck gebracht. Das Gespräch kam dann schnell zustande. Es ergab sich aber, daß der Direktor der Essener Haftanstalt keine Weisung hatte, das Gespräch herzustellen. Er verwies an den Staatssekretär der Justiz in Düsseldorf. Dieser – angerufen – war ebenfalls nicht orientiert, so daß Herr Minister Posser noch einmal verständigt werden mußte. Dann wurde endlich die bereits vor Stunden erteilte Erlaubnis des Krisenstabs an die zuständigen Stellen, vor allem an das Essener Gefängnis gegeben. Frau Kröcher-Tiedemann wurde geweckt. Herr Pohle führte in meiner und eines Kriminalbeamten Gegenwart das Gespräch. Es war sehr kurz. Er forderte Frau Kröcher-Tiedemann auf, dasselbe, was sie ihm gesagt hätte, mir noch einmal zu wiederholen. Frau Kröcher sagte mir, sie wünsche, so schnell wie möglich nach Frankfurt überstellt zu werden und sei bereit mitzufliegen.

Ich ging mit Herrn Pohle in die Sammelzelle zurück und wurde mit der Erklärung bekanntgemacht, noch einmal ausdrücklich vor der Fernsehkamera zu bestätigen, daß Frau Kröcher-Tiedemann mitzufliegen wünsche. Ich ging auf diese Bitte ein und sagte, ich würde außerdem noch darauf hinweisen, daß bis jetzt das Reiseziel immer noch nicht bekannt sei. Diese Fernseherklärung wurde dann nach nochmaliger Verzögerung wegen technischer Schwierigkeiten wohl erst gegen 4.00 Uhr morgens abgegeben und verbreitet. Die Gefangenen hatten die Bitte geäußert, die Nacht über zusammengeschlossen zu sein und nicht auf die Zellen zurückgehen zu müssen. Ich übermittelte diesen Wunsch den zuständigen Beamten. Er wurde genehmigt.

Ich begab mich um 4.30 Uhr im Hotel zu Bett, ohne schlafen zu können.

Ich hatte den Gefangenen versprochen, um 7.30 Uhr wieder bei ihnen zu sein. Als ich schon kurz nach 7.00 Uhr wieder zum

Polizeirevier zurückging, erwartete mich dort die Crew, die mit mir fliegen sollte. Wir begrüßten uns und versprachen uns, fest zusammenzuhalten. Außerdem waren wieder die Herren der Lufthansa, die mich am Abend besucht hatten, anwesend und baten noch einmal dringend, daß ich die Gefangenen nochmals auf die Notwendigkeit einer doppelten Besatzung hinweisen sollte.

Ich ging zu den Gefangenen, bei denen inzwischen Frau Kröcher-Tiedemann eingetroffen war. Sie kam auf mich zu und gab mir die Hand. Es gab dann noch einmal eine Auseinandersetzung über die Frage der doppelten Mannschaft. Auch die Herren der Lufthansa selbst erklärten den Gefangenen auf meine Bitte hin die Notwendigkeit dieser zusätzlichen Crew. Die Gefangenen lehnten ab. Ich wurde daraufhin gefragt, ob ich bereit wäre, auch nur mit einer Besatzung, also mit vier Mann, zu fliegen. Ich bejahte dies. Zur gleichen Zeit war die letzte Botschaft der Entführer in Frankfurt eingetroffen, in der noch einmal ausdrücklich darauf hingewiesen wurde, daß das Reiseziel erst später bekanntgegeben werden könnte und der Satz enthalten war »Albertz ist keine Geisel«. Außerdem war die Frist für den Abflug auf 10.00 Uhr verlängert worden. Den Gefangenen wurde inzwischen das von ihnen verlangte Geld ausgezahlt. Zunächst wurden 100000,– DM übergeben. Die Gefangenen verlangten aber die in den Forderungen der Entführer genannte Summe von 120000,– DM und erhielten auch die zusätzlichen 20000,– DM.

In der nun gewonnenen Zeit ging ich noch einmal in die Abfertigungshalle des Flughafens, kaufte Zeitungen und telefonierte noch einmal mit meiner Frau.

Hier in diesem 1. Teil des Berichts muß ich leider noch auf einen sehr ernsten Vorgang hinweisen: Unmittelbar nach meiner ersten Begegnung mit den Gefangenen in ihrer Zelle wurde mir gesagt, es befänden sich in der Zelle Abhörgeräte. Ich ging daraufhin zu dem zuständigen Beamten und fragte, ob dies zuträfe. Er verneinte diese Frage, allerdings ohne mir dabei in die Augen zu sehen. Ich sagte ihm, er sei Beamter und ich hoffte, daß ich mich auf sein Wort verlassen könnte.

Nach meiner Rückkehr nach Berlin habe ich von dem Chef der Senatskanzlei erfahren, daß dieser über den Senator für Bundesangelegenheiten, Herrn Stobbe, erfahren habe, es seien doch Abhörgeräte in der Zelle installiert gewesen. Man habe aber nichts hören können, da ja ein Transistorradio in Betrieb gewesen sei. (Das ist Unfug, denn das Radio wurde nur ganz kurz für die Nachrichten jeweils stündlich eingeschaltet, jedenfalls solange ich in der Zelle war.) Ich wünsche eine Aufklärung dieser Angelegenheit. Ich bin als Pfarrer in dieser Zelle gewesen. Ein Abhören meiner Gespräche mit den Gefangenen ist ein unverantwortlicher Vertrauensbruch gegenüber einem Mann, der sich ja nicht aus Vergnügen für diese schwierige Aufgabe zur Verfügung gestellt hat. Ich weiß nicht, wer für diese Angelegenheit verantwortlich ist. Es waren ja als Frucht des deutschen Förderalismus Beamte aus mindestens drei Ländern und vom Bund anwesend. Sollte ich diese Fragen nicht befriedigend beantwortet bekommen, behalte ich mir weitere Schritte vor.

II. Kurz nach 9.00 Uhr begann der Transport der Gefangenen zum Flugzeug. Herr Pohle bat mich, in dem Gefangenenauto Platz zu nehmen, in dem die beiden Männer transportiert wurden. Ich erfüllte ihm diesen Wunsch, obwohl für mich natürlich ein besonderer Wagen zur Verfügung stand. Die Gefangenen und ich gingen in die Maschine. Es gab die ja der Polizei bekannten Schwierigkeiten wegen des Gepäcks. Ich wurde gebeten, für die Fernsehkameras noch einmal an die Tür zu treten mit einem oder allen Gefangenen, Frau Kröcher-Tiedemann erklärte sich bereit, mit mir an die Tür zu gehen. Das Bild ist weltbekannt.

Die Gefangenen durchsuchten die Maschine und tasteten die Besatzung nach Waffen ab. Auch das Gepäck der Besatzung wurde geöffnet und durchsucht. Herr Pohle trat auf mich zu und tastete auch mich nach Waffen ab. Die Maschine startete. Wir hatten uns auf die Sitze der 1. Klasse verteilt.

Herr Loos, der Steward, von dem ich erst auf dem Rückflug erfahren habe, daß er der Sicherheitschef der Lufthansa war und der seine Rolle großartig gespielt hat, bot Kaffee und Erfrischungen an. Nach einigen Minuten erschien nach meiner Erinnerung Frau Siepmann bei mir und entschuldigte sich, daß ich nach Waffen durchsucht worden sei. Die Häftlinge seien entsetzt und hätten Herrn Pohle entsprechend belehrt. Sie wüßten, daß sie mir vertrauen könnten. Ich nahm diese Entschuldigung an und wiederholte noch einmal, daß nur auf der Basis des gegenseitigen Vertrauens zwischen der Crew und mir einerseits und den Gefangenen andererseits dieser Flug zum Erfolg führen könnte. Ich fragte noch einmal nach dem Reiseziel. Mir wurde wieder geantwortet, das Flugziel würde jeweils dem Kommandanten mitgeteilt. Der Kommandant und ich hatten verabredet, daß wir etwa nach einer halben Stunde einen oder zwei Gefangene ins Cockpit bitten sollten, um über die Flugroute zu sprechen. Dies war unnötig, denn bereits nach etwa einer Viertelstunde gingen die Gefangenen ins Cockpit und forderten den Kommandanten auf, Kurs auf Rom zu nehmen. Über Rom wurde als nächstes Ziel Tripolis angegeben. Dort wurde wie bekannt eine politische Botschaft an das libysche Volk über Funk abgesetzt. Über Tripolis wurde als nächstes Ziel Addis Abeba angegeben. Ich fragte, ob dort gelandet werden sollte. Dies wurde leidenschaftlich verneint. In den Stunden des Fluges nach Addis Abeba habe ich versucht etwas zu schlafen, was mir nicht gelang. Es gab eine Reihe von Gesprächen zwischen den Gefangenen und mir, die sich ausschließlich auf persönliche Fragen bezogen: Ausbildung, Familienverhältnisse usw. Über diese Gespräche werde ich keinerlei Auskunft geben.

Politische Themen wurden nicht angeschnitten. Ich war überzeugt, daß eine Verbindung zwischen den Entführern und den entlassenen Häftlingen bestanden haben muß. Sie kannten offensichtlich von Anfang an das Reiseziel. Sie kannten auch das Kodewort. Über Addis Abeba wurde dann endlich das Reiseziel Aden bekanntgegeben. Von diesem Augenblick an habe ich den größten Teil der Zeit im Cockpit verbracht, um zusammen mit der Besatzung die schwierige Schlußphase meistern zu können. Es wurde sofort die Landeerlaubnis in Aden erbeten. Es wurde die zur Verfügung stehende Kraftstoffmenge genau berechnet. Einschließlich des Rückflugs nach Addis Abeba, wo Landeerlaubnis erteilt worden war, standen etwa für 1½ Stunden Flugzeit Kraftstoff zur Verfügung. Wir kreisten über Dschibuti. Es wurde immer erneut um Landeerlaubnis in Aden gebeten. Etwa 10 Minuten vor dem Zeitpunkt, zu dem wir hätten nach Addis Abeba zurückkehren müssen, wurde die Landeerlaubnis zum Auftanken erteilt. Die Landung war schwierig, da sich ausgerechnet für den Flugplatz Aden keine Karte an Bord befand. Erst am Morgen merkten wir, daß wir nur durch die genaue Funkpeilung des Towers in Aden an einer Katastrophe vorbeigekommen waren, weil die eine Seite des Flugplatzes durch ein Gebirge versperrt war. Wir landeten gegen 20.00 Uhr Ortszeit. Die Maschine wurde sofort von Militär umstellt. Die Tankwagen fuhren heran.

Von diesem Zeitpunkt an haben der Kommandant nach der technischen Seite den Funkkontakt mit dem Tower aufrechterhalten und gebeten, auf dem Platz bleiben zu dürfen, und ich nach der politischen Seite versucht, der Besatzung des Towers klarzumachen, um welche Maschine es sich handelt und wer sich an Bord der Maschine befindet. Ich habe dies in einer längeren Erklärung auf englisch versucht und dringend gebeten, einen politisch verantwortlichen Beamten zu holen und ihn zu bitten, daß er an Bord käme. Diese Bitte wurde auch noch von Frau Kröcher-Tiedemann wiederholt und von mir in gewissen Abständen immer wieder vorgetragen. Ich habe die Zeiten dieser Nacht nicht mehr genau in Erinnerung. Sie sind aus dem Funkbuch des Flugzeugs sicher festzustellen. Nach Stunden kam die Nachricht, daß ein offizieller Vertreter der Regierung an Bord kommen würde. Wir wurden aufgefordert, auf den Sitzen Platz zu nehmen und beim Eintritt der Wachen die Hände hochzunehmen. Es erschienen zunächst zwei oder drei Soldaten und tasteten die Crew und uns nach Waffen ab. Wir durften die Hände wieder herunternehmen. Nach einigen Augenblicken erschien eine Gruppe von etwa 5 bis 6 jemenitischen Herren. Der Führer dieser Gruppe – zu diesem Zeitpunkt wußten wir noch nicht, daß es sich um den Staatssekretär des Außenministers der südjemenitischen Regierung handelte – begrüßte uns mit arabischer Herzlichkeit, umarmte uns und entschuldigte sich, daß wir so lange hätten warten müssen und daß wir auch jetzt nicht das Flugzeug verlassen könnten. Er fragte, ob wir Getränke und Verpflegung an Bord hätten. Er erlaubte, daß die Kabinentüren geöffnet wurden, da die Hitze unerträglich war.

Er schlug dann vor, getrennt mit den Gefangenen und mir zu sprechen. Er begab sich mit den Gefangenen in den rückwärtigen Teil der Kabine und sprach mit ihnen etwa eine halbe Stunde. Danach bat er mich, nachdem er die Gefangenen wieder nach vorn geschickt hatte, zu sich. Ich habe in diesem Gespräch, das etwa eine knappe Stunde dauerte – ich sprach deutsch, der Kommandant übersetzte ins Englische, ein Dolmetscher übersetzte dann noch ins Arabische – den Grund dieser Reise, die Zusammensetzung der Häftlinge und vor allen Dingen meine eigene Rolle bei dieser Reise zu erklären versucht. Ich war als erstes nach meinem Diplomatenpaß gefragt worden. So war auch die Darstellung meiner Funktion bei diesem Unternehmen der schwierigste Teil. Trotzdem hatte ich den Eindruck, den der Kommandant teilte, daß der jemenitische Gesprächspartner den Gesamtkomplex verstanden hätte, vor allem auch, daß an seiner Entscheidung das Leben eines Mannes in Berlin hing. Das Gespräch schloß mit der Bemerkung des Staatssekretärs, daß er gerne helfen wolle, aber er brauche eine offizielle Bestätigung der Bundesregierung für die Richtigkeit meiner Wünsche. Ich müsse verstehen, daß das Verhältnis zwischen der Bundesrepublik Deutschland und dem Südjemen noch sehr labil sei. Er habe auch auf andere Staaten Rücksicht zu nehmen und könne nur entscheiden, wenn er wisse, daß eine positive Entscheidung das Verhältnis zur Bundesrepublik nicht belaste. Zu diesem Zeitpunkt wußten wir bereits, daß die Bundesregierung über den südjemenitischen Botschafter in London interveniert hatte und daß der deutsche Botschafter in Sana nach Aden in Marsch gesetzt worden sei. (Die Frage seiner Landeerlaubnis in Aden muß ein Mißverständnis gewesen sein.)

Der Staatssekretär verabschiedete sich und sagte noch einmal, wir würden eine Entscheidung erhalten, wenn er überzeugt sei, daß die Bundesregierung die Übernahme der Häftlinge wünsche.

Der Stand der Verhandlungen wurde jeweils durch Funk dem Krisenstab der Lufthansa übermittelt. Ich bat noch einmal dringend um eine unmittelbare Bestätigung meiner Mission. Über Funk erhielten wir dann sehr schnell das Fernschreiben, gezeichnet von Staatssekretär Ruhnau, das den Wunsch der Bundesregierung noch einmal formulierte und für mich eine entsprechende Bevollmächtigung aussprach. Diese Mitteilung wurde sofort an den Tower übermittelt. Auf die erstaunte Frage, ob wir denn Funkkontakt mit Deutschland hätten, gaben wir die Frequenz der Funkverbindung an, damit sich die andere Seite von der Seriosität unserer Verbindung überzeugen konnte. Offensichtlich glaubte die Regierung dann, daß die Verbindung echt war, denn es kam die Rückfrage, ob die Bundesregierung meine, die Gefangenen sollten politisches Asyl erhalten. Zu diesem Zeitpunkt war ich nicht im Cockpit, sondern orientierte die Gefangenen über den Stand der Lage. Wäre ich im Cockpit gewesen, hätte ich nach der Bevollmächtigung der Bundesregierung kurzerhand die gestellte Frage bejaht. Der Kommandant hat das in meiner Abwesenheit korrekterweise nach Frankfurt und damit der Bundesregierung weitergegeben. Wir mußten nun auf die Antwort der Bundesregierung warten. Auf diese Weise verzögerte sich die Entscheidung noch einmal um Stunden. Als sie gezeichnet von Staatssekretär Gehlhoff eintraf und wir diese sehr geschickt formulierte Antwort weitergaben, wußten wir, daß nun die Entscheidung unmittelbar bevorstehe.

Es dauerte auch nur wenige Minuten, bis der Staatssekretär mit seinen Herren wieder an Bord erschien. Der Kommandant und ich begrüßten ihn an der Tür des Flugzeuges und baten ihn, nicht sofort zu den Gefangenen zu gehen. Ich machte dem Staatssekretär klar, daß ich um der Freilassung von Peter Lorenz willen ein schriftlich aufgezeichnetes Kodewort brauche. Ich dürfte auf keinen Fall von den Gefangenen getrennt werden, ehe ich nicht diese schriftliche Mitteilung hätte. Der Staatssekretär begriff sofort. Er versprach mir, so lange bei mir und den Gefangenen zu bleiben, bis ich die gewünschte Mitteilung in den Händen hätte. Er ging dann zu den Gefangenen und erklärte ihnen im Namen seiner Regierung die Aufnahme in sein Land, unbefristet und ohne Einschränkung ihrer Bewegungsfreiheit. Die Gefangenen bedankten sich nach kurzer Beratung und nahmen das Angebot an.

Wir fuhren in einem Bus gemeinsam zum Flughafengebäude und nahmen an einem Tisch Platz, an dem Kaffee und Tee serviert wurde, die Jemeniten, die Crew, die Gefangenen und ich.

Nach einer Weile bat ich, mir nun die notwendige Mitteilung aufzuschreiben. Frau Siepmann ging an einen anderen Tisch und begann zu schreiben. Sie kam mit einem Text zurück, den sie den anderen Gefangenen vorlegte. Es wurden zahlreiche Änderungen vorgenommen, so daß ich bitten mußte, den Text noch einmal ins Reine zu schreiben. Dies geschah. Ich bat dann, »um die Autogramme der Gefangenen mit nach Hause zu nehmen«, um die Unterschriften der Gefangenen unter das Schriftstück. Dies geschah widerspruchslos. Frau Siepmann überreichte mir das Papier. Ich las es laut vor. Der Kommandant übersetzte für die arabischen Herren das Papier ins Englische. Der Staatssekretär hielt eine kleine Rede, bestätigte den Gefangenen noch einmal, daß sie unbefristet in Südjemen leben könnten, kündigte ihnen an, daß sie in ein Hotel gefahren würden, wo sie sich erfrischen könnten und erklärte mir ausdrücklich, daß die Entscheidung auch und vor allem so positiv ausgefallen sei, weil man das Leben von Peter Lorenz retten wollte. Ich bedankte mich bei dem Staatssekretär und sprach die Hoffnung aus, daß dieser Vorgang die Beziehungen zwischen der Bundesrepublik Deutschland und der Volksrepublik Südjemen verbessern würde.

Ich ging auf die Gefangenen zu, gab jedem einzelnen die Hand, wünschte ihnen, daß sie es nicht zu schwer hätten in diesem fremden Land. Jeder von ihnen bedankte sich, zwei weinten. Herr Pohle fragte mich, ob er ein Hemd, das ich ihm im Flugzeug angeboten hatte, behalten könne. Ich bejahte dies. Die Gefangenen blieben in der Halle. Wir fuhren zum Flugplatz zurück, gaben sofort den Text der Botschaft über Funk nach Frankfurt durch und starteten nach meiner Erinnerung gegen 8.30 Uhr Ortszeit.

Über den Rückflug brauche ich wohl nicht im einzelnen zu berichten, er ist bekannt. Die größte physische Anstrengang war der Flug in der amerikanischen Kuriermaschine von Frankfurt nach Berlin, da diese keinen Druckausgleich hatte.

III. Dies ist mein Bericht. Ich hoffe, daß er ausreicht. Zusätzliche Fragen bin ich natürlich bereit zu beantworten, aber nur, soweit sie nicht meine Verschwiegenheitspflicht als Pfarrer gegenüber den Gefangenen berühren.

Ich erkläre aber, daß ich keinerlei Hinweise über irgendwelche Zusammenhänge von Gruppen oder einzelnen Gewalttätern erfragt oder erhalten habe.

Es ist nicht meine Aufgabe, den Ablauf dieser schwierigen Operation zu werten.

Meinen Dank an die politisch Verantwortlichen für das in mich gesetzte Vertrauen habe ich ausgesprochen. Ich brauchte ebenso das Vertrauen der Gefangenen und habe mich entsprechend verhalten. Sollte, was Gott verhüten möge, noch einmal eine ähnliche Operation durchgeführt werden müssen, kann ich als einer, der ja auch ein wenig die inneren Abläufe und Zuständigkeiten in Sicherheitsfragen in unserem Land kennt, nur dringend raten, daß die Entscheidungs- und Befehlsgewalt eindeutig auf die Bundesregierung und die ihr zugeordneten Organe übergeht. Der Aufwand an doppelter und dreifacher Besetzung aus verschiedenen Ländern war einfach grotesk. Das schließt nicht aus, sondern ein, daß ich mit größtem Respekt das Verhalten der einzelnen Beamten – eine Ausnahme ist oben erwähnt – erlebt habe.

Albertz

23. Februar 1981

Soll ich es mit diesem Bericht bewenden lassen? Oder mehr erzählen – von den Stimmungen, den Ängsten und Hoffnungen, der großen Befreiung? Ich weiß gar nicht, wer auf die Idee gekommen war, mich im Rathaus zu empfangen. Der Oberbürgermeister von Recklinghausen kam auf mich zu: »Daß wir uns gerade an diesem Tage begegnen müssen.« »Welchem Tage, wieso ...?« Und dann kam die Nachricht von der Entführung. Ich erzählte, was ich von Peter Lorenz wußte, auch was wir miteinander zu tun gehabt hatten. Ich erzählte es auch am Abend in einer überfüllten Versammlung. Ich rief in Berlin an, konnte aber nicht mehr erfahren, als was über den Rundfunk schon bekannt war. Alles wartete auf ein Zeichen der Entführer.

Ich mußte am nächsten Morgen früh heraus, Freitag, den 28. 2. 75. Ich fuhr die kleine Strecke nach Dortmund herüber. Meine Tochter holte mich ab. Wir saßen dann auf der Terrasse ihres Hauses mit dem weiten Blick ins Sauerland. Die Sonne war heraufgekommen mit einer ersten Frühlingswärme. Gegen halb zwölf muß dann das Telefon geläutet haben. Regine ging ins Zimmer: »Du, das ist die Senatskanzlei in Berlin.« Ich wußte in diesem Augenblick, daß dieser Anruf etwas mit Lorenz zu tun haben mußte. Das Rathaus hatte mich acht Jahre nicht mehr angerufen. Ich war ja eine Unperson geworden für die Herren dort. Die Stimme war mir bekannt. Der junge Beamte war bei mir eine Weile persönlicher Referent gewesen. Nun las er ein wenig atemlos die erste Botschaft der Entführer vor.

Ich ließ mir den Satz, der mich betraf, noch einmal wiederholen. Es war plötzlich eiskalt im Zimmer. Eine »Bewegung 2. Juni« will mich als Gewährsmann oder als Geisel haben? Eine späte Antwort auf den Tod von Benno Ohnesorg? Holt dieses Datum mich wieder ein?

Aber zum Nachdenken war keine Zeit. Wie überhaupt mir in der Erinnerung diese Tage und Nächte wie ein Film erscheinen, immer eine Szene nach der anderen, ohne Pause. Als habe eine große Hand nach mir gegriffen, und sie ließ mich nun laufen, sehr allein, und nur auf diese Hand gestellt.

Es erwies sich eigentlich als überflüssig, mich mit einem Hubschrauber in Dortmund abholen zu lassen. Wie der technische Aufwand im Ablauf dieses ganzen Unternehmens geradezu grotesk war: die bewachende und überwachende Polizei, das Blaulicht bei Fahrten durch die Stadt, die Größe der Krisenstäbe, die Hektik der Journalisten.

Aber unvergeßlich war er doch, dieser erste Flug von so vielen in fünf Tagen. Es sollte einen Helikopterlandeplatz in der Nähe der Westfalenhalle geben, keiner kannte ihn. Mein Schwiegersohn fuhr mich mit seinem uralten Mercedes-Diesel in die Stadt, wir suchten und suchten und fanden schließlich tatsächlich einen Platz, auf dem recht verloren ein Peterwagen der Polizei stand und sein Blaulicht drehen ließ. Ja, er sei hierher befohlen. Ob ich Herr Albertz sei, in fünf Minuten solle hier ein Hubschrauber landen. Wir schauten in den Himmel wie nach dem Stern von Bethlehem, sahen einen kleinen Punkt immer größer werden, und mit Getöse und rotierenden Flügeln ging der Hubschrauber dicht vor uns nieder. Ein Offizier meldete sich bei mir, half mir in den lärmenden Apparat, und in zwei Minuten ging es senkrecht nach oben. Das letzte Mal war ich mit einem solchen Teufelsding als Bürgermeister in die Exklave Steinstücken geflogen, als sie noch nicht mit

Westberlin verbunden war. Nun ging es durch deutsche Lande (West) – Bielefeld – Pyrmont – Hameln – bis zum Flugplatz Langenhagen direkt neben die wartende Pan-Am-Maschine. Ich habe als Nebengabe der ganzen Unternehmung die Luftfahrt studiert: ein französisches Kurierflugzeug von Tegel nach Frankfurt mit zwei gefangenen Frauen und wohl sechs Polizeibeamten an Bord, die große Maschine nach Aden, einen amerikanischen Jet im Kleinformat von Frankfurt nach Tempelhof, ohne funktionierenden Druckausgleich, einen britischen Hubschrauber von Tempelhof zum Olympiastadion, völlig erschöpft schon, mit einem riesigen Oberst auf dem Landeplatz: »Thank God, thank the Lord« – aber insoweit das eindrucksvollste Erlebnis war schon das Cockpit der Lufthansa mit seiner automatischen Steuerung – und dem Augenblick, in dem ich auf dem Rückflug aus der Flugkanzel mit meiner Frau telefonieren konnte: »Du, das Meer ist so blau.«

Das Gespräch mit Klaus Schütz war sehr kurz. Es war ja auch nichts nötig, als meine Bereitschaft zu erklären und meine einzige Bedingung zu stellen: kein Fürstenfeldbruck.

Ich war an diesem Freitagnachmittag dann im leeren Haus allein. Ich habe meine Frau gebeten, ruhig bis zum nächsten Tag in Hamburg zu bleiben, wo sie unsere Kinder besuchte.

Abends kamen dann Kurt Scharf und der Konsistorialpräsident Dr. Flor zu mir. Es war gut, sprechen zu können. Vor allem den Bischof neben mir zu haben, diesen Bischof.

Ich weiß nicht, warum ich darauf bestand, am Sonntag noch den Gottesdienst zu halten, für den ich eingeteilt war. Als ich sah, über welchen Text zu predigen sei, erschrak ich sehr. Er war so nah und so hoch gegriffen, daß man eigentlich nur vor ihm weglaufen konnte. Ich habe die Geschichte von Isaaks Opferung dann doch erzählt. Hier ist sie noch einmal:

Predigt am 2. März 1975 vor dem Flug nach Aden
über 1. Mose, Kapitel 22

1. Nach diesen Geschichten versuchte Gott Abraham und sprach zu ihm: Abraham! Und er antwortete: Hier bin ich.

2. Und er sprach: Nimm Isaak, deinen einzigen Sohn, den du liebhast, und gehe hin in das Land Morija und opfere ihn daselbst zum Brandopfer auf einem Berge, den ich dir sagen werde.

3. Da stand Abraham des Morgens früh auf und gürtete seinen Esel und nahm mit sich zwei Knechte und seinen Sohn Isaak und spaltete Holz zum Brandopfer, machte sich auf und ging hin an den Ort, davon ihm Gott gesagt hatte.

4. Am dritten Tage hob Abraham seine Augen auf und sah die Stätte von ferne

5. und sprach zu seinen Knechten: Bleibet ihr hier mit dem Esel! Ich und der Knabe wollen dorthin gehen; und wenn wir angebetet haben, wollen wir wieder zu euch kommen.

6. Und Abraham nahm das Holz zum Brandopfer und legte es auf seinen Sohn Isaak; er aber nahm das Feuer und Messer in seine Hand, und gingen die beiden miteinander.

7. Da sprach Isaak zu seinem Vater Abraham: Mein Vater! Abraham antwortete: Hier bin ich, mein Sohn. Und er sprach: Siehe, hier ist Feuer und Holz; wo ist aber das Schaf zum Brandopfer?

8. Abraham antwortete: Mein Sohn, Gott wird sich ersehen ein Schaf zum Brandopfer. Und gingen die beiden miteinander.

9. Und als sie kamen an die Stätte, die ihm Gott gesagt hatte, baute Abraham daselbst einen Altar und legte das Holz darauf und band seinen Sohn Isaak, legte ihn auf den Altar oben auf das Holz

10. und reckte seine Hand aus und faßte das Messer, daß er seinen Sohn schlachtete.

11. Da rief ihm der Engel des Herrn vom Himmel und sprach: Abraham! Abraham! Er antwortete: Hier bin ich.

12. *Er sprach: Lege deine Hand nicht an den Knaben und tu ihm nichts; denn nun weiß ich, daß du Gott fürchtest und hast deines einzigen Sohnes nicht verschont um meinetwillen.*
13. *Da hob Abraham seine Augen auf und sah einen Widder hinter sich in der Hecke mit seinen Hörnern hangen und ging hin und nahm den Widder und opferte ihn zum Brandopfer an seines Sohnes Statt.*
14. *Und Abraham hieß die Stätte: Der Herr siehet. Daher man noch heutigestages sagt: Auf dem Berge, da der Herr siehet.*

Liebe Gemeinde, ich habe mir gestern einen Augenblick überlegt, ob ich hier heute den Gottesdienst selbst halten oder nicht lieber als einer von euch mit meiner Frau unter euch sitzen sollte. Als ein Hörender und Betender. Ob ich predigen könnte unter dem Druck der letzten zwei Tage, kaum in Ruhe sich recht vorbereiten zu können und mit freundlicher Polizei vor und in meinem Hause. Aber es war nur ein Augenblick, denn indem ich versuche, euch recht zu predigen, predige ich zuerst ja auch mir selber, spreche Gottes Wort Satz für Satz nach, halte mich fest, euch und mich in diesen schrecklichen Stunden an dieser furchtbaren, an dieser eigentlich unzumutbaren, an dieser herrlichen Geschichte: »Da versuchte Gott Abraham und sprach zu ihm: Abraham! Und er antwortete: Hier bin ich!« So beginnt dieser atemlose Bericht über elf Verse zunehmender Finsternis und Qual bis zu dem zweiten »Abraham, Abraham« und »Hier bin ich«, als das Messer schon erhoben ist und das Unbeschreibliche geschehen soll: Der Vater tötet seinen Sohn, seinen geliebten Sohn, den Träger der Verheißung für hundert und aberhundert Geschlechter, das lebende Ja Gottes zu seinem Volk.

So werden wir wohl als erstes aus dieser Geschichte zu lernen haben, daß dieser Gott des Ersten Gebotes, den wir über alle Dinge zu fürchten, zu lieben und dem wir zu vertrauen haben, uns plötzlich überfällt, uns aus dem Windschatten unserer vermeintlichen Sicherheit herausreißt, unseren Namen ruft, hallend und unüberhörbar, und daß der große Vater allen Glaubens, Abraham, antworten kann: Hier bin ich. Was ihm gesagt wird, ist furchtbar. Aber er geht. Er tut das Notwendige, er gürtelt seinen Esel, er spaltet Holz, er bestellt zwei Knechte, und er ruft ihn, seinen Sohn, den unendlich geliebten, seine Zukunft, die Zukunft seiner Verheißung. Wie tief er erschrocken war? Ob dieser Stoß in seine Glaubensgewißheit ihn hat verzweifeln lassen? Der alte Text sagt nichts darüber. Er geht hin an den Ort, davon ihm Gott gesagt hatte. Er geht, er hat eine Hoffnung, er spricht sie aus – ganz versteckt und verborgen, aber er spricht sie aus: »Wir wollen wieder zu euch kommen«, wir, er und der Sohn, er und das gezeichnete, das irrsinnige Opfer.

Drei Tage sind eine lange Zeit, 72 Stunden. Der uralte Mann sieht die Stätte von ferne. So mag der Herr Christus die Schädelstätte gesehen haben, den Hügel des Opfers Schritt für Schritt. Von seiner Qual, des Abrahams Qual, wird nichts deutlich, auch nicht, als die Frage kommt, die zu erwartende Frage des Kindes. Wieder spricht ihn einer an: »Mein Vater«. Wieder antwortet er: »Hier bin ich«. Nun nicht Gott, sondern sein Sohn fragt ihn, den er nicht zu fürchten, sondern nur zu lieben braucht, für den er Verantwortung hat, bis ins Unerträgliche lastende Verantwortung. Lügt er? Gott wird sich ersehen ein Schaf zum Brandopfer. Da kommt es zum erstenmal, dieses Wort »ersehen«. So übersetzt Luther, das Hebräische ist dunkel: ersehen, vorsehen, mit versorgen. Sein Glauben, seine verzweifelte Hoffnung überspringt alles Sichtbare, Erklärbare, Berechenbare. Da ist ja kein Schaf, da ist ein leerer Hügel, nichts, nichts sonst. Ins Angesicht des zu Berechnenden hinein hält er sich an seinem Gotte fest: Und gingen die beiden miteinander. So ist das Zweite, das wir wohl zu lernen haben: was Glauben als Furcht Gottes und Furcht Gottes als Glauben bedeuten kann, im Extremen an den Rändern dessen, was wir verstehen und erklären können, wenn wir aufgespürt werden in dem, was wir für selbstverständlich halten auf dem Prüfstand. Hier halte ich ein. Ich lese nicht über den schlimmsten Vers, den 10., hinweg. »Er faßte das Messer«, denn der gewaltigen Glaubens- und Gehorsamsgeschichte des Abraham würde ihr ganzer Ernst genommen, sähen wir der furchtbaren Szene nicht ins Auge, so wie es schlimm ist, Karfreitag über Ostern zu predigen. Nein, nein; er tut es, er ist dabei, es zu tun. Er hätte es getan, das Unbeschreibliche. Er ist gehorsam, er ist ein Vater Jesu Christi.

Es soll uns nicht irritieren, daß er im Nebel der Frühzeit, umgeben von Kulten, die Menschen- und Kinderopfer forderten, das Wahnsinnige für möglich hält. Es soll nur deutlich werden, daß es leichter ist, sich selber als seinen geliebten Sohn zu opfern. So ist er fast in der Nähe Gottes, des Unnennbaren, der seinen

Sohn, den einziggeliebten, sterben läßt. Ja, so ist er in der nächsten Nähe Gottes, der ihn geprüft hat in Feuer und Blut. Abraham, Abraham! »Nun weiß ich, daß du Gott fürchtest, und hast deines einen Sohnes nicht verschont um meinetwillen.«

Nun können wir schreien: Warum war diese entsetzliche Prüfung nötig? Nun können wir die ganze grausame Geschichte in die Analyse der Religionskritik und anderer gelehrter Wissenschaft verweisen, und das war ja die Hauptaufgabe und das Hauptergebnis bestimmter theologischer Bemühungen. Und nun können wir uns empören, wie sich die Generationen und tausende von einzelnen in allen Jahrhunderten empört haben. Da ist Er, der Unnennbare! Und Abraham hebt seine Augen auf und sieht einen Widder hinter sich in der Hecke mit seinen Hörnern hängen. Hat der Überschuß an Hoffnung den Widder herbeigezogen? Jedenfalls, da hängt er. Und so seltsam es ist, nicht Abraham, nicht der Knabe, nicht das Entsetzen ist die Mitte dieser Geschichte, sondern dieses Tier. Das Lamm Gottes, welches die Sünde der Welt trägt, die Sünde des verzweifelten Mannes, die von dem unbegreiflichen Gott provozierte Trennung: »Mein Gott, mein Gott, warum hast du mich verlassen?«

Nein, er verläßt nicht. Er hält den Bund, er läßt den Mann seiner Verheißung an die Grenze des Sich-und-seinen-Glauben-Verlierens geraten, aber er ist da. Das geliebte Kind darf leben. Wiederum nichts, kein Wort über die Gefühle, nur, er gibt dem Berg einen Namen: Der Herr siehet, Morija. Der Berg der Vorsehung, der Berg der Liebe und des Vertrauens, der Berg der Rettung, der Berg des Glaubens.

Und nun, nachdem ich nichts weiter getan habe, als euch aus der Bedrängnis meines Herzens diese Geschichte mit meinen höchst unzulänglichen Worten zu erzählen, der letzte Satz: »Daher man noch heutigen Tages sagt: auf dem Berge, da der Herr siehet.« Heutigen Tages. Ja, heutigen Tages. Heute und hier. Nicht mehr und nicht weniger kann ich euch und mir sagen. Die Namen, die Bezüge, die Verwirrungen, die Verstrickungen, die Knechte, das ausgestreckte Messer, die Opfer, die Qual, die Hoffnung, der Gehorsam, der Glauben – heute, hier am 2. März 1975 in Berlin – könnt ihr selber einsetzen. Amen!

Der Gottesdienst fand im Gemeindehaus statt. Der Raum hat große Fenster, so daß der Wald hereinschauen kann und die Sonne. Wir waren wie eine große Familie. Brot und Wein ging durch die Reihen. Mein Freund Manfred Karnetzki betete das Vaterunser mit uns. Die heile Welt Gottes war zu spüren – draußen wartete schon ein Polizeiwagen, um mich nach Hause zu bringen.

Dann waren es nur noch ein paar Stunden bis zum Abflug. Es waren die Stunden, in denen mich die Furcht überfiel wie ein böses Tier. Der Koffer wurde gepackt. Der einzige Trost: Mein Sohn konnte noch am Abend nach Berlin kommen zu seiner Mutter. Sie würde nicht allein bleiben. Sie hatte es viel schwerer als ich, der Handelnde. Sie konnte nur warten. Sie war angewiesen auf zumeist falsche Meldungen. Aber die Gemeinde stand in diesen Tagen um sie herum wie eine Mauer.

Die Nacht vom Sonntag zum Montag im Frankfurter Flughafen und im Sheratonhotel war ein Alptraum. Der riesige Komplex hat ja – für den normalen Passagier verborgen – eine Unterwelt, unterirdische Straßen, eine ganze Stadt mit einem Wirrwarr von immer neuen Türen, überall Posten mit Maschinenpistolen – dazu die Kabel des Fernsehens für die von den Entführern gewünschte Übertragung. So daß die »Zelle« – einfach ein Raum in der Polizeiwache – fast wie ein Ruheort war. Man machte die Tür hinter sich zu und war mit den Gefangenen allein. Ein Tisch, ein paar Stühle. Ein Transistorapparat. Nescafé aus Pappbechern. Das unsichtbare Abhörmikrofon. Zwei Frauen und zwei Männer. Und ich.

Ich war im ganzen wohl drei oder vier Stunden mit ihnen in diesem Raum. Als ich um halb fünf noch einmal ins Hotel hinüberging, hatten sie wohl begriffen, daß dieses absurde Unternehmen nur glücken konnte, wenn wir die Nerven behalten und vor allem uns nicht zu täuschen versuchten.

Im Hotel dann kein Schlaf. Ich ging in die Badewanne – wann würde man sich wieder richtig waschen können? Ich bestellte das Frühstück aufs Zimmer. Ein baumlanger Schwarzer brachte es. Heißer Kaffee. Der große Flug konnte beginnen. Die Sonne war aufgegangen. Ich wußte kein Ziel. Aber sie war da.

24. Februar 1981

Ich bin immer wieder gefragt worden, was ich an jenem 3./4. März 1975 im Flugzeug für ein Bild von den jungen Menschen gewonnen hätte, welche Motive sie gehabt hätten, welche sozialen Hintergründe spürbar waren, wie sie sich mir gegenüber verhalten hätten. Ich kann nur auf die dritte Frage antworten. So unglaublich es für den Außenstehenden sein mag: Ich hatte weder Zeit noch Lust, mit den fünf freigelassenen Gefangenen über ihre politischen Vorstellungen zu sprechen. Ich war weder als Politologe noch als Soziologe oder Psychologe an Bord, sondern als ein Mann, der diese Menschen irgendwo an Land zu bringen hatte, und der Peter Lorenz freibekommen mußte. Die Tür hatte sich hinter uns geschlossen, die Gangway war weggezogen worden. Wir waren allein, aufeinander angewiesen: die Gefangenen, die Crew, der Pastor. Es ging nicht um den politischen Kurs, falls es einen solchen überhaupt gab, es ging um den Kurs der Maschine, ihr Ziel, den nötigen Treibstoff, irgendeinen Flughafen, der uns Landeerlaubnis geben würde.

Rom, Tripolis, Addis Abeba (nicht als Ziel, aber als Richtung) wurden genannt. Erst gegen 19 Uhr war es dann – wie erwartet und gefürchtet – Aden. Der einzige Platz, für den wir keine Landekarten hatten, der einzige ohne diplomatische Vertretung der Bundesrepublik. Bei dem allen waren die Gefangenen höflich, freundlich, fast besorgt, ob ich alles durchhalten würde. Und stur, was die Bekanntgabe des Zieles anging. So wäre um ein Haar alles schiefgegangen. Und so fielen sie dann in der Nacht einer nach dem anderen völlig erschöpft und lautlos aus und überließen dem Kapitän und mir die mühseligen Verhandlungen.

Das Schlußbild gegen sechs Uhr morgens am Dienstag war gespenstisch: Die jungen Leute schlafend über das riesige Flugzeug verteilt. Die Besatzung und ich wachend, wartend auf das erlösende Wort. Ich saß mit den Beinen nach außen in der offenen vorderen Tür. Die Temperatur war auf 25° C gesunken. Die Maschine, umstellt von Wachen, auf dem leeren Platz, gegenüber – vielleicht 500 m entfernt – das armselige Flughafengebäude. Ich registrierte jedes Auto, das dort vorfuhr und wieder in Richtung Stadt verschwand. Dann ging die Sonne auf über den Bergen. Wir durften aussteigen. Die Beine waren sehr weich, als wir die wacklige Treppe herunterkletterten.

Was heißt Glück? Wenn ich je völlig glücklich war in meinem Leben, dann auf dem Rückflug nach Hause an diesem Dienstag, den 4. März 1975. Seltsamerweise war ich völlig sicher, daß Peter Lorenz unversehrt freikommen würde. So habe ich alles, was nun geschah, eher heiter genommen: das rührende, ein bißchen sehr aufgeregte Besorgtsein um mich bei der Zwischenlandung in Addis Abeba, den Abschied von der großartigen Lufthansa-Crew in der Deutschen Botschaft (in sauberer, feiner Uniform mit den Händen an den Mützen), den Kampf um kühles Bier, das im letzten Moment noch in die wieder startbereite Maschine gebracht wurde, die Eröffnung des »Stewards«, er sei der Sicherheitschef der Gesellschaft, die unwirkliche Szene in Frankfurt, als beim Umsteigen in die amerikanische Kuriermaschine mein Gepäck durchsucht wurde (Bürokratie, auch die aberwitzigste, gibt es nicht nur bei den

Deutschen), die Landung in Berlin, als ein junger Mann mit in den Hubschrauber stieg, der sich als mein künftiger Begleiter, Beschützer, Bewacher vorstellte, die hektische Stimmung im SFB, als ich die »Botschaft« der Freigelassenen zu verlesen hatte, die Fahrt nach Hause mit weißen Mäusen, die sich in der Straße irrten und einen irrsinnigen Lärm verursachten, so daß ganz Schlachtensee wußte – der Pastor ist wieder da.

Und dann zu Hause, wie im Nebel, die Frau, der Sohn, nach ein paar Minuten Scharf und Schütz. Todmüde. Ein Gespräch am Telefon mit Frau Lorenz: »Sie können ganz sicher sein, Ihr Mann kommt frei.« Valium. Schlaf. So sehr Schlaf, daß ich nicht aufwachte, als wiederum mit ungeheurem Lärm ein Polizeiwagen mich abholen wollte, zur Befreiungsfeier. Meine Frau weckte mich nicht. Ich habe keine Show mehr nötig.

In der gleichen Nacht hatte die Aktion »Wasserschlag« begonnen, ein wütender polizeilicher Rundumschlag mit der Durchsuchung von Dutzenden von Wohnungen auf rechtlich höchst fragwürdiger Grundlage. Es war ein Schlag ins Wasser und hinterließ nur Wut und Unbehagen.

Morgens – spät –, als ich aufwachte, kam meine Frau mit dem Satz »Lorenz ist frei« ins Zimmer. Da erst versagten die Nerven, und ich weinte wie ein Kind.

Die Demonstration gegen Brokdorf am Wochenende ist vom zuständigen Landrat verboten worden. Nun wird es also, bei der Unbeweglichkeit beider Seiten, mit an Sicherheit grenzender Wahrscheinlichkeit zu einer gewalttätigen Auseinandersetzung kommen – Steine und Molotow-Cocktails auf der einen, Tausende von martialisch verkleideten Polizisten und Beamten des Bundesgrenzschutzes auf der anderen Seite. Ein ganzer Landkreis wird abgesperrt, die Berliner sicher schon an der westdeutschen

Grenze am Weiterfahren gehindert. Hunderte von Verfahren. Genau das ist gewollt. Der Atomstaat stellt sich wie im Bilderbuch dar – und zuletzt wird es wieder ein paar neue Abgesprengte geben, die in den Untergrund gehen und zu allem bereit sind.

1. März 1981

»Brokdorf« ist vorüber. Ich hätte die letzten Tage das dauernde Hin und Her von Verbot und Nichtverbot der Demonstration aufzeichnen können und die verschiedenen Versuche, beide Seiten zur Vernunft zu mahnen. Die Bürgerinitiativen wußten bis zuletzt nicht, was sie wollten – oder taten vielleicht auch nur so –, der Staat hatte seine Polizeimacht aufgeboten, als drohe der gewaltsame Sturz der Republik. Heute kann man beruhigt sein, daß es keine Toten und Schwerverletzten gegeben hat – aber die Fronten sind noch um einige Grade härter geworden. Die Herren in Kiel und Bonn haben nicht das geringste Gespür für die Motive bewiesen, die die große Mehrzahl der Demonstranten in die eisige Kälte der Wilster Marsch getrieben haben – und die jungen Leute bekamen noch einmal die überlegene Gewalt des Staates zu spüren – mit allen inneren Folgen.

Dabei ist das Ziel des Protestes ja nur das Zweitwichtigste. Wenn erst die Erkenntnis durchgeschlagen hat, daß nicht die friedliche Nutzung der Kernenergie die schlimmste Gefährdung unserer Zukunft bedeutet, sondern die nukleare Rüstung, wenn nicht Brokdorf, sondern die gelagerten Bomben die Demonstranten anziehen werden, dann erst wird der Konflikt in jedem Sinn des Wortes lebensgefährlich. Ob bis dahin wenigstens ein Teil der Sprachlosigkeit der Herrschenden abgebaut werden kann?

Und ein Teil ihrer ganzen und halben Lügen? Wiederum Franz Alt hat vorige Woche die eine offengelegt: die massiven Unwahrheiten in der Frage der Waffenexporte in Länder der Dritten Welt.

Mir steht zu Ostern ein einstündiges Rundfunkgespräch mit dem Bundesminister für Verteidigung ins Haus. Ich hoffe, wir kommen dann auf diesen einfachsten und scheinbar schwierigsten Punkt: die Aufrichtigkeit zu sagen, was wirklich ist.

Sonst war die Woche still. Eine Begegnung mit dem sowjetischen Generalkonsul in Berlin (West). Er übergab mir eine Einladung zu einem Symposion über die KSZE in Moskau. Ich kann nicht fahren – es hätte wohl auch wenig Sinn. Ein Besuch eines westdeutschen Justizministers über Fragen der Haftbedingungen für Terroristen. Als ob ich ein Patentrezept hätte! Aber ich habe in diesem Gespräch erneut demonstriert bekommen, wie schwierig jede Entscheidung wird, wenn man nicht nur Vorschriften, sondern auch sein Gewissen befragt.

In der Stadt geht der Streit über die Behandlung der »Instandbesetzer« weiter. Der Polizeipräsident hat ein Ersuchen der Staatsanwaltschaft auf eine Hausdurchsuchung abgelehnt. Nur Opportunismus, oder einfach Angst, oder gar Einsicht?

Der Winter hört nicht auf. Die halbe Stadt ist erkältet. Ich hätte wie als Schuljunge Lust, einfach krank zu sein und ein paar Tage zu schlafen.

3. März 1981

Heute kann ich nicht einmal mittags schlafen. Die jährliche Weinsendung aus dem Badischen ist avisiert, und ich muß wach sein, wenn der Lastwagen vorfährt. Die Woche wird nun noch unruhig. Gestern kam die Nachricht vom Tode der Frau von Fritz Sänger. Er wird in diesem Jahr 80, und nun ist sie vor ihm gegangen. Er bat, daß ich sie begrabe. Ich tue es gern für diesen alten, zuverlässigen Freund. Aber ich muß dafür nach Hamburg, Donnerstag/Freitag. Sonntag soll ich in der Dahlemer Annenkirche den Gottesdienst halten. Also eine Woche als Pfarrer. Aber morgen, davor noch, der Abend bei Vogel. Es steht heute schon in der Zeitung. Es ist furchtbar, daß in den Monaten vor einer Wahl alles vermarktet wird. Ich hatte so sehr gebeten, daß es nicht geschieht.

Die Zeitungen sind weiter voll von Brokdorf-Berichten. Die Frage, warum wohl Zehntausende von jungen Menschen in die eisige Kälte der Marschen ziehen, stellt keiner. Dafür wird aufgerechnet, wer zuerst Gewalt angewendet hat. Und wieviel Sachschaden entstanden ist.

Mir sind die beiden Auswahlbände »Deutsche Erzähler« in die Hände gekommen. Es ist tröstlich, darin zu lesen. Marie Luise Kaschnitz hat den zweiten Band zusammengestellt. Ganz dicht an der Haut und am Herzen. Walter Jens schickte heute einen Sammelband mit seinen Reden der letzten Jahre. So bin ich nicht allein – in diesen Aden-Tagen. Heute um diese Zeit flogen wir über die Wüste, heute vor sechs Jahren.

7. März 1981

Wie es in diesen Tagen um mich bestellt ist, kann wahrscheinlich am besten festgehalten werden, wenn ich die Predigt einfüge, die ich morgen in der St. Annenkirche in Dahlem halten will. Es »kommt alles vor«, die ganze letzte Woche »diesseits von Eden«. Also:

Genesis 3 – Offenbarung 21 (Invocavit, 8.3.81, St. Annen Berlin)

Liebe Gemeinde – vielleicht, weil ich nicht mehr regelmäßig zu predigen habe, vielleicht, weil es Texte gibt, über die man eigentlich gar nicht predigen kann, weil sie zu gewaltig für jeden Predigtversuch sind, vielleicht, weil es in den letzten Monaten und Wochen – gerade auch in unserer Stadt – immer schwieriger wird, gegen Resignation und Hoffnungslosigkeit anzugehen, – vielleicht wird es mir deshalb heute so schwer, vor euch zu stehen und mit Überzeugung und Glaubwürdigkeit zu sagen: Ja, trotz allem, was wir erleben, ja, trotz aller scheinbaren Sinnlosigkeit und Ausweglosigkeit unseres Lebens – ja, es gibt ein Woher und Wohin, einen Anfang und ein Ende, eine Hoffnung und ein Ziel, einen Traum, der Wirklichkeit war und wieder Wirklichkeit werden soll.

Vor drei Jahren, 1978, am heutigen Sonntag Invocavit, habe ich über die uralte Menschheitsgeschichte vom verlorenen Paradies zum ersten Mal zu predigen versucht. Wenn ich diese Predigt jetzt vorlesen würde, wäret ihr mit mir wahrscheinlich verwundert über ihre fast heitere Leichtigkeit: der Garten Eden, zwei Menschen, mit denen Gott, der große Gärtner, spricht, und auch nachdem alles geschehen ist, was uns das Paradies auf Ewigkeit verschloß, nach Strafe und Fluch keine Vernichtung der beiden Ahnungslosen und nun gar nicht mehr Ahnungslosen – Adam und Eva –, sie dürfen leben, weiterleben, jenseits von Eden, bis heute leben sie, über alles hinweg – über Kains Mord an Abel bis zu unseren Morden in Auschwitz, Vietnam, Äthiopien, El Salvador – leben sie, lieben sie sich, haben Kinder und Enkel, scheinbar ohne Ende. Noch mehr verwundert hat mich beim Nachdenken über das hinaus, was ich hier heute morgen sagen solle, etwas anderes. Das kleine Buch, in dem meine letzten Schlachtenseer Predigten abgedruckt sind, hat den Titel: »Diesseits von Eden«. Wie das? Ich erinnere mich noch: Dieser Titel kam damals ganz spontan in einem Gespräch mit dem Verleger über unsere Ängste und Hoffnungen aus mir heraus. Fast trotzig: nicht jenseits von Eden, nicht das verlorene Paradies, nicht ein vergessener Traum, sondern Zukunft, und weil Zukunft, auch schon Gegenwart: Diesseits von Eden – also auch Ziel, Ziel unbeirrbarer Hoffnung, Verheißung. Darum, darum, liebe Freunde, habe ich wahrscheinlich auch zu eurer Verwunderung heute am Altar nach dem vorgeschriebenen Text aus 1. Moses 3 den anderen hinzugefügt, aus den letzten Seiten unserer Bibel, Offenbarung 21, die Beschreibung des Unbeschreiblichen, Unbeschreibbaren, die Vision der Neuen Welt: »Siehe da, die Hütte Gottes bei den Menschen, und Er wird bei ihnen wohnen ...« – »Und als sie nun hörten, daß Gott der Herr in der Abendkühle im Garten wanderte ...« Ende und Anfang, Anfang und Ende, woher und wohin?

Darüber also habe ich nachgedacht, bei der Vorbereitung dieses Gottesdienstes, in merkwürdigen Tagen. Zuerst öffentlich bei einem Treffen mit Dr. Vogel und seinen lebenden Vorgängern – und diese ganzen Jahre von 1957 bis 1981 – mit all ihren Konflikten, Erfolgen und Niederlagen – überschwemmten das Gespräch, das sich genau um die eine Frage nach dem Woher und Wohin drehte, immer im Kreise, in seltsamer Ratlosigkeit – wo ist Sinn in dem allen gewesen? Erkennen wir Älteren ihn noch, gibt es eine gemeinsame Antwort, können wir sie an Jüngere weitergeben, haben die nicht längst gemerkt, daß die Politik in dieser Stadt, in diesem Land, in der ganzen Welt diese Antwort nicht mehr hat, und sprechen sie das nicht schonungslos aus, auch mit Steinen und Barrikaden – und zwar immer dort, wo die Sinnlosigkeit besonders sichtbar wird zwischen Kreuzberg in Berlin und der Bahnhofstraße in Zürich? Und ganz im Privaten? – Vorgestern war ich im Haus eines alten Freundes, 80 Jahre alt – einer der tapfersten Männer in der Weimarer Republik und in den Zeiten des Schreckens; da stirbt plötzlich in seinen Armen seine geliebte Frau, die 54 Jahre mit ihm gelebt hat, und er weint wie ein Kind, und er holt mich nach Hamburg – woher und wohin? Wir reden viele Stunden, und ich lese ihm die Texte vor, eben diese Texte von heute und am Sarge dann vorgestern Offenbarung 21: »Abwischen alle Tränen in ihren Augen, und wird kein Leid und Geschrei und kein Schmerz mehr sein ...«

»Im Schweiße deines Angesichts sollst du dein Brot essen, bis du wieder zur Erde kehrst ... Und der Tod wird nicht mehr sein.« Ende und Anfang, Anfang und Ende.

Oder dies: In meinem sogenannten Ruhestand bin ich zu Friedenskundgebungen quer durch das Land unterwegs, zu Themen wie »Irrsinn des Wettrüstens«, »Abrüstung«, »Frieden schaffen ohne Waffen«. Tausende von meist jungen Menschen – immer der gleiche Zorn, immer auch diese Frage der Älteren: Redest du nicht von Utopien, von gefährlichen Träumen? Mit dem Herzen geben wir dir ja recht, aber mit dem Verstande? Wer träumt, gefährdet den Frieden. Ein gefährlicher Pazifismus nimmt im Lande überhand, gegen die Herrschenden in Bonn, willst du dich den Kommunisten ausliefern? Im Paradies mag Friede gewesen sein, oder im Reich Gottes am Ende der Tage – aber jetzt davon reden – woher wir kommen und wohin wir gehen?

Aber eben dies meine ich nun, und davon möchte ich heute zu euch sprechen und euch bitten, darüber nachzudenken. Wenn uns das einzige Buch, das Bestand gehabt hat, von jenem Anfang erzählt, den die Menschheit gehabt hat – »und sie waren nackt und schämten sich nicht« –, nackt und ohne Waffen, und das Ende so beschreibt, wie es der alte Mann Johannes in seinen Visionen sieht: »Ich bin das A und das O, der Anfang und das Ende« – soll das keine Auswirkungen auf die Gegenwart haben, auf unser Leben jenseits und diesseits von Eden? Glauben wir von Kain bis zu denen, die uns immer schrecklichere Waffen bauen, die lieber ganze Erdteile verhungern lassen als von dem Wahnsinn ihrer Rüstung zu lassen, glauben wir, wir könnten bei diesem Anfang der Schöpfung und bei ihrem Ziel ungestraft weiter auf die Zerstörung dieser Schöpfung aus sein?

Denn wer ist das »Ich«? »*Ich* bin das A und das O, der Anfang und das Ende.« Doch eben der einzig wahre Mensch, der, seit Adam die Grenze überschritt, die ihm gesetzt war, gelebt hat. Der uns den Menschen, so wie ihn sein Schöpfer gewollt hat, vorlebte. Der dafür von den Menschen zwischen Eden und Reich Gottes als Verbrecher hingerichtet wurde, der weiterlebt als der geliebte Sohn Gottes. Dessen Passion nun vom heutigen Sonntag an wieder uns nachdenklich machen soll, betroffen, fragend: woher und wohin? Oder um es auf die Frage Gottes an sein Geschöpf im Paradies zuzuspitzen: »Wo bist du? Adam, wo bist du? Wo bist du hingeraten? Glaubst du alles machen zu können, was dir machbar erscheint? Glaubst du dich an meine Stelle setzen zu können, willst du werden wie ich und entscheiden, was gut und böse ist? Glaubst du, dir alles nehmen zu können, was du zu brauchen meinst, weil es dir gefällt? Willst du die Schöpfung, meine Schöpfung zerstören? Und die Frage setzt sich ja dann fort. In der nächsten Geschichte, schon jenseits von Eden, an Kain gerichtet, heißt sie dann: »Wo ist dein Bruder Abel?«

Ja, wo sind sie alle, die wir schon umgebracht haben und täglich weiter umbringen, wo sind sie geblieben?

Haben wir alle vergessen, woher wir kommen und wohin wir gehen? Sind die Schöpfungsberichte einfach Märchen, die man belächeln kann, und die Reich-Gottes-Geschichten Jesu Spinnereien eines Träumers? Das wird einem ja immer wieder gesagt. Auch von hohen Kirchenfürsten, von gelehrten Theologen. Mit der Bergpredigt kann man nicht regieren. Natürlich nicht. Aber mit Bomben und Raketen, mit Hunger und Schrecken, mit Folter und Gefängnis. Damit kann man regieren. Die Ergebnisse sieht man.

Ja, meine heutige Paradiespredigt ist nicht mehr sehr heiter geraten. Aber sie soll nicht weniger Hoffnung und Mut geben als vor drei Jahren. Denn wenn wir wirklich begriffen haben, wie Gottes Welt gemeint war, und wie sie werden soll, dann werden wir auch spüren, daß die lange Strecke der Menschheit zwischen ihrem Anfang im Paradies und ihrem Ende im Reiche Gottes schon Zeichen der neuen Welt sichtbar machen kann – wenn wir nur wollen. Um alle rechtgläubigen Theologen zu beruhigen: Ich predige nicht die Schwärmerei eines Thomas Münzer. Aber ich predige die Möglichkeiten des Reiches Gottes, das nahe herbeigekommen ist seit Jesu Geburt und Tod und Auferstehung, diese Möglichkeiten im Hier und Jetzt unserer, meiner und deiner Gegenwart. Wenn wir wissen, wo wir selber stehen. Wenn wir auf Gottes »Wo bist du?« antworten können: »Hier«, ohne uns zu verstecken, »Hier bin ich«. Wenn wir auf die Frage »Wo ist dein Bruder?« antworten können: »Hier ist er, ich will alles tun, daß er leben kann. Hier bin ich bei ihm.« Ich glaube, daß niemand viel Phantasie braucht, um nun weiterzudenken, um diese Antworten praktisch werden zu lassen, Konsequenzen zu ziehen für sich und sein Leben. Das Beispiel ist gegeben. Es ist kein fernes, fremdes Gespenst. Es hat einen Namen. Es hat Gesicht. Der neue Adam. Der neue Mensch. Der geliebte Sohn Gottes. Jesus Christus. Kein Traum, sondern Wirklichkeit, Gegenwart, Zukunft. Amen.

12. März 1981

Nun bin ich zur Abwechslung einmal krank gewesen. Ganz Berlin, in West und Ost, wie ich gestern feststellen konnte, hat die Grippe, in allen Varianten. Und ein Wetter, das an einem Tag 16° C und dann wieder nur 3° C bringt, schickt immer mehr Menschen ins Bett. Wenn es nicht zu schlimm wird, ist es schön, krank zu sein. Wahrscheinlich kommen hier Urerinnerungen an die Kinderzeit hoch: die Mutter am Bett, die herrlichsten Geschichten vorlesend, nicht in die Schule müssen, schlafen können. Einmal waren es vier ganze Wochen mit einem gebrochenen Bein – eine unvergeßliche Zeit. Später dann schon die Unterbrechung der Pflichten, das schlechte Gewissen, das Telefon im Krankenzimmer, unnötige Akten. Manchmal auch Rettung aus Gefahr: eine schwere Diphterie unmittelbar vor dem Einsatz meines Regimentes am Donezbekken (so daß ich nie einen scharfen Schuß abgegeben habe), oder ein Verkehrsunfall in Berlin, als mich meine besonderen politischen Freunde zum Bürgermeister von Spandau wählen lassen und damit aus dem Senat abschieben wollten. Manchmal auch Ernstes: so im Jahr von Aden auf einer Reise plötzlich Blindheit auf einem Auge und das Zusammenschweißen der Netzhaut mit Strömen von Licht. Wochenlang liegen ohne zu sehen – eine finstere Erfahrung der Einsamkeit. Aber doch, das Umgekehrte ist schwieriger: als Krankenhauspfarrer, freilich unter extremen Verhältnissen. Diese »Neben«-Aufgabe hatte ich in Celle zu übernehmen, in den Typhusbaracken, 1945/46. Dafür war der Flüchtlingspastor gut. Jeden Tag zwei oder drei Tote, meist völlig allein, erschöpft von der Heimatlosigkeit.

Nun schreibe ich also wieder am Buch. Der Verleger hat es schon öffentlich angezeigt. Eben sah ich ein Plakat in meiner Buchhandlung. Was es alles gibt! Und dann reden die Politiker von Zwängen. Wenn es nun niemals fertig wird? Wenn ich schließlich sage, nein, dies alles kann und soll nicht veröffentlich werden? Es interessiert wahrscheinlich auch nur wenige. Der gute, alte Herr Höcherl, gefragt, ob er nun zu schreiben beginne, hat geantwortet: »Ich habe es noch nicht nötig, mich zu verteidigen.«

Habe ich es nötig? Verteidige ich mich? Insgeheim vielleicht doch. Mehr oder minder offen wohl jeder, der anfängt, Biographisches zu schreiben. Schon was er auswählt, was er verschweigt, wie er seine Freunde und Gegner schildert – was er vergißt, vergessen will, wirklich vergessen hat.

Wenn ich auf den 2. Juni 1967 zu sprechen kommen werde, bin ich an einem solchen Punkt. Ich denke jetzt oft an diese Tage vor und nach dem Tod von Benno Ohnesorg, da die Zeitungen voll sind mit Berichten über die Unruhen in Nürnberg und Freiburg und hier in Berlin. Nichts hat man scheinbar gelernt aus jenen Jahren der Studentenrebellion. Ich soll für eine Zeitung etwas schreiben, was »weiterhilft«. Kann ich es? Ich will es versuchen.

Beitrag für die Münchener »Abendzeitung«:

Alle reden von den Hausbesetzern. Ich nicht. Oder jedenfalls nicht zuerst. Ich möchte von uns Älteren reden, denen, die Erfahrungen hätten machen können und aus ihnen lernen sollten. Denn das Erstaunlichste an allen Diskussionen über die neue Gewalt auf den Straßen, über Polizeieinsätze und das Verhalten von Staatsanwälten und Richtern ist für mich, wie wenig sie alle – mit wenigen Ausnahmen – zu lernen bereit waren. Wir haben die Erfahrungen der späten 60er Jahre gemacht, als die junge Generation, vor allem Studenten, letztlich aus einem einzigen Grunde rebellierten: der Unglaubwürdigkeit der Mächtigen, dem Widerspruch zwischen Gesagtem und Getanem, dem Zerfall aller Wertvorstellungen in einer Gesellschaft, in der Freiheit vor allem die Freiheit der Ellbogen des Stärkeren bedeutete.

Nichts oder fast nichts ist geschehen, um die Lücken dieser Widersprüche zu schließen. Kein oder fast kein Beispiel wurde gegeben, um die Zielvorstellung einer freien und gerechten Gesellschaft auf Zukunft deutlich zu machen. Wir leben weiter über unsre Verhältnisse, wir vergeuden die knapper werdenden Energiequellen, wir zerstören systematisch die Schöpfung Gottes, wir beuten die Völker der Dritten und Vierten Welt rücksichtslos aus, wir rüsten uns zu Tode. Diktaturen sind nur im Osten schlecht, politische Streiks nur im Osten gut. Menschenrechte werden nur jenseits von Elbe und Oder verletzt. Aus Afghanistan sollen die Sowjets abziehen, in El Salvador und Nicaragua und Chile die Amerikaner möglichst wirksam intervenieren. Die Liste ist nicht vollständig. Der Graben der Widersprüche ist seit 1967 nur noch breiter geworden. Und dafür tragen nicht die Hausbesetzer von Berlin, sondern die politisch Verantwortlichen in aller Welt, vor allem auch bei uns zulande die Schuld. Darum muß zuerst von uns Älteren die Rede sein, ehe wir von den Krawallen in Freiburg und Nürnberg und Berlin reden können.

Denn die leerstehenden Wohnungen, deren Eigentümer zum größten Teil (jedenfalls in Westberlin) die öffentliche Hand oder sogenannte gemeinnützige Wohnungsbaugesellschaften sind, die Kahlschlagsanierung gewachsener Wohngebiete, die Spekulation mit Grund und Boden, die für Normalbürger unerschwinglichen Mieten in den großen Städten sind doch nur die Spitze des Eisbergs. Hier kann lediglich besonders wirkungsvoll deutlich gemacht werden, wohin wir mit unserem sozialen Rechtsstaat geraten sind. Die Gründe dafür, daß Tausende von jungen Menschen hier mobilisiert worden sind, liegen viel tiefer. Sie liegen in der Zerstörung des Vertrauens gegenüber einer Gesellschaft und einem Staat, der nicht tut, was er sagt, und nicht sagt, was er tut. Und diese Zerstörung ist seit dem Ende der 60er Jahre weit fortgeschritten.

Darum ist es nicht nur zynisch, sondern dumm, dieses Vertrauen mit den Mitteln der Staatsgewalt wiederherstellen zu wollen. Vertrauen ist nur sehr langsam und mühselig zu gewinnen, wenn die öffentlichen Gewalten ihre Unglaubwürdigkeit abbauen. Nicht ein paar tausend Hausbesetzer produzieren neuen

Terrorismus, sondern Massenverhaftungen wie in Nürnberg. Nicht achtzigtausend Demonstranten vor Brokdorf zerstören den Staat, sondern die Unwahrhaftigkeiten in der Debatte um die Kernenergie. Ich als ein Gebrannter des 2. Juni 1967 kann die Bayerische Staatsregierung nur dringend auffordern, die Front staatlicher Gewalt zurückzunehmen. Ein toter Benno Ohnesorg genügt doch wohl, uns zur Vernunft zu bringen.

Dies alles bedeutet nicht die Aufforderung zu neuer Gewalt auf der Straße. Wir erleben in diesen Wochen in Berlin, wie sich die Scharfmacher auf beiden Seiten in die Hände spielen, wie genüßlich die Opposition jede Ausschreitung registriert und wie froh wohl auch einige Chaoten über jede Räumung eines Hauses sind. Aber ich wiederhole: Der Streit über die Anwendung von Rechtsmitteln gegenüber Straftätern, über das Entstehen rechtsfreier Räume, über das Verhalten von Staatsanwälten und Richtern ist vordergründig – so schwer der schmale Weg der Verhältnismäßigkeit der Mittel auch sein mag. Die Ursachen für die Konfrontation zwischen Staat und den ins Abseits geratenen jungen Menschen müssen stückweise beseitigt werden.

Denn was heißt hier »Abseits«? In Westberlin hat sich für Tausende junger Menschen ein Leben entwickelt, das man mit einem Schlagwort »alternativ« genannt hat, und von dem die Gesellschaft im Ganzen nur lernen könnte. Und wenn sie das um keinen Preis, auch nicht um den Preis der Intelligentesten unter den jungen Menschen will, dann soll sie bewußt Freiräume schaffen. In Kopenhagen ist das längst geschehen. In Holland lebt man – natürlich mit Konflikten – aber seit Jahren gelassen mit den »Krakern«, geschützt durch ein höchst natürliches Urteil. In Bayern versucht man, mit Gummigeschossen und konzentriertem Tränengas die staatliche Ordnung wiederherzustellen. Jeder so gut wie er kann. Man soll sich nur nicht wundern, wenn so der vielberedete Rechtsstaat mit Sicherheit in die Brüche geht.

14. März 1981

Nun melden auch die Zeitungen, was die Eingeweihten seit Tagen wissen: Die im Hungerstreik befindlichen Gefangenen des Hochsicherheitstraktes Moabit sind in akuter

Lebensgefahr. Der Teufelskreis steht wieder unter Strom: Wenn einer stirbt, ist nicht nur die Straße voll von Tausenden von Demonstranten, sondern auch der sehnlichst erwartete Anlaß für neue Terrorakte gegeben. Aber die Justizverwaltung glaubt weiter, keine Hafterleichterungen gewähren zu können, geschweige denn die Trakte zu räumen. Zwangsernährung oder nicht? Da gibt es kein öffentlich zu verkündendes Rezept. Jede Entscheidung ist richtig und falsch zugleich. Und die Ärzte sind mit den Gefangenen in jedem Fall die Opfer einer unmenschlichen Grenzsituation. Unsereiner sitzt hilflos dabei. Eine verzweifelte Mutter schreibt mir heute, ich solle helfen. Aber wie – solange die Tochter mich nicht ruft? Ihr Anwalt ist nicht zu erreichen.

Das Leben in der Stadt geht ungerührt weiter. Mittags soll es wieder eine Demonstration geben für die Nürnberger Gefangenen. Da werden dann die Moabiter Häftlinge wohl auch erwähnt werden. Der Bundeskanzler hat sich über die Moral in der Politik geäußert. Vogel und Stoltenberg wollen über die innere Sicherheit beraten. Heinrich Böll hat ein nachdenkliches Gespräch veröffentlicht: »Wir müssen wieder glaubhaft werden«. Eben, eben.

Manchmal möchte ich in die Stadt laufen und schreien. Aber das Haus ist warm, der Schreibtisch schützt, die Beine sind steif, und das Herz wird alt.

Dazu ein Anruf aus Bielefeld. Mitte Mai soll ein Friedensmarsch zu einem Standort von Nike-Raketen im östlichen Westfalen stattfinden. Ich soll da reden. Ich habe die Entscheidung noch offen gelassen. Soll ich, darf ich mich drücken? Der Ort liegt wohl ganz in der Nähe von Stukenbrock.

15. März 1981

Sonntagsgottesdienst im Gemeindehaus. Die Lieder für den Kirchentag werden eingeübt. Eine Gruppe aus Frankfurt singt sie uns vor. Neben mir sitzt Stephanie, die älteste Enkelin, die in vierzehn Tagen konfirmiert wird, mit ihrer Mutter. Drei Generationen, Brot und Wein gehen durch die Reihen. Ich gebe sie dem Kinde weiter. Kind? Vierzehn Jahre. Ich war 15 bei meiner Konfirmation in Breslau. Ich habe nur eine Erinnerung daran. Der Anzug war viel zu groß, und meine Mutter heftete, um den Rücken auszufüllen, ein Handtuch ins Jackenfutter. Ich hatte während des Gottesdienstes nur Angst, daß es sich lösen könnte. Sonst ist von damals nichts geblieben. Alles Wichtige war früher oder später – ich glaube, die Pubertät ist das schlechteste Alter für diese höchst problematische kirchliche Feier. Aber niemand ändert es. Wer ändert etwas in der Amtskirche?

Nach Tisch, sicher sehr ungesund, in die Badewanne. Das heiße Wasser läuft, es ist hell und warm. Seife gibt es und saubere Handtücher. Wenn ich – manchmal sogar in meinen Predigten – sage, das alles sei gar nicht selbstverständlich: ein Schalter, und es wird tatsächlich Licht, eine warme Heizung, ein funktionierendes Telefon, eine Tür, die man auch von innen verschließen kann, pünktliche Züge, eine halbwegs pünktliche Post, die Stadtreinigung kommt, die Fäkalien fließen ab ... Die Leute staunen, wenn man davon redet. Dabei haben die Älteren erlebt, daß dies alles keineswegs selbstverständlich war, selbst wenn sie nicht Soldaten oder Gefangene oder beides waren. Merkwürdig, wie alles verdrängt wird. Selbst dies. Ich lese gerade Luise Rinsers Gefängnistagebuch. Für Frauen müssen die Entbehrungen von Wasser und Sauberkeit noch schlimmer sein. Aber auch für mich begann der Frieden damit am 26. Mai 1945: eine Badewanne mit heißem Wasser, Kernseife, ein Schrubber, der die Haut rötete. In Celle. Nicht zu Hause. Aber dies.

Meine Frau ist mit den Enkeln in der Oper, in Humperdincks »Hänsel und Gretel«. Die Sonntagnachmittage haben es in sich, seit der Kinderzeit. Warum eigentlich? Auch jetzt noch, wo Montag keine Schule beginnt und kein Ministerium oder Rathaus oder Pfarrbüro wartet. Wie Mehltau sind sie. Dabei ist es so schön draußen, die Amseln singen schon ihr Abendlied, etwas leise noch, als ob sie übten. Krokusse sind aufgeblüht, und die Tulpen zeigen ihre grünen Spitzen. Die Stadt Berlin mit ihrem Lärm und Autogestank liegt weit weg.

Morgen löst sich das Abgeordnetenhaus selbst auf. Der Countdown zum 10. Mai beginnt. Auf den Straßen stehen lustige Tafeln: »Der Wechsel muß kommen. Wählt CDU.« »Der Wechsel fand schon statt. Wählt Dr. Vogel. Wählt SPD.« Wie Hase und Swinegel.

16. März 1981

Anruf aus München: Sie wollen eine große Jugendkundgebung gegen die Massenverhaftungen in Nürnberg zustande bringen. Ob ich dort reden würde? Ich habe geantwortet: Nur wenn eine breite Front aller Jugendverbände, am besten der Landesjugendring einlädt. So werden die Rollen vertauscht: der Münchner Vogel in Berlin, ich in München. Aber ich hoffe im Stillen, ich brauche nicht zu fahren.

20. März 1981

Gestern sind nun endlich die beiden Matadore aufeinandergestoßen – fernab von Berlin, im Bundestag in Bonn. Weizsäcker hatte ja den Fehler gemacht, aus dem Abgeordnetenhaus auszuscheiden. So mußte er in Berlin das Feld dem Sieger überlassen. Dann bei der Debatte über die Rechtspolitik des Bundes standen sie sich erstmals öffentlich gegenüber: Vogel überlegen, vielleicht ein bißchen zu überlegen und von oben herab, sein Herausforderer einfach böse – es werden schlimme Wochen bis zum 10. Mai.

Die große Kundgebung in München kommt nicht zustande. Die Front ist nicht breit genug. Immer dieselben Berührungsängste. Dafür soll ich zwei Stunden im Bayerischen Rundfunk mit jungen Leuten diskutieren, von der Jungen Union bis zu den in Nürnberg Verhafteten. Herr Strauß hat gesagt, ich sei einer der Schlimmsten von denen, die die Jugend verwirren. Welch ein bayerischer Verdienstorden für mich.

Aber erst einmal muß ich heute für 24 Stunden in die Heimvolkshochschule Schloß Glienicke zu einem Seminar über Kirche und Gesellschaft. Der Schinkel-Bau ist ja für diese Schule hergerichtet worden. Ich freue mich, in seiner Geburtstagswoche dort eine Nacht zu schlafen. Nun direkt an der Grenze, der makabren »Brücke der Einheit« herüber nach Potsdam, nur für die alliierten Militärmissionen in der DDR passierbar.

23. März 1981

Gestern zum ersten Mal im Garten Tee getrunken, 20° C, Krokusse, Tulpen in allen Farben, ein Volk verhungerter Bienen auf den frischen Blüten, Frühling wie ein Überfall.

Es war ein großes Fest: die Stühle nach so langen Monaten Winter wieder aus der Garage holen, den weißen Pudel glücklich auf dem grünen Rasen in der Sonne liegen zu sehen – aber ein nachdenkliches Fest: Wie oft wirst du dies noch erleben? Schon das Wochenende im alten Glienicker Schloß war ganz unwirklich nach dem Grau der letzten Wochen: Ein voller Mond über dem Wannsee, selbst die Mauer am anderen Ufer in silbernes Licht getaucht, mittags dann Tausende von Berlinern auf den Wegen des Glienicker Parkes, unter ihnen plötzlich mit dem üblichen Troß von Begleitern der Regierende Bürgermeister, der Arme, in »fürsorglicher Belagerung« – und selbst das Seminar über Staat und Kirche eher heiter – zur Hälfte alte, zur Hälfte junge Leute. Ich als eine Art Alleinunterhalter, nicht immer ernsthaft, eben mit vielen Kirchen- und Staatsgeschichten. Ich habe geglaubt, ich müßte »Religion« verteidigen in dieser städtischen Einrichtung, aber alles war von fast penetranter Christlichkeit, so daß ich auf lange Strecken den laizistischen Part zu spielen hatte.

Dann müde nach so viel Sonne nach Hause durch das Heer der Ausflügler. Dieses Stück Deutschland an der Grenze zu Potsdam, es macht melancholisch, aber auch ein bißchen glücklich, weil es so schön ist.

Gestern abend dann die Ergebnisse der hessischen Kommunalwahlen. Frankfurt mit kompakter CDU-Mehrheit, an allen wichtigen Orten die Grünen in den Rathäusern. In der Nähe einer atomaren Waffenanlage mit 42 Prozent, an der geplanten neuen Landebahn des Flughafens mit über 24 Prozent. Ob die etablierten Parteien nun endlich aufwachen? Ich fürchte, nein. Im Bundestag haben sie sechs Stunden über »die Jugend« debattiert, immer genau an den Problemen vorbei. Ich fürchte eher, es werden sich überall große Koalitionen bilden, offene und geheime (wie in Bonn). Zur Abwehr lästiger Fragesteller. Fast wörtlich sagten gestern Genscher, Weizsäcker und auch der geliebte Egon Bahr dasselbe, als es um unser Verhältnis zu den Vereinigten Staaten und dem Bündnis ging. Und unsereiner bekommt ein neues Etikett: wir seien »lieber rot als tot«. Dies mußte ja kommen. Daß die Formel umgekehrt auch für die »Brüder und Schwestern drüben« gilt, daran denkt niemand. Darum ist auch die Sorge um Polen bei vielen so heuchlerisch. Dabei geht alles darum, daß dort ein – hoffentlich menschliches, erfolgreicheres-sozialistisches System durchgehalten werden kann, sich stabilisiert und die absurden Wünsche, es könne plötzlich schwarz oder gelb werden, sich nicht erfüllen.

Die Nachrichten über die lebengefährliche Situation der hungerstreikenden Häftlinge geraten nun auf die zweite Seite der Zeitungen. Wenn sie um Gottes Willen bloß nicht zum Aufmacher auf der ersten Seite geraten mit einer Todesnachricht. Berlin bemüht sich offensichtlich um die Zusammenlegung der Gefangenen auch aus anderen Gefängnissen. Aber da müssen die westdeutschen Justizverwaltungen mitspielen. Und was haben einige von ihnen für ein Interesse daran, in Berlin ein neues Unglück zu vermeiden! Ein toter Häftling und die unübersehbaren Folgen in einer Massenkonfrontation auf den Straßen oder gar einem neuen Terrorakt nützen doch nur den starken Männern mit ihren martialischen Sprüchen. Das klingt zynisch, aber es ist die Wirklichkeit.

Eben ruft Carola Stern an. Das Gespräch mit dem Bundesverteidigungsminister im Westdeutschen Rundfunk soll nun tatsächlich stattfinden: Am 13. April wird es in Bonn aufgenommen, am Ostermontag gesendet, eine Stunde lang. Sei tapfer, mein Herz!

24. März 1981

Übrigens: Glienicke. Dieses schöne Stückchen Erde ist auch der Ort gewesen, von dem aus mein Rücktritt als Regierender Bürgermeister unausweichlich wurde. Im September 1967 trat – nicht im Schinkelschloß des vergangenen Wochenendes, sondern gegenüber in dem sehr viel bescheideneren Jagdschloß – die Berliner SPD zusammen. Eine Klausurtagung sollte ein Papier verabschieden, das Richtlinien für die Politik der nächsten Jahre festlegte, wochenlang in einer Kommission vorbereitet, aber doch noch mit einem Rest von Perspektiven für die Rolle Berlins im Ost-West-Verhältnis, die später zu den Grundlagen der Verträge führten, die das Bild der Stadt so nachhaltig verändert haben. Dieses »Glienicker Papier« hat später eine fast legendäre Rolle gespielt. Bei der Tagung selbst, erinnere ich mich, interessierte es die Mehrheit der Genossen nur am Rande. Sie drängten auf die Entscheidung von Personalfragen. Ich sollte Herrn Neubauer als Bürgermeister, also als meinen Stellvertreter akzeptieren. Die Fronde war breit und deutlich. Einer stellte offen die Frage, wann ich denn nun zurücktreten wolle. Die Wortführer sind alle Senatoren geworden, und alle sind wieder verschwunden, die letzten im Januar 1981.

Montag, 30. März 1981

Eine Woche nichts geschrieben, obwohl jeden Tag ein Roman fällig gewesen wäre: zwei Besuche in Kreuzberg, der Preußenabend, der Besuch beim Bayerischen Rundfunk und die Konfirmation – und heute nun, seit langem befürchtet, der Anruf des Justizsenators, ich solle zu den hungerstreikenden Häftlingen kommen, sie seien in Lebensgefahr. Außerdem wollten sich die – von außen hinzugezogenen – Ärzte nur noch bis morgen zur Verfügung stellen. Und darum sitze ich nun auch gar nicht ruhig an diesem Schreibtisch und in irgendeiner Distanz zu dem, was geschieht. Ich bin auch nicht »objektiv«. Kann es gar nicht sein. Will es auch nicht. Hoffentlich bleibe ich redlich beim Berichten.

Kreuzberg, März 1981. Das erste Mal bin ich in den Werkstätten für Kinder im alten Bethanien. Da ist Geld aus dem Heinemann-Preis hingeflossen, ich wollte endlich sehen, was dort entstanden ist. Großen Respekt muß man haben, wenn man sieht, mit welch geringen Mitteln dort gearbeitet wird: Die Erzieher, die Tischler, der Sozialarbeiter sitzen jeweils zu zweit auf einer Stelle, teilen also ihr Gehalt, weil der Senat nicht mehr bewilligt. Ein Gegenbeispiel also zu dem Gerede, die jungen Leute seien nur darauf aus, besonders bequem über die Runden zu kommen. Aber auch dort geht es dann bald um die Hausbesetzungen. Morgens waren drei Häuser geräumt worden, durch einen Trick, nachdem man angeblich nur durchsuchen wollte, 800 Mann Polizei gegen 26 Besetzer. Eine Meisterleistung forscher Staatsanwälte. Als ich durch die Straßen zurück zum Kottbusser Tor ging, quollen schon die ersten Demonstranten aus den U-Bahnen. Dann ist es zweimal nachts bis in den Morgen zu Zusammenstößen gekommen, eine Jagd wie bei Kindern, aber bitterernst, wütend auf beiden Seiten, zwei hochangesehene Journalisten – von der »Zeit« und vom Süddeutschen Rundfunk – haben mir hinterher berichtet, was sie sahen, blanken Haß, Knüppel, Steine, wieder Knüppel. Das übliche Spiel. Denn dahinter steht mehr als die erschlichene Räumung. Die Staatsanwaltschaft ermittelt nun auch wegen § 129 StGB, also wegen »Bildung einer kriminellen Vereinigung«. Das bedeutet die endgültige Kriminalisierung der

Hausbesetzer. Die Kirchenleute, die ihnen Räume zu Gesprächen öffnen, die besetzte Häuser besuchen, sind nun womöglich Komplizen von Verbrechern. Insoweit ist ein solches Vorgehen der Justiz mindestens so schlimm wie die spektakulären Vorgänge in Nürnberg. Nur leiser, nicht so auffällig, und darum umso gefährlicher. Dies war auch die einhellige Überzeugung der Pfarrer und kirchlichen Mitarbeiter am Freitagabend. Tiefe Niedergeschlagenheit und Resignation. Vielleicht hat gerade sie mich verleitet, eine große Kundgebung in der Deutschlandhalle zu veranstalten, eine Mahnung zur Vernunft, einen Protest gegen die Unsinnigkeit überzogener Mittel. Werden wir den riesigen Raum voll bekommen? Gleitet uns eine solche Versammlung nicht aus der Hand? Was sagen die Offiziellen dazu? Staat und Kirche? Aber alle Bemühungen von Dr. Vogel, vernünftig zu bleiben, werden ja von den Scharfmachern unterlaufen.

Dann Samstag in München. Zwei Stunden Gespräch im Jugendfunk mit zehn jungen Leuten, offen nach außen durch Telefonanrufe. Zwei couragierte Redakteure halten hier eine Sendung durch, die anderswo, in Köln und Bremen, längst umgebracht worden ist oder so langweilig wurde, daß sie ohne alle Wirkung bleibt. Sie haben auch Freiheit. So war es auch vorgestern. Ein dichtes, sehr offenes Gespräch, drei der jungen Leute waren dabei, die man in Nürnberg verhaftet hatte, halbe Kinder, die nun Jahre brauchen werden, um den Schock zu überwinden. Ich habe trotz allem versucht, von den Möglichkeiten des Rechtsstaates zu reden, nicht alle Hoffnung untergehen zu lassen. Ich weiß nicht, ob es gelang. Wahrscheinlicher sind Beschwerden über sehr kritische Sätze, die ich nicht vermieden habe.

Zurück durch die schöne Stadt in der Nachmittagssonne, im Flughafen noch eine Begegnung mit Professor

Mikat aus Düsseldorf, sympathisch wie immer. Wenn er die CDU repräsentierte, könnte ich sie wählen. Müde zu Hause – eine Stunde Schlaf wurde durch die Zeitumstellung gestohlen.

Sonntags Konfirmation von Stephanie. Ein schöner, heller, menschlicher Gottesdienst, in dem die Liebe Jesu Christi zu spüren war. Rosen für alle Erwachsenen von den Kindern verteilt. Ich war nahe am Wasser gebaut und glücklich über meinen Nachfolger. Abends dann das gemeinsame Feiern von drei Familien im Gemeindehaus – es war auch »Gemeinde« da. Fröhlich, aber ein bißchen lang. Der Wein war schlecht.

Und hinter allem, jede paar Stunden, die Meldungen aus Polen, hin und her, her und hin, ein Balanceakt ohne Netz. Man kann hier draußen nur beten. Aber was heißt »nur«?

2. April 1981

Montag früh hatte also der Justizsenator angerufen. Schon nach dem ersten Satz wußte ich, was er wollte: ein Gespräch über die hungernden Gefangenen der RAF. Bei fast allen besteht Lebensgefahr. Ein externes Ärzteteam hat die Behandlung eingestellt. Die Gefängnisärzte verweigern die Zwangsernährung. Die Forderungen auf Zusammenlegen der Gefangenen in drei oder vier große Gruppen scheitern am Egoismus der Länder und am Generalbundesanwalt – sind vielleicht aus Sicherheitsgründen auch unerfüllbar.

Ich habe dann am Dienstag morgen um 7 Uhr (das sind die Arbeitszeiten von Dr. Vogel!) den Regierenden Bürgermeister angerufen. Er bestätigte die Lage. Er sah keine Möglichkeiten, weitere Zugeständnisse zu machen.

Nach einer langen Besprechung mit den Beamten der

Strafvollzugsabteilung bin ich dann nach Moabit gefahren. Ich hatte Sprecherlaubnis ohne Aufsicht Dritter für zwei Gefangene, die bereits rechtskräftig verurteilt sind. Für drei weitere, die noch in Untersuchungshaft einsitzen (einliegen, muß man nun wohl genauer sagen), verweigerte mir der zuständige Richter das unbewachte Einzelgespräch. Da andererseits die betroffenen Frauen nur gemeinsam in ihrem Krankenzimmer mit mir reden wollten, scheiterte auch das Gespräch mit Frau B. So blieb es bei einem einzigen Besuch bei Herrn V. Der Sache nach genügte es auch, denn die Verbindung zwischen allen fünf Gefangenen besteht weiter. Alles, was V. und ich besprochen haben, wurde inzwischen bestimmt weitergegeben.

Aber dieses »Alles« lief ja in dieser Situation nur auf das »Eine« hinaus: Den Gefangenen die Illusion nehmen, auf der staatlichen Seite könnte sich noch etwas Wesentliches bewegen, sie zu fragen, ob sie wirklich sterben wollten. Die Antwort war eindeutig. Wenn nicht noch ein Wunder geschieht, wird es einen oder mehrere Tote geben. Dies bestätigte mir auch der verantwortliche Gefängnisarzt, ein besonnener Mann, am Rande auch der eigenen Belastbarkeit, der, Gott sei Dank, das Vertrauen der Gefangenen hat.

Ich war völlig erschöpft und todmüde, als ich das Gefängnis verließ. Sicher ist dies alles richtig: die Drohung zu sterben ist eine böse Erpressung. Meine Einschaltung hat von beiden Seiten her Alibifunktionen. Aber der junge Mann in seinem Bett könnte mein Sohn sein und die Frauen meine Töchter. So habe ich noch einmal den Justizsenator besucht. So habe ich öffentlich erklärt: »Ich kann alle Beteiligten nur inständig bitten, nicht wieder Menschenleben aufs Spiel zu setzen. Die Toten der letzten Jahre sind übergenug.« Die Erklärung ist – soweit ich sehe – totgeschwiegen worden. Natürlich ist das Befinden von Präsident Reagan wichtiger für die Zeitungen und der Besuch des geschäftigen Herrn Genscher in Moskau. Natürlich. Aber wenn es dann geschehen ist, wenn die Straßen voller junger Menschen sind, wenn neue Terrorakte ihr Motiv gefunden haben, ist es niemand gewesen – nur die Toten selbst.

Die Hausbesetzerszene wirkt dagegen vergleichsweise harmlos. Der Justizsenator hat endlich den Mut gehabt, der Staatsanwaltschaft eine Weisung zu geben, eine neue unsinnige Hausdurchsuchung zurückzustellen. Die Springerpresse tobt. Dafür ruft das »Netzwerk Selbsthilfe« an, es würde eine Stiftung vorgeschlagen, in die leerstehende Häuser eingebracht werden sollen. Ich werde gebeten, wenn sie zustande kommt, im Kuratorium der Stiftung mitzumachen. Ich will es tun, wenigstens für den Anfang eines solchen Unternehmens. Es entstünde dann genau, was ich wollte: Ein Raum freien Rechts statt eines rechtsfreien Raumes.

Dann nachts nach Frankfurt. Klausurtagung der hauptamtlichen Mitarbeiter des DGB Hessen. Eine riesige Villa in Oberursel. Frühling. Sonne.

Thema: »Gefahr für die Demokratie?« Das Fragezeichen war schnell verschwunden. Da braut sich ein massiver Widerstand zusammen gegen die SPD, daß die Freunde in Bonn sich noch wundern werden. Also nicht an den »linken« Rändern, sondern hier mitten in »der tragenden Säule Gewerkschaft« sieht man sich im Vertrauen getäuscht und ohne Hoffnung auf eine Wendung zum Besseren. Ich selbst war sehr zurückhaltend. Der Sturm kam von den Teilnehmern. Ich werde morgen Willy Brandt berichten.

Auch dem Bundeskanzler? Er hat sich mit seiner Kirchenschelte in den »Evangelischen Kommentaren« wieder so ungeschickt und töricht geäußert, daß man sich nur an den Kopf fassen kann. Das alles haben wir bei den Nazis früher und bei den Kommunisten heute immer wieder gehört: Die Kirche soll den Mund halten in öffentlichen Angelegenheiten. Ja, ich muß es ihm wohl schreiben, und nicht nur in dieses Tagebuch. Aber ich muß erst den vollständigen Text des Interviews haben.

Die Rückfahrt von Frankfurt – romantischerweise mit dem Zug. 40 Minuten Verspätung, also über 7 Stunden. Aber Zeit zum Nachdenken. Ilse hatte rührend auf dem Bahnsteig gewartet und nahm den müden Mann in Empfang. Zu Hause, zu Hause. Schlafen, schlafen.

3. April 1981

Anruf des Gefängnisarztes: nichts besser und nichts schlechter. Die Anwälte behaupten, drei Gefangene seien in akuter Lebensgefahr, darunter in Berlin Gabriele Rollnick. Die Kritik, daß ich mich um sie kümmere, wächst. Auch bei meiner Frau. Ich würde schamlos ausgenutzt. Es ginge ihnen nur darum, Öffentlichkeit herzustellen. Das ist alles richtig. Alles ist immer richtig. Und alles falsch. Zwischen den Stühlen.

4. April 1981

Nun liegt der endgültige Auftrag der »Zeit« vor, auf Helmut Schmidts Interview in den »Evangelischen Kommentaren« zu antworten – und auch der Vorabdruck dieses Gespräches liegt auf meinem Tisch. Bis Dienstag soll ich meine Antwort fertig haben. Es wird schwierig sein. Ich würde viel lieber zu Schmidt hinfahren und ihm unter vier Augen sagen, was ich meine. Außerdem kennen die Leser der »Zeit« nicht den vollständigen Text seiner Gedanken.

Aber der Bundeskanzler hat öffentlich gesprochen und öffentlich herausgefordert – weniger die Kirchen als vor allem Tausende von Bürgern, die versuchen, Christen zu sein. Ich muß es also versuchen. Hoffentlich gelingt es so, daß es dem Lande dient.

Ich werde scheinbar jetzt der Seelsorger des Gefängnisarztes, der die hungernden Häftlinge betreut. Er rief heute morgen wieder an. Wir haben lange miteinander gesprochen. Er hat eine Verantwortung, die kaum noch zu tragen ist, und wird sehr alleingelassen. Ich werde wohl am Montag noch einmal nach Moabit fahren müssen.

Die Versuchung, einfach irgendwohin wegzufahren, ohne Post und Telefon, wird in diesen Tagen wieder übergroß. Das Schlimme ist, Scharf ist in Brasilien, Gollwitzer im Schwarzwald, Bischof Kruse in Kreta. Freunde, mit denen man völlig offen reden kann, gibt es außer ihnen nicht in Berlin.

5. April 1981

Mein Brief für die »Zeit« an den Bundeskanzler:

Lieber Helmut Schmidt,

die Tageszeitungen brachten Auszüge aus einem Gespräch, das Du mit der Zeitschrift *Evangelische Kommentare* geführt hast. Sprecher beider Amtskirchen haben öffentlich auf Deine Ausführungen geantwortet. Ich bin kein Sprecher der Kirche, ich versuche, ein Christ zu sein, und ich versuche, in meiner Kirche ihren Sinn für öffentliche Verantwortung zu stärken. Darum schreibe ich Dir diesen Brief – öffentlich.

Du sagst: »Mein Eindruck ist, daß es im protestantischen Raum relativ mehr Personen gibt, die eigentlich zwar die Aufgabe der Verkündigung und der Seelsorge wahrzunehmen haben, ihre Leidenschaft aber für das verwenden, was man neuerdings kritisches Hinterfragen nennt. Wenn man ihnen zuhört, spürt man, daß das Vertrauen auf Gott und das Vertrauen in die Zukunft relativ wenig ausgeprägt sind.« Ich frage Dich: Wen meinst Du hier? Männer wir Kurt Scharf, der sein Leben lang das Wort Gottes so ernst genommen hat, daß er lieber ins Gefängnis ging, als von seiner Wahrheit zu lassen, und der nun als altgewordener Mann dieses Wort Gottes mit der Wirklichkeit eines programmierten Wahnsinns konfrontiert, das Ost und West »Rüstung zur Sicherung des Friedens« nennen? Oder, um bewußt nicht bei Protestanten zu bleiben, den Erzbischof Romero, der in El Salvador ermordet wurde, weil er die Zehn Gebote auf die politische Lage in seinem Land anwandte? Oder den Kardinal Wyszyński, der mit unbeirrter Deutlichkeit und in der Autorität seines Amtes Polen vor dem Chaos zu retten versucht? Alle diese Männer haben mehr Vertrauen auf Gott und in die Zukunft, als irgendein politischer Führer in irgendeinem Land der Welt. Denn die »Aufgabe der Verkündigung und der Seelsorge« wird unglaubwürdig, wenn sie im privaten Bereich stecken bleibt.

Du sagst: »Ich glaube, daß dies auf die Dauer nicht so sein darf«, und Du meinst damit das Ausmaß kirchlicher Einwirkung auf politische Entscheidungen, »zum Teil mit ihrer Amts- und Lehrautorität«. Ach, lieber Helmut Schmidt, wen meinst Du denn? Amts- und Lehrautorität gibt es nur in der römisch-katholischen Kirche. Sie ist dem evangelischen Christen fremd – so fremd, daß er ihr Fehlen oft als Alibi dafür benutzt, wie ein stummer Hund durch die Welt zu laufen. Es gibt auf evangelischer Seite doch nur ein einziges Beispiel, das Einwirkungen auf politische Entscheidungen gehabt hat – die berühmte »Ostdenkschrift«. Sie hat nur ausgesprochen, was ist: daß wir den Krieg verloren haben, und daß auf nichts mehr zu verzichten sei, was nicht schon verloren war. Wir Politiker – ich gehörte ja damals dazu – hatten keinen Mut zur Wahrheit.

Fürchtest Du vielleicht jetzt, es könnte eine ähnliche Denkschrift zu Fragen der Aufrüstung geben? Etwa: »Was heißt heute Verteidigung in den beiden deutschen Staaten?« Und wenn Du zurückfragst, was denn die Heilige Schrift hierzu zu sagen habe, dann will ich zunächst gar nicht mit der Bergpredigt, sondern viel bescheidener mit dem achten Gebot antworten: »Du sollst nicht falsch Zeugnis reden wider deinen Nächsten.« Das galt damals für die Oder-Neiße-Linie – das gilt heute für das Atomwaffenarsenal in den beiden deutschen Staaten. Ich bitte Dich also ganz herzlich: Du darfst auf keinen Fall auch nur ähnlich argumentieren, wie es die Diktatoren aller Zeiten und Länder auch getan haben – Seelsorge ja, politische Einmischung nein. Das haben wir Älteren so schon öfters gehört. Du weißt, in welchen furchtbaren Zusammenhängen.

Du sagst: »Die Theologie hat es bisher noch nicht fertiggebracht, die Demokratie wirklich in sich aufzunehmen.« Du meinst wohl: die Kirchen. Wiederum zur römisch-katholischen Kirche hast Du, was ihre eigenen Amtsstrukturen angeht, recht. Aber übersieh auch hier bitte nicht, wieviel sich in Gemeinden und Basisgruppen, auch in manchen Ordensbruderschaften regt. Auch die Evangelische Kirche in Deutschland ist ihr Bischofsgehabe noch nicht ganz losgeworden. Aber Du wirst doch spüren, daß, wenn irgendwo in der Republik die Ansprüche und Ziele des Grundgesetzes nach radikaler Demokratie ernstgenommen werden, dann im protestantischen Deutschland. Ich nenne Dir nur einen Namen und eine Institution: Gustav Heinemann und die Evangelischen Kirchentage. Um die Demokratie in der Bundesrepublik Deutschland glaubhafter zu machen, hast Du unter evangelischen, aber auch unter vielen katholischen Christen die besten Bundesgenossen. Unbequeme Freunde, jawohl, aber verläßliche. Warum stößt Du sie vor den Kopf?

Schließlich: Du beziehst Dich bei dem Streit darüber, ob »man mit der Bergpredigt regieren könne«, wieder auf Max Webers Unterscheidung zwischen Gesinnungs- und Verantwortungsethik. Ich habe in sehr viel geringerer Verantwortung, als Du sie zu tragen hast, auch nicht unmittelbar »mit der Bergpredigt regieren« können. Aber ich habe versucht, sie nicht zu einer Lebensregel für Spinner und Träumer verkommen zu lassen. Ich halte Max Webers Unterscheidung für falsch und gefährlich. Mit ihr kann man schließlich jede politische Entscheidung rechtfertigen. Ich fürchte umgekehrt einen immer deutlicheren Mangel an Realitätssinn bei allen, die etwa den Bau, die Stationierung und den Einsatz von Atomwaffen als Mittel zur Verteidigung und zur Sicherung des Friedens tragen ... Und ich habe immer mehr den Eindruck, daß die Grundregeln von Jesu Leben und Lehre die einzige Chance sind, auch als Nation zu überleben.

Ich kann darüber in diesem Brief nicht mehr sagen. Ich bitte Dich nur auch hier: Mache es Dir nicht so einfach, die Leute auf der Hardthöhe allesamt als Realisten und ihre Kritiker allesamt als Träumer einzustufen. Ich ziehe mir diese von Dir gebrauchte Formel »lieber rot als tot« nicht an. Aber ich bin bereit, auch über sie zu sprechen – allerdings dann auch im Blick auf die Menschen im anderen deutschen Staat, in Polen und in der Sowjetunion.

Lieber Helmut Schmidt, ich hätte Dir nicht öffentlich geschrieben, wenn mir nicht daran läge, daß Du Dir nicht mehr Gegner schaffst, als unbedingt notwendig ist. Ich jedenfalls möchte nicht Dein Gegner werden müssen, sondern ein, wenn auch ferner, Freund bleiben dürfen. In diesem Sinne und mit guten Wünschen.

8. April 1981

Zwei der Berliner Gefangenen sind nun auch in den Durststreik getreten. In einem Kölner U-Bahnhof ist eine Bombe explodiert. Täter: wahrscheinlich Sympathisanten der RAF.

Drei Häuser der Besetzerszene sind durchsucht worden, fast der ganze Besetzerrat vorübergehend festgenommen. Dr. Vogel mußte eine Wahlversammlung wegen Störungen abbrechen.

In Bonn tagt die nukleare Planungsgruppe der Nato. Die starken Worte werden immer lauter. Die Nachrichtensendungen bestehen zur Hälfte aus Rüstung und der Sorge um Polen, auch wenn die Manöver nun beendet sind und Breschnew in Prag vergleichsweise zurückhaltend sprach.

Reagan hat weiter Fieber.

Mittags. Der Sprecher der Evangelischen Gefängnispfarrer in der Bundesrepublik Deutschland ruft bei mir an, ob ich noch einen Ausweg aus der Streiksituation wüßte. Ich frage zurück, ob die Kirche von Amts wegen irgendetwas unternehme – Antwort: Nein, nichts. Wen wundert es? So wartet alles auf den ersten Toten.

9. April 1981

Anna ist da, sechs Jahre, in einem blauen Kleid mit weißer Schürze und roten Strümpfen. Ihre helle Stimme erfüllt das Haus und den Garten. Niemals habe ich von den Kindern so viel gesehen und gehört wie jetzt von den Enkeln.

In der Stadt läuft es immer verrückter. Die Staatsanwaltschaft hat ein Ermittlungsverfahren gegen Innensenator und Polizeipräsident wegen Strafvereitelung eingeleitet. Und der letztere ist Vater eines 22jährigen Sohnes, der als Hausbesetzer erkennungsdienstlich behandelt wurde. Vielleicht ist er der Grund für den Gesinnungswandel seines Vaters.

Die »Zeit« bringt heute meinen Brief an den Kanzler, schön eingerahmt von einem sehr viel maßvolleren Beitrag von Karl Rahner und einem ausgleichenden Wort der Gräfin Dönhoff. So ist der rebellierende Protestant wieder auf den Boden der Bundesrepublik zurückgeholt worden.

Perfekt ist diese Republik: Das ZDF meldet sich und fragt an, ob ich in einer Sendung mitwirken würde, die bereits für den Fall des Todes eines hungernden Gefangenen vorbereitet wird. Dabei ist der Redakteur, so makaber dies klingt, gar nicht zu schelten. Er will nur nicht improvisieren müssen.

Aber dies alles legt sich wie Mehltau aufs Herz. Ich bin unfähig zum Schreiben. – Von unten höre ich meine Frau dem Kinde Geschichten vorlesen. Die heile Welt.

10. April 1981

Die Justizminister der Länder haben (endgültig) beschlossen, auf die Forderungen der RAF-Gefangenen nicht einzugehen. Die hiesige Justizverwaltung meldet akute Lebensgefahr für Andreas Vogel. Pfarrer Kuby ruft verzweifelt an wegen seiner Tochter, die in Lübeck einsitzt.

Ob sich diese Aufzeichnungen von der Berichterstattung dieser einen Sorge lösen können? Es gibt so viel Wichtigeres. Der Bundestag debattiert, wenn auch vor halbleerem Hause, einen ganzen Tag über die Lage der Nation. Mein Problem kommt überhaupt nicht vor. Was hat der Todeswille von Terroristen auch mit der Nation zu tun? Auch die Kirchen schweigen. Die Freunde sind auf Osterurlaub. Die Bischöfe auch. Helmut Schmidt braucht wirklich keine Sorge um geistliche Einmischungen zu haben. Ich bin eben ein Sympathisant, ein Mitleidender, am Rande, am äußersten Rande dessen, was dieses Volk, in dem ich lebe, bewegt.

Heute in einer Woche habe ich die Karfreitagspredigt zu halten. Sie wird sehr deutlich von diesen Rändern reden und plötzlich in der Mitte sein.

14. April 1981

Nein, es hat nicht aufgehört. Am Sonntag habe ich auf Wunsch der beteiligten Ärzte an einem qualvollen Gespräch mit dem Justizsenator teilgenommen. Andreas Vogel war gerade ins Klinikum der Freien Universität verlegt worden. Es bewegte sich nichts: Auch die Gefangenen aus Celle sollen nicht verlegt werden. Danach, an diesem warmen Frühlingsabend, wieder im Gefängnis bei Monika Berberich. Gestern morgen bei Vogel an seinem Erste-Klasse-Bett, umgeben von einem Schwarm von Pflegepersonal (was ihm offensichtlich zu Kopf gestiegen war). Eine absurde Szene nach der anderen – Polizei, wohin man sah, rührend in weißen Kitteln verkleidet. Aber nachts auf dem Kudamm nicht rechtzeitig zur Stelle, und dann eine Orgie von Verwüstung auf dieser Talmistraße. Empörung in der ganzen Stadt. Nach den Gründen fragt niemand.

Vom Klinikum zum Flughafen und nach Bonn. Das Gespräch mit Apel eher zurückhaltend. Er tat mir einfach leid in seiner unhaltbaren Argumentation. Auch ein Gefangener, der nicht wagen kann, auszubrechen. Oder wenigstens zu sagen, daß er in einem Gefängnis sitzt.

Noch Zeit, die Rheinuferpromenade entlangzugehen. Ein kühler Wind vom Fluß herauf. Eine tiefe Müdigkeit. So müde wie mein Hund. Aber er hat es bald geschafft, er weiß es nur nicht.

Ich höre, daß wenigstens Bischof Kruse vom Urlaub zurück ist. Aber ob er sich bewegt, die Amtskirche sich bewegen läßt?

15. April 1981

Der geliebte Hund Dixie ist tot. Wir haben ihn einschläfern lassen. Er hätte sich sonst noch tagelang mit schweren Herzanfällen gequält. Wir sitzen allein zu Hause und weinen.

16. April 1981

Der Häftling Debus ist heute in Hamburg gestorben – oder genauer: Sein Tod ist heute bekanntgegeben worden. Plötzlich bewegt sich alles: Forderungen der Streikenden, die schon seit zehn Tagen erfüllt werden können, werden nun plötzlich ernstgenommen. Haftbedingungen werden erleichtert, Verlegungen zu Kleingruppen sind möglich. Und: Der Streik ist zu Ende. »Meine« Frauen haben ihn um 13 Uhr abgebrochen. Die anderen folgten. Aber erst muß einer sterben.

Ich muß abends noch ins ZDF. Ich werde dort sehr deutlich werden. Die Karfreitagspredigt kann ich erst unmittelbar vor dem Gottesdienst zu Ende schreiben. Die Nacht muß erst vorüber sein.

Morgens sind meine Frau und ich das erste Mal ohne den Hund spazierengegangen.

Predigt vom Karfreitag, 17. April 1981: Lukas 23,33–49

Liebe Gemeinde – »und als sie kamen an die Stätte, die da heißt Schädelstätte –« da ist er also angekommen an seinem grausam blutigen Ziel. Durch die Straßen Jerusalems haben sie ihn getrieben, flankiert von der johlenden Menge, der Menge, die nach seinem Tod geschrien hatte, und die nun auch am Ziel war. Da hatte sie ihn, wo er hingehörte, zwischen Verbrechern als Verbrecher gekreuzigt, endlich kriminalisiert, endgültig erledigt, nichts mehr mit frommen Sprüchen vom Reiche Gottes, nichts als Tränen und Geschrei und die brennende Sonne auf dem geschundenen Leib. »Da kreuzigten sie ihn daselbst, und die Verbrecher mit ihm, einen zur Rechten und einen zur Linken.«

Hier in unserer schönen Kirche fehlen sie über dem Altar, da ist nur er – aber bitte denkt sie euch jetzt dazu, die beiden anderen, damit das Bild vollständig ist. Einen Mörder vielleicht, ein Mitglied einer kriminellen Vereinigung, oder einen Brandstifter. Man war schnell bei der Hand damals mit Todesurteilen, so schnell wie bei uns vor 40 Jahren, so schnell, wie es heute viele schon wieder haben wollen. Ganz gebildete Leute sonst, feine Damen und Herren, für die Todesstrafe sind sie, womöglich für Standgerichte. – Dazwischen also er. Eine Überschrift zu seinem Haupte: »Dies ist der Juden König.« Dreisprachig. Wie es sich gehört in Besatzungszeiten. Welch ein König!

Da hängt er nun. Man hört ihn sprechen. Die Evangelien überliefern diese Sätze, nicht jeder Text alle, Lukas hat drei aufgeschrieben. Der erste, kaum daß sie ihm die Nägel durchs Fleisch gejagt haben, ist dieser: »Vater, vergib ihnen, denn sie wissen nicht, was sie tun.« Ich finde, dies ist das entlarvendste Wort Jesu am Kreuz. Es zeigt uns so, wie wir sind. Die damals und uns heute, wer wußte, was er tat, wer weiß es heute? Die

Soldaten? Sie sicher am wenigsten, sie führen ihre Befehle aus wie zu allen Zeiten. Sie legen vielleicht noch ihren persönlichen Zorn drauf, sie treten und schlagen ihre Opfer. Aber im Grunde ist es ihnen gleichgültig, wen sie vor sich haben. Andere entscheiden, wer ihre Opfer sind. Die Offiziere? Sie sollten eigentlich schon ein wenig mehr wissen. Aber was liegt an einem verrückten Juden, der das Volk doch nur aufwiegelt gegenüber ihrem obersten Herrn, dem Kaiser in Rom? Einer, wir lesen es am Schluß unseres Abschnittes, merkt etwas, als alles vorüber ist: »Wahrlich, dieser ist ein frommer Mensch gewesen.« Ob er je wieder so Dienst tun kann wie vor diesem finsteren Freitag?

Pilatus? Er hat Jesus das Urteil gesprochen. Der Römer dem Juden. Wir wissen, wie es zustande kam. Aus Angst. Aus der Anbetung von Ruhe und Ordnung, von Sicherheit um jeden Preis. Die jüdische Obrigkeit, das schreiende Volk will dieses Opfer. Dieses, nicht Barrabas. Religion ist nicht sein Ressort. Da gibt es ein einfaches Mittel, das Gewissen nach Hause zu schicken: Eine Ethik aus Gesinnung, eine aus Verantwortung. Was richtig sein mag in der Theorie, ist falsch in der harten Praxis der täglichen Politik. »Ich wasche meine Hände in Unschuld.«

Und das Volk? Ach, das Volk. Es hat Jesus jubelnd begrüßt, als er in der Hauptstadt einzog, und nun will es seinen Tod. Nun flaniert es um die Hinrichtungsstätte und höhnt die Sterbenden. Nun steht es auf der Seite der Macht, weil es immer leichter ist, mit den Mächtigen einer Meinung zu sein. Der dort stirbt, hat ihnen ja auch nicht gebracht, was sie wollten, weder Brot noch Spiele, weder die Befreiung von den Besetzern noch das neue Jerusalem. Stirbt so ein Messias? Stirbt so ein König?

Und die Hohepriester? Sie hätten es am ehesten wissen müssen. Sie kannten die Heiligen Schriften. Sie wußten, einer würde kommen, der Friedensfürst, der Heilmacher, der Verkünder eines Neuen Bundes. Aber war es dieser hergelaufene Nazarener? Wieviele behaupten zu sein, was sie nicht sind. Wie unbequem sind Propheten, die Unruhe bringen und Widerstand gegen alte Gesetze: Und wer es denn nun sei, der geliebte Sohn Gottes, das hatten sie selbst zu bestimmen. Zu diesem Zeitpunkt jedenfalls nicht. Römischer als die Römer beschworen sie ihre Treue zum Kaiser, ein Musterbeispiel geistlicher Anpassung an den Staat. Sie werden viele Nachfolger haben. Die heilige Johanna ist so gestorben und Dietrich Bonhoeffer und der Erzbischof Romero, – alleingelassen wie der Mann, dem sie nachfolgten.

Da hängt er also zwischen den Verbrechern, er braucht kein Sympathisant mehr zu werden, er ist es, mitten unter den Schuldigen, formal zu Recht verurteilt, ohne Gnade überantwortet dem qualvollen Tode, ein Mitleidender, ein für alle Leidender, für alle, die nicht wissen, was sie tun, oder vorgeben, nichts zu wissen, sich die feinen Hände in Unschuld waschen und ihn auch noch verhöhnen. Da hängt er und sagt: »Vater, vergib ihnen.« Er weiß, was sie tun. Er allein weiß wohl auch, worauf er sich einließ: Von Gott verlassen zu sein, damit niemand mehr sich von ihm verlassen zu fühlen brauchte. Er hängt im Riß zwischen Gott und den Menschen. Er schreit nicht Haß und Vergeltung heraus, er rechnet mit keinem Befreiungsakt, mit keiner Solidarität, mit keiner Bewegung auf den Straßen. Er vergibt.

Das ist sehr schwer zu fassen. Das ist vielleicht das eigentliche, tiefste Ärgernis von Jesu Tod, daß er so widerspruchslos hingenommen wird. Wirklich: das Lamm auf der Schlachtbank. Ich muß wohl auch älter werden, um hier ganz zu verstehen. Denn hier müßte jeder schreien, der noch einen Mund hat, schreien: Hier stirbt ein Mensch, hier stirbt um Gotteswillen: hier stirbt Gottes Sohn. Nur einer hat es wohl begriffen, von weitem wenigstens gespürt. Aber er kann nicht mehr schreien. Er ist ein Verbrecher. Aber er bekommt in den letzten Minuten seines Lebens die Antwort, um die es sich lohnt, ein Leben lang zu warten: »Heute wirst du mit mir im Paradies sein.« Er, nicht Pilatus, nicht Kaiphas, keiner derer, die da herumstehen, er, der Mörder, der Staats- und Rechtsfeind, mit ihm im Paradies. Oh, das ist unser Jesus Christus.

Muß ich nun eigentlich noch sehr viel sagen, heute Karfreitag 1981, in deutschen Landen, in dieser Stadt? Sind wir so taub, daß wir nicht auch ohne weitere Erläuterung hören können, was uns die Geschichte des Todes Jesu zu sagen hat? Scheinbar, ja. Selbst der Bundeskanzler hat ja wohl noch nicht begriffen, wie töricht die Unterscheidungen sind, mit denen er öffentlich argumentiert: Die Unterscheidung zwischen Verkündigung und Seelsorge auf der einen und der politischen Dimension des Evangeliums auf der anderen Seite, die Unterscheidung zwischen Gesinnungs- und Verantwortungsethik nach Max Weber.

Denn nun bekommt nach dem Prozeß Jesu der sterbende Christus plötzlich viele Gesichter, die Gesichter aller Geprügelten und Geschlagenen, aller Gefolterten und Gehenkten in der ganzen Welt und hier bei uns zu Hause. Nun bekommen Pilatus und Kaiphas und auch das schreiende Volk und die höhnenden Soldaten viele Nachfolger, in der ganzen Welt und hier bei uns zu Hause. Nun ist dieses Kreuz, nein, nun sind diese drei Kreuze plötzlich eingerammt mitten in die Wirklichkeit, in der wir leben.

Merkwürdig, genau an dieser Stelle, als ich gestern diese Karfreitagspredigt aufschrieb, klingelte das Telefon: Der Senat der Freien und Hansestadt Hamburg hatte den Tod des Strafgefangenen Sigurd Debus bekanntgegeben. Ich schrieb nicht mehr weiter. Ich möchte eigentlich auch heute morgen nicht viel mehr sagen als dies: Ob wir wohl endlich ernst nehmen können, wer der ist, nach dem wir uns Christen nennen. Wie er starb. Mit wem er starb. Wer ihn ans Kreuz brachte. Wer ihn verhöhnte. Und wer als erster zu spüren begann, was sich hier ereignete. In den alten Holzschnitten mit den Bildern vom Tode Jesu trugen die Handelnden die Kleider der Zeit des Künstlers, der sie schuf, oft sogar die Gesichter damals – etwa im Nürnberg des 16. Jahrhunderts – lebender Personen. Ratsherren sind dabei. Träger vornehmer Namen. Welches Geschrei gäbe es, würden wir es heute wagen, die Gesichter der Gekreuzigten mit heutigen Gesichtern zu vertauschen, die Gesichter des Pilatus, der Offiziere und Soldaten. Aber mit ihnen allen, für sie alle ist er gestorben. Mit den Richtern und Henkern, mit den Verbrechern und mit ihren Opfern. Vielleicht könnten wir also etwas nachdenklicher werden an diesem Karfreitag in deutschen Landen und in dieser Stadt. Nicht so vollmundig und sicher, wie wir es nun Stunde für Stunde über die Rundfunksender hören. Als einer, der in den letzten Tagen immer wieder zwischen den Fronten unterwegs war – von den Justizbehörden ins Haftkrankenhaus und zurück – hin und her zwischen Eisblöcken, kann ich nur sagen: So viel Ratlosigkeit und Angst habe ich lange nicht gesehen – und so viel vorgetäuschte Sicherheit.

Die drei Kreuze von Golgatha schlagen uns alle Sicherheit aus der Hand. Die vom Schmerz verzerrten Gesichter der drei Gehenkten gleichen sich auf schreckliche Weise. Jesus und die Verbrecher. Aber vielleicht, vielleicht begreifen wir gerade darin das

Andere: Daß unser Herr uns allen auch in unserer tiefsten Zerstörung der leidende Bruder wurde, einer von uns, am äußersten Rand, und wir ihn gerade dort finden. Bei jedem Sterbenden. Und im eigenen Tod. In jedem Gefängnis und in allen Zwängen, denen jeder von uns unterworfen ist. In der tiefsten Verstrickung von Schuld, bei jedem von uns.

Dies sei genug. Heute ist noch nicht Ostern. Wir sollten uns wenigstens einmal im Jahr die Zeit nehmen, den Herrn am Kreuze zu betrachten. Amen.

21. April 1981

Dienstag nach Ostern. Das Fest ist vorüber. In großer Erschöpfung nach allem, was vorher war. Wie ein Alptraum liegt es hinter mir: Die Woche mit den Gefangenen, der Tod des Hundes, Karfreitag. Der Garten steht in voller Blüte, aber es ist eisig kalt geworden.

Wahrscheinlich werden alle lächeln, die niemals ein Tier zum Freund hatten. Aber es wird mir furchtbar schwer, ohne ihn zu leben. Meine Frau kommt morgens mit, wenn ich meinen Weg mache, die vertrauten Runden über die Rehwiese, an den Schlachtensee, zum Zeitungshändler, zur Post. Es ist so schön, mit ihr zu gehen. Aber man dreht sich um, und es folgt niemand. Die Leute, die mir begegnen, fragen mich, wo der Hund ist. Wir müssen immer dieselbe Geschichte erzählen und immer dasselbe Bild taucht auf, wie er starb. Dabei ist Jesus Christus gestorben, und Sigurd Debus – es ist schlimm, niemand wird es verstehen, wie mir zu Mute ist. Eben doch ein Verrückter.

Gründonnerstag im ZDF eine Kontroverse mit dem hessischen Justizminister, er in Wiesbaden, ich in Berlin, zusammengeschaltet. Er, ganz ein Herr, ganz sicher seiner Sache, seiner Sache der Sicherheit. Nein, hier würde keinen Wünschen der Gefangenen nachgegeben. Wo kämen wir denn da hin? Was der Bundesjustizminister an Amnesty International schreibe wegen der Überprüfung der Haftbedingungen, binde ihn nicht. Das sei Sache der Länder. Ein Sozialdemokrat. Ich hatte Mühe, höflich zu bleiben – es gelang mir nicht ganz.

Sonnabend dann im SFB war es einfacher, nachdenklich und gar nicht sicher. Auch ich bin es ja nicht. Heute kam auf diese Sendung der erste Brief. »Du rote Sau, Dir werde ich das Maul stopfen.«

Ich lese nebeneinander: Luise Rinser, »Den Wolf umarmen« – Erhard Eppler, »Wege aus der Gefahr«. Der Bundespräsident ist in die Fußstapfen von Helmut Schmidt getreten, nur noch ein bißchen deutlicher. Gegen die politisierenden Pfarrer, die den Pazifismus der Bergpredigt predigen. Man merkt, wie nervös die Leute in Bonn sind, weil endlich die Fragen gestellt werden, die überfällig sind. Ich freue mich immer mehr auf den Kirchentag in Hamburg.

23. April 1981

Es kommen immer noch böse Briefe wegen der Fernsehsendung am Gründonnerstag. Ich weiß gar nicht, was ich Ärgerliches gesagt habe – vielleicht nur von den Gefangenen als von normalen Menschen berichten, ohne ihre Verbrechen aufzuzählen, oder der einfache Hinweis darauf, daß das Gesetz über den Strafvollzug für alle gilt, weil auch sie Menschen bleiben müssen, das genügt schon. Die Briefe sind rüde und schon in der Sprache der Nazizeit ähnlich. Dazu gestern abend der Film über Rhisa, jenen hessischen Ort, in dem die Juden 1933 die Mehrheit hatten. Keiner hat etwas gesehen, keiner genau gewußt, was mit den jüdischen Bürgern geschah. Empörung, daß überhaupt gefragt wird – und dazu am erschreckendsten die Sprache, diese Sprache des Unmenschen, auch noch einfach falsch – ob es dort keine Schule gibt? Ja, und ich soll nun nächste Woche in Holland eine Ausstellung über den deutschen Widerstand eröffnen. Das Programm der 24 Stunden in Enschede liegt vor. Dazu ist man dann gut genug, das eigene Land in einem so geschundenen Ausland zu vertreten. Zu Hause wird man beschimpft. Draußen ist man ein Repräsentant der Bundesrepublik Deutschland.

24. April 1981

Der Berliner Wahlkampf läuft in seine letzte Phase. Alle prophezeihen das Patt, alle rechnen damit, daß mit einiger Nachhilfe CDU und FDP den neuen Senat bilden. Lustig ist der Streit, ob die Berliner Geschichte mit Willy Brandt aufgehört, und erst mit Dr. Vogel wieder begonnen hat. Die CDU treibt eifrig Propaganda mit den drei gescheiterten Bürgermeistern – Albertz, Schütz und Stobbe. Ich sehe mich in ihren Wahlsendungen mit einem roten SPD-Fähnchen in der Hand. So denkt man an die eigene Geschichte.

Warum bin ich eigentlich damals zurückgetreten? Ein Skandal, oder gar mehrere, waren es ja wohl nicht. Die gängige Meinung sagt, der 2. Juni 1967, also der Tod von Benno Ohnesorg, sei der eigentliche Grund für den Rücktritt gewesen. Ich selbst habe in den letzten Wochen viel darüber nachgedacht, ob das eigentlich stimmt. Dabei habe ich das erste Mal, seit ich dieses Tagebuch schreibe, etwas gefährliches getan. Mir waren die einfachen Daten des Rücktritts durcheinander geraten, und ich war gezwungen, an die Kisten heranzugehen, die auf dem Boden stehen und in denen meine Frau Zeitungsausschnitte, Bilder, Reden aufbewahrt hat. Es war wie mit der berühmten Flasche im Märchen. Man öffnet sie und Gespenster treten ans Tageslicht, Alpträume, Ängste, Hoffnungen, ich las zwei Tage Berge von Papier. Das Ergebnis: Der 2. Juni war es wohl nicht, oder nur in zweiter Linie als ein – sicher sehr wichtiges – Element. Denn die berühmte Kehrtwendung in meinen Verhaltensweisen, über die so viel geschrieben worden ist, hat sich ja noch im Amte, nicht, wie immer wieder behauptet wird, nach dem Rücktritt vollzogen. Der Stein, auf den ich lief, oder der mir am Halse hing, war diese Berliner SPD. Ich möchte zunächst gar nicht selber berichten, sondern hier einen Artikel einfügen, den Kai Hermann in der »Zeit« am 29. September 1967 unter der Überschrift »Das Kesseltreiben gegen Albertz« geschrieben hat. Er schildert, glaube ich, zutreffend aus der Sicht eines engagierten und mir keineswegs unkritisch gegenüberstehenden Journalisten den Tatbestand jener dramatischen Woche:

Berlin, Ende September 1967

Am Dienstagmittag fällte Heinrich Albertz seinen letzten einsamen Entschluß als Regierender Bürgermeister. Er diktierte einen Brief an den Parlamentspräsidenten Sickert: »Gemäß Artikel 41, Absatz 4, der Verfassung erkläre ich hiermit meinen Rücktritt.« Die letzten Getreuen im Rathaus Schöneberg hatten ihm eindringlich zu diesem Schreiben geraten.

Sie glaubten, Albertz durch einen taktischen Geniestreich doch noch vor den Messern der Diadochen zu retten. Der Regierende sollte dem drohenden Mißtrauensantrag in einer Sitzung von Fraktion und Landesvorstand zuvorkommen. Er sollte sich von dem bevorstehenden Landesparteitag – unter sehr viel günstigeren Mehrheitsverhältnissen als in der Fraktion – noch einmal nominieren lassen. Doch als Heinrich Albertz den Rücktritt geschrieben hatte, schien er müde und erleichtert zugleich. Auch bei seinen Freunden schwand die Hoffnung auf das Comeback des Mannes, dem zum politischen Kämpfer fast alles fehlt.

Dem Sturz des Regierenden ging eine Auseinandersetzung in der Berliner SPD voraus, die ohne Beispiel in der Geschichte der deutschen Sozialdemokratie ist. Ein erbarmungsloser Schlagabtausch – in der Selbstzerfleischung kannte die Partei kein Mitleid mit sich selbst. Der radikale linke Flügel, der sich vor einigen Jahren seine Opposition ebenfalls mit sehr robusten Mittel erkämpfte, war mittlerweile zu einer Stütze der von Albertz vertretenen Politik geworden. Dafür hatte sich eine sehr viel radikalere rechte Fraktion gebildet, die um ihrer persönlichen und sachlichen Ziele willen nicht davor zurückschreckte, die Partei in ein totales Chaos zu stürzen.

Eine Gruppe junger, smarter Parteifunktionäre führte im Bündnis mit dem Landesvorsitzenden Kurt Mattick, dem Sozialsenator Neubauer und einigen Abgeordneten den Guerillakrieg gegen die Albertz-Mannschaft. Sie kämpft mit allen Mitteln darum, das Terrain zurückzugewinnen, das die konservative Rechte schon unter Brandt verloren hatte: mit gezielten Indiskretionen, gezielten Dementis, offensichtlichen Diffamierungen von Parteifreunden und mit Kaderarbeit in den unteren Parteigremien.

»Wer nicht spurt, wird rasiert«, verkündete einer der Frondeure als Devise. Einer der von den Heckenschützen getroffenen Senatoren reagierte: »Kalte Mörder.« In der Umgebung von Albertz spricht man offen von einer »Mafia« und von »SA-Methoden«.

Sie waren fest entschlossen, Albertz zu stürzen – noch ehe er vereidigt war. Der offene Kampf gegen seinen Senat begann dann unmittelbar nach den Studentenunruhen Anfang Juni. Selbst die radikalen Rebellen waren der Fronde als Verbündete im Kampf gegen Albertz recht. Mit ihnen forderten sie einen neuen Senat. Sie warfen Albertz seine harte Haltung gegenüber den Studenten vor.

Mitte Juni verlangte der Parteivorsitzende Mattick die Köpfe von vier Senatoren – sie gehörten ohne Ausnahme zu den engsten politischen Freunden des Regierenden. Der Mattick-Verbündete Neubauer sollte zweiter Mann im Rathaus werden. Mattick fand kaum Anhang in den Führungsgremien der Partei. Er blies zum Rückzug und dementierte seine Pläne. Doch durch gezielte Information einiger Zeitungen war zuvor für Publizität des Umsturzplans gesorgt. Mit immer neuen Indiskretionen über personelle Querelen wurde systematisch der Eindruck erweckt, Albertz sei nur noch Regierender auf Zeit.

Emissäre wurden nach Bonn geschickt, um dem früheren Berliner Senator und jetzigen Staatssekretär Klaus Schütz (Auswärtiges Amt) das höchste Amt der Teilstadt anzutragen. Ermächtigt freilich waren sie zu diesem Angebot weder von der Fraktion noch vom Landesvorstand. Anfang August wagten Mattick und seine Freunde den ersten Generalangriff. Der Landesvorsitzende fuhr in geheimer Mission nach Bonn und trug Willy Brandt seinen Plan vor: Albertz und sein Stellvertreter Strieck sollten zum Rücktritt gezwungen werden, die Vertreter der Rechten im Senat, Neubauer und Schwedler, die Bürgermeisterposten übernehmen.

Brandt winkte ab.

Wiederum mit Hilfe gezielter Informationen versuchten die Diadochen die Fraktion für den Königsmord zu gewinnen. Nun warfen sie Albertz vor, er sei gegenüber den Studenten zu weich. Ohne Erfolg. Doch sie gaben nicht auf, sie änderten nur die Taktik. Fortan wurde auf einzelne Senatoren aus dem Hinterhalt geschossen. Hauptzielscheiben waren Schulsenator Evers und Innensenator Büsch. Evers, einer der qualifiziertesten Mitglieder des Senats, war einige Wochen zuvor noch ein Platz in einer Neubauer-Mannschaft angeboten worden. Der junge Senator und intellektuelle Kopf der Mittelgruppe resignierte vor den Intrigen gegen seine Person und den Angriffen auf seine reformfreudige Schulpolitik. Er drohte mit Rücktritt und meldete sich grippekrank.

Büsch dagegen, der nach dem 2. Juni zweimal seine Bereitschaft zum Rücktritt erklärt hatte, war nun zum Durchhalten entschlossen, doch Heinrich Albertz wurde weich. Er glaubte, die Opposition in den eigenen Reihen mit einem Opfer beruhigen zu können. Er bat Büsch, seinen Posten zur Verfügung zu stellen. Der Innensenator opferte sich – eine Woche bevor sein Chef demissionierte.

Eine Umbesetzung des Senats war notwendig geworden. Die Rechte besaß endlich einen Hebel, um den ganzen Senat zu »kippen«. Sie ließ dem Regierenden die Alternative: Rücktritt auf Raten, indem er ihr alle Schlüsselpositionen des Senats überließ –

oder Sturz, indem sie die Umbesetzung der Regierung boykottierte.

Albertz zögerte, entschloß sich wohl zum erstenmal in seiner Parteikarriere zu einem taktischen Manöver. Er schien auf die Hauptforderung seiner Gegner einzugehen und seinen ärgsten Widersacher Neubauer zum Stellvertreter und Innensenator machen zu wollen.

Auf einer Klausurtagung der Führungsgremien am Sonnabend vergangener Woche wurde einstimmig ein Sachprogramm verabschiedet, das Albertz' Vorstellungen einer neuen Berlinpolitik entsprach. Die Rechte, die sich lange gerade gegen dieses neue Konzept gewandt hatte, blieb stumm. Albertz stellte die Vertrauensfrage. Die Delegierten bekannten sich mit großer Mehrheit zu ihm.

So gestärkt schlug der Regierende den Sozialsenator Neubauer überraschend nicht als seinen Stellvertreter vor, sondern stellte eine Neubesetzung dieses Postens nur zur Diskussion. Als unter den Delegierten Stimmen gegen den starken Mann der Rechten laut wurden, verzichtete Neubauer nicht nur auf den Bürgermeisterposten, sondern auch auf das Innenressort. Nach sechzehnstündiger Debatte schien Albertz in den frühen Morgenstunden des Sonntags seine Gegenspieler überlistet zu haben. Er hatte einen Pyrrhussieg errungen. Noch im Morgengrauen erklärte der Parteivorsitzende Mattick vor Journalisten, das Vertrauensvotum für den Regierenden bezöge sich allein auf dessen Ausführungen in der letzten Parlamentssitzung.

Am Sonntag wurde deutlich, daß Kurt Neubauer ein geschickterer Taktiker war als Heinrich Albertz. Der Senator hatte zwar auf das Innenressort verzichtet, aber er und seine Verbündeten waren nun nicht bereit, den Weg für einen anderen Kandidaten freizugeben. Nach einer siebenstündigen Sitzung des Parteivorstands wußte Albertz, daß er nicht mehr zum Kompromiß mit seinen Gegnern kommen würde.

In der folgenden Nacht und den Morgenstunden des Dienstags bereitete sich die Fronde auf die »große Lösung« vor. Sie unterbreitete Koalitionsangebote, um die Linke als Mitattentäter zu werben. Doch die Linke wollte dann doch – so Harry Ristock – lieber »ehrenvoll mit Heinrich Albertz untergehen«, als sich an dem Konkursgeschäft beteiligen.

Am Nachmittag des Dienstags waren im Rathaus Schöneberg

die Dolche bereits gezogen. Wie groß die Mehrheit in der Fraktion oder ob es überhaupt noch eine Mehrheit sein würde, die sich schützend vor den Regierenden stellt, war ungewiß. Die Aussichtslosigkeit, eine Lösung zu finden, hatte auch bei vielen der Abgeordneten, die das Treiben der »Mafia« verurteilten, den Eindruck verstärkt, der Regierende kämpfe auf verlorenem Posten.

Heinrich Albertz überraschte die Genossen noch einmal, als er die unvorbereitete Fraktion von seinem Schreiben an den Präsidenten unterrichtete. Er stahl den völlig überraschten Verschwörern den Auftritt und ersparte sich und der Partei die letzte Peinlichkeit der politischen Boulevardtragödie.

Parallelen zum Ende der Ära Erhard werden in Berlin gezogen. Sie sind offensichtlich. Der Regierende Bürgermeister sah sich wie der ehemalige Bundeskanzler als Mann über der Partei, als Volksregierender. Er tat lange die Querelen im Apparat mit ironischen Floskeln ab. Er hielt es seiner für unwürdig, sich in die Auseinandersetzungen und Rangeleien einzumischen. Er bemühte sich nie um eine Hausmacht. Aber er stieß mehr als einmal seine Genossen vor den Kopf: durch arrogant scheinende Geringschätzung, mit selbstherrlichen Entscheidungen.

Albertz hatte schon bei seinem Amtsantritt keinen sicheren Rückhalt in den Führungsgremien der Partei. Er erlitt seine erste Niederlage, als er seinen Vertrauten Spangenberg der Fraktion als Stellvertreter vorstellen wollte. Die Parlamentarier fühlten sich übergangen und wiesen den Vorschlag ab. Der Regierende aber spielte fortan taktisch nicht geschickter. Er versuchte, den Parteivorsitzenden Mattick durch einen Mann seiner Couleur zu ersetzen. Eine große Mehrheit für diesen Plan auf dem Landesparteitag nach den Wahlen schien ihm gewiß. Da verbündeten sich linke und rechte Fraktion und teilten die Vorstandsposten untereinander auf.

Sie wählten Mattick, der als »schwacher Mann« auch den Linken recht war, wieder an die Spitze. Diese unheilvolle Große Koalition, die Albertz und seine Freunde zu spät zu verhindern versuchten, schuf die Voraussetzungen für den späteren erbarmungslosen Bruderkrieg.

Mattick vergaß dem Regierenden den Versuch, ihn abzuschieben, nie. Und er verzieh auch seinen alten Gegnern auf der Linken nicht, daß sie ihn gewählt hatten, obwohl sie ihn nicht ernst nahmen. Der altgediente Funktionär, wie kaum ein anderer vertraut mit dem Apparat, erwies sich im Dschungelkampf als starker Mann.

Ein anderer als Heinrich Albertz hätte vielleicht – Willy Brandt gewiß – das Auseinanderfallen der Partei verhindern können. Vor denselben Problemen hätte auch er gestanden. Albertz hat die SPD-Krise in Westberlin nicht verursacht. Sie war da, bevor er das höchste Amt übernahm.

Jene Krise, die zum Ende des Kabinetts Erhard führte, wurde in der Teilstadt mit einiger Verzögerung akut. Sie wurde länger verschleiert, aber dann traf sie Westberlin umso heftiger. Die Konjunkturkrise enthüllte eine Strukturkrise der Wirtschaft. Die politische Krise in Westberlin wurde zur Existenzkrise der Stadt, die Studentendemonstrationen waren ein Symptom. Die Erkenntnis, daß die Deutschland- und Ostpolitik Bonns gescheitert war, wirkte als Schock von dem sich Westberlin nicht so schnell erholen konnte. Das Umdenken fiel hier besonders schwer. Illusionen, mit und von denen die Berliner gelebt hatten, waren nicht über Nacht zu zerstören.

Aber es war gerade Heinrich Albertz, der entschlossen war, Berlin mit Phantasie und Energie aus der politischen Sackgasse herauszuführen. Hier enden die Parallelen zum Ende der Ära Erhard. Jenes Programm, das er noch drei Tage vor seinem Sturz durchsetzte, sollte die große Diskussion mit der Bevölkerung eröffnen, ihr die Wahrheit sagen, sollte Westberlin ein neues Selbstbewußtsein geben.

Die Mehrheit der Partei war ihm auf diesem Weg gefolgt. Die einstimmige Zustimmung auf der Klausurtagung machte das deutlich. Dennoch schwächte der politische Mut Albertz' Position. Noch am Dienstag drohte die »Berliner Morgenpost« in einem Kommentar zum sozialdemokratischen Arbeitspapier: »So geht es nicht! Wenn der Senat im Blick auf das Ulbricht-Regime eine grundsätzliche Kehrtwendung macht, hat er sich der Entscheidung der Westberliner Bevölkerung zu stellen.« Schützenhilfe erhielten Albertz' Gegner einen Tag vor dem Rücktritt noch vom Präsidenten des Bundesverbandes der deutschen Industrie, Fritz Berg. Er behauptete, die Wirtschaft befürchte, der Senat werde die feste Bindung zur Bundesrepublik aufgeben. Die Phalanx der Kritiker auch außerhalb der Partei war zu stark für Albertz.

Zwar haben auch die potentiellen Nachfolger im Rathaus Schöneberg das umstrittene Papier über die Ostpolitik unterschrieben, ob sie es aber auch zur Grundlage ihrer Politik machen, ist fraglich. Albertz' Freunde sprachen von »Meineiden«, die auf der Klausurtagung geschworen worden seien, um die personellen Ambitionen nicht durch Sachdiskussionen zu belasten.

Die politischen Probleme der Stadt sind durch den Rücktritt des Regierenden ebensowenig gelöst wie der Zwist in der Partei beendet ist. Eine Alternative zu Albertz wurde auch nach seinem Sturz nicht sichtbar. Von keinem der Kronprinzen weiß man bislang, welchen politischen Kurs er verfolgen würde. Die Atmosphäre innerhalb der Partei ist so vergiftet, daß es unklar ist, wie überhaupt eine Einigung über eine neue Senatsmannschaft erzielt werden soll.

Die personelle Entscheidung soll schon Anfang Oktober auf dem (vorverlegten) außerordentlichen Parteitag fallen. Unter den Delegierten verfügen der linke Flügel und die Mittelgruppe über einen viel stärkeren Anhang als in der Fraktion. Sie werden es kaum zulassen, daß der derzeit stärkste Mann der Partei, Kurt Neubauer, den neuen Senat führt. Zu sehr hat sich der ehrgeizige Senator mit den Guerilla-Methoden seiner Freunde identifiziert, zu rücksichtslos ist er als bloßer Taktiker aufgetreten.

Ein Ausweg wäre ein Bürgermeister-Import aus Bonn. Aber selbst wenn sich ein geeigneter Bewerber finden sollte, hätte er es schwer, vor dem Parteitag zu bestehen.

Bleibt der Bausenator Schwedler. Als Mann der Rechten hat er sich aus den Auseinandersetzungen der vergangenen Monate herausgehalten. Er ist damit der erste Kandidat für den Posten des Regierenden Bürgermeisters.

Oder aber Heinrich Albertz entschließt sich wider Erwarten, doch noch einmal zu kämpfen ...

Nun, der Nachfolger hieß nicht Rolf Schwedler, sondern Klaus Schütz. Das war schon am Tage meines Rücktritts klar, die Möglichkeit meiner Wiederwahl eine reine Spekulation. Am 26. September versuchte ich, Willy Brandt zu erreichen. Er war zur Kur in Bayern, auf einem Ausflug unterwegs und angeblich unerreichbar. Ein smarter persönlicher Referent fertigte mich wie einen lästigen Bittsteller ab. Ich hatte keine Lust mehr zu »kämpfen«. Aber wenn Bonn damals in die Berliner Schlangengrube hineingegriffen hätte, wie es dann 1981 endlich (und wahrscheinlich zu spät) geschah, wäre der Stadt vieles erspart geblieben. Damals tat dies alles sehr weh, heute sind es vernarbte Wunden.

Jener 26. September war ein sonniger klarer Herbsttag. Als das Gespräch mit dem Parteivorsitzenden gescheitert war, unterrichtete ich Bonn von meiner Entscheidung und, wie sich das in Westberlin gehört, die Alliierten, und ich versuchte, mein Schreiben an den Präsidenten des Abgeordnetenhauses zu diktieren. Die Sekretärin begann zu weinen, und ich gab den Auftrag, das Schreiben fertig zu machen, an den Chef der Senatskanzlei. Ich berief für Mittag eine Senatorenbesprechung ein. Sie saßen schweigend um den runden Tisch in meinem Amtszimmer. Die Sache war in drei Minuten erledigt.

Sie waren mit meiner Entscheidung nach der Verfassung nun auch zurückgetreten. Ich aß auf meinem Zimmer. Ich legte mich ein bißchen hin auf jenes Sofa, das wir in den Nächten nach dem 13. August 1961 aufgestellt hatten, und auf dem nun wohl Dr. Vogel schläft, wenn ihn sein Arbeitseifer nicht aus dem Rathaus läßt. Ich ging pünktlich in den Fraktionsvorstand. Der Direktor des Abgeordnetenhauses riß mir den Brief an den Präsidenten geradewegs aus der Hand, so als fürchtete er, ich könnte ihn noch einmal zurückfordern. Die Fraktion selbst nahm meine Entscheidung schweigend zur Kenntnis. Der Presse beantwortete ich keine Fragen – warum eigentlich nicht? Ich fuhr nach Hause, die Dienstwohnung, in dem Traumpark im Grunewald, viel zu groß für meine Frau und mich, viel zu kühl und offiziell. Ich war wie befreit. Ich mußte noch bis zum

19. Oktober die Geschäfte führen. Es kamen kaum noch Akten auf meinen Schreibtisch. Ich empfing noch ausländische Gäste, mußte noch ein paar Reden halten, die Senatssitzungen dauerten höchstens eine Viertelstunde. In der letzten dankte ich den Kollegen für ihre Mitarbeit, von ihnen kam kein Wort. Ich wählte meinen Nachfolger noch mit, nicht seinen Senat. Meine Frau wartete im Amtszimmer – unten stand ein kleiner Wagen, die letzte Dienstfahrt.

Ich hatte den Fehler gemacht, nicht gleich auch das Abgeordnetenmandat niederzulegen. Die Qual der Zugehörigkeit zu dieser Fraktion dauerte noch bis zum 15. Juni 1970. An diesem Tage hielt ich meine letzte Rede im Parlament. Der Präsident hatte bei meiner Wortmeldung meinen Namen vergessen. Aus dem Rathaus wurde, nachdem ich das Mandat niedergelegt hatte, verbreitet, ich sei aus Berlin weggezogen. Man kann also, wenn man nur stur und borniert genug ist, einen Menschen zur Unperson machen. Für diese Art von Gesellschaft war ich es nun – bis zum Flug nach Aden.

Aber warum bin ich zurückgetreten? Kai Hermann hat es exakt geschildert. Nur: Der 2. Juni blieb natürlich das entscheidende Datum – der Tag des Zornes Gottes über meinem Haupt. Zunächst erschien der Staatsbesuch des Schahs von Persien – eine lästige Pflicht wie viele andere. Wir hatten viel Aufwand dieser Art hinter uns – Besuche, die von großer Zustimmung getragen waren – John F. Kennedy an der Spitze –, Besuche, die eher für das Auge als für das Herz geschaffen waren – die Königin von England –, viele exotische Gäste. Der Schah war eine Mischung von allem.

Die Bundesregierung hatte Berlin auf sein Programm gesetzt. Man glaubte ja auf diese Weise die Bindungen zwischen Westberlin und dem Bund demonstrieren zu können. Als ob dies den Schah auch nur von weitem interessierte! Ich widersprach zunächst nicht. Sollte er kommen, wir hatten schon Schlimmeres überstanden. Die Studenten kündigten Demonstrationen an. Sie hielten Seminare ab in der FU über die Gewaltherrschaft des Schahs, über die Verbrechen von SAWAK. Sollten sie. Ich konnte mir nicht aussuchen, wen Bonn nach Berlin schickte. Wen hatten wir alles empfangen – vor allem aus Lateinamerika! Erst als auf der Reise des Schahs durch Westdeutschland die ersten schweren Zusammenstöße zwischen Demonstranten und Polizei gemeldet wurden, versuchte ich, den Besucher noch im letzten Moment loszuwerden. Es war zu spät. Auch der Bundespräsident war eigens nach Berlin gekommen, um dem Staatsgast hier noch einmal zu begegnen. Es wäre eine schwere Belastung für die Beziehungen zwischen der Bundesrepublik und dem Iran, würde das Programm geändert. Und: Sollten die Studenten bestimmen, wer Berlin besuchen darf und wer nicht? So auch ich.

So kam er an mit seiner Frau. Unsympathisch und steif, in einer stelzernen Würde, ohne eine erkennbare menschliche Regung. Die Straßen waren fast leer, als wir vom Flugplatz zum Rathaus fuhren. Erst dort waren junge Leute versammelt und – zu meinem Entsetzen nach Berlin eingeflogene – Schlägertruppen, die, während der Schah und ich in meinem Amtszimmer ein erstes Gespräch führten, mit Dreschflegeln und Stangen auf die Studenten einschlugen – die Polizei machtlos dazwischen. Ein unbeschreiblicher Lärm drang durch die Fenster. Ich war mit dem Gast beschäftigt, ohne genau zu erkennen, was sich dort unten abspielte. Ich habe bis heute nicht klären können, wer die Mitverantwortung für diese Gewalttaten trug. Natürlich SAWAK. Aber sie mußten Sonderflugzeuge gebucht haben. Wußte das Auswärtige Amt davon? Der Bundesnachrichtendienst? Jedenfalls hatte diese erste

Konfrontation die Empörung der Studenten aufs äußerste gereizt. Für den Abend war Schlimmes zu erwarten. Die Polizei versicherte mir, Vorfälle wie am Mittag würden sich nicht wiederholen. Gegen 18 Uhr erwartete ich die Gäste zu einem Empfang im Charlottenburger Schloß. Dort war alles ruhig. Erst als wir vom Schloß kommend in die Bismarckstraße einbogen – die Kolonne der Wagen, auch der des Bundespräsidenten –, sahen wir, was bevorstand. Die Straße schwarz von Tausenden von Menschen, die Absperrungen durchbrochen. Wir mußten auf den Bürgersteig auffahren und direkt vor dem Eingang der Oper halten. Ein infernalisches Geschrei. Eier, Farbbeutel flogen, wohl auch ein paar Steine. Nur mit Mühe kamen wir durch die Tür – der Schah, der Bundespräsident, ich – mit den Frauen (die meine blieb noch zurück und mußte erst nach nochmaligem Öffnen der Tür hereingeholt werden) –, eine groteske Szene. Ich sagte zu dem ersten Polizeioffizier, dem ich hinter der Tür begegnete: »Ich hoffe, daß sich bei der Abfahrt dieses Schauspiel nicht wiederholt.« Vielleicht hat dieser Satz alles weitere ausgelöst. Ich hatte der Polizei keine unmittelbaren Weisungen zu geben, schon gar nicht für die Form ihres Einsatzes. Das konnte nicht einmal der Innensenator, politisch für die Polizei verantwortlich. Aber der Polizeipräsident gab dann seine Befehle – die er später geschmackvoll als Weisung zur Bildung der »Leberwurst« bezeichnete. Die Demonstranten wurden von zwei Seiten zusammengedrückt und mit dem Knüppel auseinandergedroschen. In dieser Konfrontation fiel dann der unsägliche Schuß. Der Polizeimeister Kurras hatte den Studenten Ohnesorg getötet.

Das Gerücht, ein Student sei erschossen, dann: ein Polizist sei erschossen, drang schon in die Oper. Eine verläßliche Meldung lag nicht vor. Ich saß steinern neben der steinernen Farah Diba. Ich habe nie in meinem Leben so wenig von einer Oper gesehen und gehört. Ich glaube, es war Mozart. Als wir das Haus verließen, war die Straße leer von Demonstranten. Ich begleitete den Bundespräsidenten und den Schah zu ihren Wagen. Der meine stand auf dem Mittelstreifen, von Polizei geschützt. Ich fuhr nach Hause. Ja, ich fuhr nach Hause. Warum fuhr ich nach Hause? Warum nicht ins Polizeipräsidium – warum von dort nicht ins Krankenhaus zu dem toten Studenten? Äußerlich war alles klar: Ich war nicht Innensenator, ich wußte noch nicht einmal verläßlich, ob ein Mensch und wer erschossen sei. Ich mußte meine Frau heil nach Hause bringen. Ich war todmüde, angeekelt von allem, was geschehen war. Aber ich werde die Schuld für dieses persönliche Versagen tragen müssen, bis ich vor meinem ewigen Richter stehe.

Ich versuchte, den Polizeipräsidenten oder den Innensenator zu erreichen. Ehe sie sich meldeten, kam die Nachricht vom Tode Benno Ohnesorgs schon über die Mitternachtsnachrichten des Rundfunks. Der Pressechef des Senats las mir eine von ihm formulierte Erklärung vor: Ich stünde voll hinter der Polizei. Ich stimmte zu. Im Gespräch mit der Polizeiführung tauchte das erste Mal die Version von einem Querschläger auf, der den Studenten getroffen habe. Ich mußte mit einem Menschen reden. Ich rief den Senator für Wissenschaft und Kunst, Werner Stein, an. Wir sprachen lange miteinander – ratlos, was ist mit den Studenten? So ratlos wie heute die Regierenden. Am nächsten Morgen mußte ich den Schah zum Flugplatz bringen. Ich fragte ihn, ob er von dem Toten gehört habe. Ja, das solle mich nicht beeindrucken, das geschehe im Iran jeden Tag. Seine Gegner seien Söhne von reichen Leuten, die er enteignet habe.

Ich fuhr ins Rathaus. Der Polizeipräsident erwartete mich. Er wiederholte die Geschichte vom Querschläger. Er mußte wissen, daß er log.

Dies ist der äußere Hergang. Der 2. Juni 1967. Fünf Jahre später, im Herbst 1972, habe ich dann in der Vierteljahresschrift RADIUS versucht, etwas über Maßstäbe für politisches Handeln zu schreiben:

Maßstab für politisches Handeln

»Du kennst wenigstens die Zehn Gebote« – mit diesem anspruchsvollen Satz nahm Willy Brandt im Dezember 1961, also vier Monate nach jenem unseligen 13. August, den damaligen Chef der Senatskanzlei des Landes Berlin, der zögerte und viele Ausreden hatte, in die Pflicht, Senator für Inneres und damit politischer Chef der Westberliner Polizei zu werden. Diese Erwartung, hier wisse einer, was gut und böse sei, hat mich jahrelang besonders belastet. Wenn andere nach Nützlichkeit und Opportunität entschieden, wurde hier einem zugemutet, Maßstäbe zu haben und sich an sie zu halten.

Welche Maßstäbe? Die Zehn Gebote? Gemeint war ja wohl die »zweite Tafel«, jenes »Du sollst nicht«, das sich auf Menschen und ihr Verhalten zueinander richtet. Aber die Erfahrung sollte mich lehren, daß diese Normen, wenn es ernst wurde – und es wurde in jenen Jahren immer wieder sehr ernst – auf eine seltsame Weise gleichzeitig zu weit und zu eng waren. Das Töten war auf der andern Seite ohnehin tägliche Praxis; Versuche, mit Sprengstoff gegen die Mauer anzurennen, Fluchthilfe mit falschen Papieren, Waffengebrauch auch hier im Westen die Antwort. Was half da das 5. Gebot? Und was war mit der Wahrheit?

Sollte man den Menschen sagen, daß die Wiedervereinigung abgeschrieben war, daß die großen Sprüche nicht mehr stimmten, daß diese Mauer nur mit Verhandlungen und damit nur durch Anerkennung ihrer Herren durchlässig zu machen war? An solchen Fragen hing in jenen Jahren der Ludergeruch des Landesverrats. Was half da das 8. Gebot?

Ich habe mit diesen Erfahrungen begonnen, um zu zeigen, daß das Gesetz und die Gesetze niemanden so schinden können wie einen, der Politik nach Normen zu machen versucht und der außerdem von Mehrheiten abhängig ist. Zwar haben diese Mehrheiten selbst einmal Maßstäbe beschlossen – in der Präambel des

Grundgesetzes zum Beispiel. Aber diese Präambeln spielen wohl die gleiche Rolle wie das alte Tischgebet frommer Christen: »Komm, Herr Jesu, sei unser Gast« – was würde wohl geschehen, wenn er tatsächlich käme? Diese Mehrheiten haben jedenfalls handfeste Interessen, sie bestehen zudem wiederum in der Mehrheit aus Abhängigen.

So sind Entscheidungen fast immer die Quersumme solcher Interessen und Abhängigkeiten, und »Gewissensentscheidungen« – was immer das sei – werden an die Ränder der praktischen Politik abgedrängt: die Todesstrafe etwa, der § 218. Die Norm, was gut oder böse sei, ist in aller Regel zu hoch gegriffen. Darum soll man den Pragmatismus und die Weisheit, daß die Politik die Kunst des Möglichen sei, nicht schelten. Alles muß machbar sein, sagen die Macher. Und sie haben auf eine schreckliche Weise recht. Sie sind ein neuer Typ »des Austauschbaren«, können in Bonn und Ostberlin, in Washington und Moskau sitzen, und gleichen sich wie ein Ei dem andern. Die Entideologisierung hat ihren Siegeszug angetreten. Man kann heute in der SPD, morgen bei Unilever und übermorgen bei der CDU ein Manager sein. Einer der Ehrlichsten und Kältesten hat auf die Frage, was seine Partei sei, einmal geantwortet: »Meine Partei bin ich.«

Damit sind wir bei der Frage, ob nicht der einzige Maßstab die Macht sei, die man erlangen oder behalten müsse. Diese Frage ist so alt wie die Menschheitsgeschichte. Aber sie stellt sich heute im Zeichen der Demokratisierung und Mitbestimmung neu und viel schärfer. Denn es ist ja nicht mehr einer – oder besser: eine Gruppe Weniger, die Macht erlangen oder erhalten wollen, sondern es sind Tausende und Abertausende, die sich an Normen halten können oder sich über sie hinwegsetzen.

Ich möchte nicht mißverstanden werden. Diese Feststellung spricht nicht gegen Demokratisierung und Mitbestimmung. Aber sie soll deutlich machen, daß es im Zeitalter der breiten Verantwortungen, die Mehrheitsentscheidungen voraussetzen, noch schwieriger geworden ist, das »Gewissen« und die bloße Auseinandersetzung um Machtpositionen auseinanderzuhalten. Der Streit um die Ostverträge im Deutschen Bundestag ist hierfür ein frisches Beispiel.

Meine Erfahrung lehrt mich nach über 25 Jahren praktischer Politik jedenfalls, daß die Machtfrage wie keine andere die Entscheidung nach Maßstäben und Normen überschattet. Der Einwand: »jetzt nicht, so dicht vor Wahlen« ist tägliches Brot der Kundigen, und da in Westdeutschland dauernd gewählt wird, ist er stärker als alle Gebote. Verkauft also jeder seine Seele, der ins politische Geschäft geht?

Ich kann hier nur zwei fundamentale Erkenntnisse vortragen. Nicht das 4. bis 10. Gebot ist eine tragfähige Basis im Dschungel der Realitäten und Interessen, sondern allein das 1. Gebot. Nur wer die königliche Freiheit geschmeckt hat, die dieser lapidare Satz uns schenkt, geht nicht unter. Wer meint, mit absoluten Maßstäben in vorletzten und drittletzten Fragen arbeiten zu können, muß verzweifeln. Aber wer erkannt hat, daß man die Herren dieser Welt weder zu fürchten noch zu lieben braucht, wird in der Regel frei sein, das Notwendige und annähernd Richtige zu tun. Er wird auch im Ernstfall frei genug sein, Macht nicht erlangen oder erhalten zu wollen. Er wird sogar frei genug sein, eigene Fehler zu erkennen und offen und öffentlich davon zu sprechen. Nicht das Gesetz also, sondern das Evangelium bringt es fertig, Richtungen einzuhalten und sich im Notfall auch vom als richtig Erkannten nicht abbringen zu lassen.

Denn dies ist das Zweite: es wird sich um Richtungen, um Wegweiser handeln müssen, nicht um starre Formeln. Mir hat dabei immer der alte Prophet Micha geholfen, der im 6. Kapitel sagt: »Es ist dir gesagt, Mensch, was gut ist, und was der Herr von dir fordert: nichts als Recht üben und die Güte lieben und demütig wandeln vor dem Herrn.«

Das ist – zugegeben – eine sehr seltsame Aufzählung; keine Verbotstafeln, keine Gebrauchsanweisung für alle Lebenslagen, sondern drei, allerdings sehr deutliche Hinweise: Recht üben, die Güte lieben, Demut. Recht üben also. Das ist eine gute Übersetzung. Denn das Recht wird immer eine Übung sein und bleiben im Alltag der Politik. Die absoluten Maßstäbe, deren Zerstörung etwa Georg Picht so bitter beklagt, werden ja nicht durch ihre verbale Ablehnung, sondern durch die tägliche Praxis zerstört. Übung im Recht wird, das wissen wir, gerade dort schwierig, wo es sich um das Recht des Schwächeren, des Ungeliebten, des Fremden, des Unbequemen handelt: Daß ein Araber in unserem Lande, auch nach München, ein Mensch bleibt, dem Recht zusteht, und sei es das schmale Recht eines Ausländers: daß der Angeklagte Mahler einen fairen Prozeß bekommt, auch wenn er das Gericht verhöhnt; daß die Gleichheit vor dem Gesetz – die schwierigste Verfassungsnorm – langsam durchgesetzt wird; daß ungerechte Gesetze – wir leben im Bürgerlichen Recht immer noch 100 Jahre zu spät – durch gerechtere abgelöst werden. Übung im Recht ist nämlich Übung in Reformen. Und daß wir bei dem allen wissen, daß Recht, das wir setzen, immer nur ein schwacher Spiegel dessen sein kann, was Gerechtigkeit, wirkliche Gerechtigkeit bedeuten könnte.

»Die Güte lieben« – das ist fast scheu formuliert. Das bedeutet, auf den politischen Alltag angewandt, das Wissen um die notwendige Barmherzigkeit, von der Willy Brandt in Dortmund zu Beginn des Wahlkampfes 1972 geredet hat. Auch wenn Liebe nicht durchzuhalten ist im Gestrüpp von Gewalt und Gegengewalt, nach den Erfahrungen von Auschwitz, Vietnam und ähnlichen, sind wir aufgefordert, gegen das Gesetz des Urwaldes täglich anzutreten. Die Erkenntnis tut not, daß wir uns nötig haben, die Brandts, die Barzels, die Scheels, die Nicht- und Antikommunisten und die Kommunisten (auch die deutschen). Daß sie alle Menschen waren, die in München und Fürstenfeldbruck erschossen wurden oder verbrannten, die schossen und die den Schießbefehl gaben, die grausamen Palästinenser und die grausamen Israelis – das ist nicht leicht zu erkennen. Es ist nicht leicht, in der Politik gütig zu sein.

Noch schwieriger ist es mit der Demut – um es weniger altmodisch auszudrücken: mit der Bescheidenheit. Ich bin noch einmal beim Münchner Beispiel. Wenn doch nur *einer* der bedauernswerten Männer – der Deutschen, der israelischen Regierung, der arabischen Mächte – auch nur ein *einziges* Fragezeichen hinter ihr eigenes Verhalten gesetzt hätte! Aber da war alles »richtig«. Da bescheinigten sich alle drei Parteien, weil Wahlen ins Haus stehen, die Fehlerlosigkeit ihres Tuns. Die Bescheidenheit, sich selbst in Frage stellen zu können, über sich selbst zu trauern, seine eigene Unzulänglichkeit zu sehen, zu erkennen, wer man selber ist: dazu gehört mehr Courage als zu den Litaneien der Selbstrechtfertigung, die wir täglich zu hören bekommen, und in denen wir uns täglich üben.

Ist dies nun alles schlichte Romantik? Hat das alles etwas mit dem harten Kampf zu tun, den man so freundlich »Politik« nennt? Ich glaube schon. Ich glaube sogar: wenn diese bescheidenen Hinweise nicht beachtet werden, landen wir wirklich wieder im Urwald. Gerade wenn man zurückhaltend ist mit dem

Postulat absoluter Normen, wird man den unbequemen Weg gehen müssen, der langsam ist, ohne laute Fanfaren, aber der die Chance von mehr Recht und mehr Frieden hat. Grass hat also recht mit seinem Bild von der »Schnecke« gehabt. Das bedeutet keine Resignation; aber das bedeutet das kritische Hinterfragen der großen Worte zugunsten der täglichen Praxis. Das bedeutet vor allem mehr Unabhängigkeit in einer Welt zunehmender Zwänge, mehr Fröhlichkeit in dem tierischen Ernst, mit dem wir zu streiten pflegen.

Die Summe, die ich ziehen kann, lautet also schlicht, auch und gerade für die Politik: Der einzige Maßstab, der einzige absolute Maßstab ist das 1. Gebot mit seiner genialen lutherischen Erklärung, mit dem Hinweis auf die Befreiung aus dem Sklavenhause, mit dem tröstlichen »dein Gott«. Das reicht, das reicht ein Leben lang, auch ein politisches Leben.

26. April 1981

Sonntagmorgen. Die Kinder sind heil aus der Provence zurück. Gott sei Dank. In Groningen hat eine Gruppe von Friedensforschern und ehemaligen hohen Offizieren getagt. Das Ergebnis: Die Welt taumelt der nuklearen Katastrophe zu, wenn die Rüstungsspirale nicht drastisch zurückgedreht wird. Der Atomkrieg sei ohne das volle Risiko für beide Weltmächte in Europa machbar geworden, in drei oder vier Jahren erfülle sich unser Schicksal. Das Fernsehen brachte eine kurze Meldung. Die heutige Sonntagszeitung nichts – nur die Gebetsmühlen über die »Nachrüstung« der Nato klappern weiter.

Ich denke weiter über den 2. Juni nach. Nicht über die Motive der Studenten und die Geschichte der APO. Darüber ist so viel geschrieben und geredet worden, auch von den unmittelbar Beteiligten, die nun fast alle in bürgerlicher Sicherheit leben, daß man es nicht mehr hören kann. Sondern über die eigenen Reaktionen, Fehlentscheidungen, Zwänge – wenn es solche gab. Im Abstand von vierzehn

Jahren verkürzen sich die Abläufe auf merkwürdige Weise. Was zwischen dem 2. Juni und dem Tag meines Rücktritts geschah, erscheint mir heute wie eine Jagd durch eine heiße Wüste. Von »Mahlströmen der Geschichte« hat Dietrich Stobbe in seiner Rede bei der Heinemann-Bürgerpreis-Feier gesprochen. Vielleicht ein bißchen hoch gegriffen. Aber was uns die Studenten um die Ohren schlugen – die Preisgabe aller Werte des vielberedeten freien Westens in Vietnam und die tatsächliche Situation in Westberlin, die ja nur in einem Brennspiegel die Wirklichkeit in unserem Teile Deutschlands darstellte – es waren schon zwei Ströme, die sich auffraßen und den, der dazwischen stand, dazu. Ich werde die Frage eines amerikanischen Generals am 4. Juni nie vergessen: »Sollen wir hier Ordnung schaffen?« »Stadtweite Unruhen«, das war genau das Stichwort, auf das bestimmte Einsatzpläne der Polizei eingerichtet waren – Unruhen freilich, die von Ostberlin angezettelt werden könnten. Und die Öffentliche Meinung glaubte ja an die Steuerung der Demonstrationen von jenseits der Mauer her. Diese Automatik mußte um fast jeden Preis verhindert werden. Gott sei Dank waren die maßgebenden Amerikaner in Berlin durch ihre Erfahrungen in Berkeley und anderswo besonnen und im ganzen gelassen. Aber während ich durch die Stadt fuhr – ohne jeden persönlichen Schutz übrigens – und auf den Windschutzscheiben vieler Autos den Aufkleber: »Albertz – Mörder« las, lag hier die größte Sorge. Die beginnende Erkenntnis über das, was die Studenten wirklich bewegte, und meine Konsequenzen aus dieser Erkenntnis ins Gleichgewicht mit den vitalen Interessen Westberlins zu bringen – die den Studenten völlig gleichgültig waren, diese Unsicherheit – ohne ihre Wurzeln überhaupt zu spüren – benutzten die Frondeure in der Partei – rücksichtslos und für ihre eigenen Interessen.

3. Mai 1981

Durch die stillen Straßen von Schlachtensee läßt die christliche Partei während der sonntäglichen Gottesdienstzeit Lautsprecherwagen fahren, die dröhnend zu einer Wahlveranstaltung einladen. Heute in einer Woche ist der Spuk vorbei.

Ich war sehr froh, vorige Woche der Stadt zu entfliehen. Ein seltsames Wechselbad: Ein Tag Holland, ein Tag DDR, durch eine Nacht in einem sowjetischen Schlafwagen verbunden. Die Reise nach Enschede war eine Fahrt in die Vergangenheit. An der Grenze Gronau/Enschede hatte ich zwei- oder dreimal Auslandspost der Bekennenden Kirche in einen holländischen Briefkasten gesteckt, damit sie der Nazizensur entgehen konnte. 1935/36, 1938. Warum gerade dort? – Ich weiß es nicht mehr. Man ging über eine kleine Brücke, und 200 Meter weiter war die Post. Vergangenen Mittwoch bin ich von Enschede aus an die Grenze gefahren. Der Briefkasten hing noch – freilich modern frisiert – an der gleichen Stelle, vor einem Tabakladen. Wieder fiel mir ein: Wenn die Nazis die gleichen technischen Mittel gehabt hätten wie heute das Bundeskriminalamt, solche Kurierdienste wären lebensgefährlich gewesen. Umso mehr freute mich der Anlaß der Reise: Die Eröffnung einer Ausstellung über den deutschen Widerstand, ergänzt durch Dokumente über Widerstand in der deutsch-holländischen Grenzregion mit einer erstaunlichen Fülle von Zeichen gemeinsamen Kampfes: Sozialdemokraten, Kommunisten, Gewerkschafter – und Gott sei Dank viele Christen hüben und drüben halfen sich in großer Solidarität. Auch schlimme Beweise über die Zusammenarbeit von Wehrmacht und SD waren zu sehen. Die Reden zur Eröffnung waren eindrucksvoll und ohne Pathos auf beiden Seiten: Für die Holländer der Bürgermeister von Enschede und ein alter Kämpe des Widerstandes – auf deutscher Seite der Botschafter und ich. Ich hatte mir nichts vorher aufgeschrieben – und das war gut so. Ich konnte so ganz auf die Atmosphäre eingehen, in der wir beieinander waren: Zorn und Trauer und der gemeinsame Wille, alles zu tun, daß sich die Verbrechen von 1933–45 nicht wiederholen. Abends bei Tisch lange Gespräche über die augenblickliche Lage – fast ausschließliches Thema: Rüstung und Krieg. Große Offenheit – auch beim deutschen Botschafter.

Vorher noch eine Begegnung mit Professoren und Mitarbeitern der Philosophischen Fakultät der Technischen Hochschule. Berichte über die Tagung in Groningen: Die Kontakte müssen verstärkt werden. Denn die Niederlande sind inzwischen der Vorort im Kampf gegen den atomaren Rüstungswahnsinn.

Ja, und dann zwölf Stunden später an der Grenze von Westberlin in die DDR. Wir fuhren diesmal zum Übergang »Waltersdorfer Chaussee«, weil wir ja nach Fürstenwalde wollten. Das ist der Übergang, den die DDR plötzlich und ohne vorherige Ankündigung 1964 öffnete, um den direkten Zugang zum Ostberliner Flughafen Schönefeld zu ermöglichen. Ich erinnere mich noch an den absurden Versuch der Amerikaner, die uns veranlassen wollten, die Mauer von uns aus wieder zu schließen. Der Grund: Die Geschäftsinteressen der alliierten Fluggesellschaften. Ich weigerte mich damals mit Erfolg. Richtig ist natürlich, daß seitdem in immer größerer Zahl Westberliner die billigeren Flüge über Schönefeld ausnutzen. Wer will es ihnen verübeln?

Nun, diesmal gab es unsinnige Kontrollen. Die kleinen Geschenkpäckchen wurden geröntgt, ein alter Brief, der im Handschuhfach liegengeblieben war, genau geprüft. Aber trotz allem: Die Mauer war ja offen. Ein Passierschein öffnete sie. Die Verträge hatten es möglich gemacht. »Die Mauer durchlässig machen« – das war die Zauberformel, die 1963 vor den ersten Vereinbarungen stand – als damals fast utopisch erscheinendes Ziel. Die Mauer.

5. Mai 1981

Der 13. August 1961. Zwanzig Jahre liegt er zurück. Und in diesem Jahr wird es also unzählige Kommentare geben. Die meisten, die darüber schreiben und reden werden, waren nicht dabei. Und wer jenen schwülen Sommer in Berlin nicht miterlebt hat, kann sich die unheimliche Spannung in den Wochen vor dem schwarzen Sonntag schwer vorstellen. Der große Exodus aus der DDR hatte ja begonnen. Die täglichen Flüchtlingszahlen stiegen in die Tausende, von den Springer-Zeitungen in fetten Überschriften auf der ersten Seite als Siegesmeldungen plaziert. Im Rathaus häuften sich die Bitten, doch durch ein Wort von Willy Brandt zum allgemeinen Aufbruch aufzurufen. Zwar hatte Walter Ulbricht auf die berühmte Frage einer Westberliner Journalistin die Absicht, eine Mauer durch Berlin zu bauen, bestritten. Aber jeder, der nur etwas nachdachte, konnte sich ausrechnen, daß das Regime in der DDR zu entscheiden haben würde, ob es ein Land ohne Volk haben wollte oder das Risiko eingehen könnte, die Grenzen hermetisch zu schließen. Auch die größte Phantasie konnte sich die zynische Perfektion nicht vorstellen, mit der sie dann ihren Entschluß, gedeckt durch die Staaten des Warschauer Paktes, durchführten. Aber die Gerüchte, daß ein solcher Entschluß bald fällig war, zogen wie giftige Nebel über die Stadt. Die westlichen Allierten schwiegen, obwohl sie mit Sicherheit informiert waren – ihre Interessen in Berlin würden nicht berührt sein. Die deutschen Nachrichtendienste gaben keine brauchbaren Hinweise. Wir warteten wie auf ein Gewitter. Wir wußten, daß uns niemand helfen würde, helfen konnte, ohne den Dritten Weltkrieg auszulösen. Sterben für Berlin? Das konnte, das durfte die Stadt nicht wert sein.

Ich sehe noch auf dem Deutschen Evangelischen Kirchentag unmittelbar vor dem 13. August den damaligen Präses Kurt Scharf einsam in der Mitte des Olympiastadions stehen und höre noch, wie er vor dem Schlußgebet die Besucher aus dem Osten zur Rückkehr mahnt. Er selbst ein Symbol des gespaltenen Deutschland, Bürger der DDR mit einer zweiten Wohnung in Westberlin. Er, der sich selbst an diese Mahnung hielt, wurde dann nicht mehr zurückgelassen.

Makaber war, daß gleichzeitig der westdeutsche Wahlkampf lief, der erste, in dem sich Brandt als Kanzlerkandidat den Wählern stellte. So waren wir in der Nacht vom 12. zum 13. August in Westberlin nur ein kleines Häuflein Verantwortlicher. Die Polizei verständigte bald nach Mitternacht den zur CDU gehörenden Bürgermeister Franz Amrehn, der mich als Chef der Senatskanzlei aus dem Schlaf klingelte. Ich fuhr mit einer Taxe durch die stillen Straßen in das leere Rathaus. Es war soweit. Der S-Bahnverkehr war unterbrochen. An der Sektoren- und Zonengrenze wurden die ersten Sperren mit Stacheldraht errichtet. Wir teilten uns die Arbeit: Herr Amrehn versuchte, Bonn zu wecken, ich die Alliierten und die Leute, die in Berlin zur Verfügung standen. Vor allem mußte ich Willy Brandt so schnell wie möglich erreichen. Er befand sich im Schlafwagen eines Zuges von Nürnberg nach Norddeutschland. Ich ließ ihn in Hannover aus dem Zug holen. Er war mit dem ersten Morgenflugzeug in der Stadt. Wir fuhren zum Potsdamer Platz. In einem Meter Abstand werkelten Soldaten und Arbeiter an den Sperren. Sie zerschnitten eine Stadt, schnitten ins lebendige Fleisch, ohne Narkose.

Die alliierten Offiziere, die ich erreichte, waren ohne jede Aufregung. Um elf Uhr kam schließlich die erste Begegnung mit den Stadtkommandanten zustande. Wir saßen in jenem berühmten Sitzungszimmer in Dahlem: An den Wänden die Bilder der vier Generale, auch das des sowjetischen. Auf deutscher Seite der Regierende Bürgermeister, der Bürgermeister und ich. Gegenüber die Uniformen der Sieger. Der verlorene Krieg Adolf Hitlers war noch einmal drastisch im Raum. Die Herren hatten keine Weisungen. Sie mußten ja ihrerseits ihre Regierungen wekken. Es ist bekannt, wie und wo sie die Mächtigen des Westens antrafen.

Am Nachmittag trat das Abgeordnetenhaus zusammen. Es mußten große Worte geredet werden. Der Schock in der Stadt war ungeheuer. An diesem Nachmittag fiel die bittere Entscheidung, die für die nächsten Jahre die innere Sicherheit der Stadt garantieren sollte: Stacheldraht und Mauer mußten durch Westberliner Polizei gegen die empörte Bevölkerung geschützt werden, um unabsehbare Konsequenzen zu vermeiden. Die Massen zogen bereits zum Brandenburger Tor. Willy Brandt warf sich in die Bresche.

Ich wußte nicht, daß ich vier Monate später die politische Verantwortung für die Polizei würde übernehmen müssen. Joachim Lipschitz, Innensenator, hielt dem ungeheuren Druck dieser absurden Situation nur bis zum Dezember 1961 stand. Er brach im Rathaus tot zusammen. Die schwerste Bewährungsprobe in meinem politischen Leben begann. Viel schwerer jedenfalls als der Sommer 1967.

9. Mai 1981

Eine große, friedliche, fast fröhliche Demonstration war das gestern, wohl vierzigtausend Menschen, Alte und Junge, ganze Familien, Sozialdemokraten, Liberale, der Landesjugendring, viele Christen, sicher auch ein paar Kommunisten. Deshalb gab es vorher die übliche Aufregung. Aber selbst Dr. Vogel stellte sich vor oder hinter uns, auch wenn er den Protest gegen den Nachrüstungsbeschluß nicht billigen könne. Fast fröhlich: Denn es gab viel Musik in dem endlosen Zug, Kinder und Hunde. Die Polizei hielt sich zurück. Nur vor dem Kadewe (Kaufhaus des Westens) waren sie martialisch angetreten, die Schaufenster von Westberlins liebstem Glitzerding zu schützen.

Ich marschierte mit den »Alten« aus einem oder sogar zwei Weltkriegen. Als wir auf dem Winterfeldplatz angekommen waren, stand der Schluß des Zuges noch am Wittenbergplatz. So hat nur ein Teil der Demonstranten meine Rede gehört. Gleichzeitig liefen die Schlußveranstaltungen der großen Parteien, unter sich, und wenn das Fernsehen nicht wäre, unter völligem Ausschluß der Öffentlichkeit. Jedenfalls an den Mengen der jungen Leute geradewegs vorbei.

Ich konnte kaum noch stehen. Gott sei Dank entdeckten wir im Gewühl der Menschen ein Taxi. Und übermorgen bin ich im Zug in das Allgäu. Nur: Vorher ist noch die Wahl. – Es hat keinen Zweck zu spekulieren. Morgen abend wissen wir es genau.

10. Mai 1981

Sonntag. Wahltag. Kirchentagswetter: Plötzliche Sommerhitze. Früh haben meine Frau und ich die Nachtigallen in den riesigen, alten Bäumen der Rehwiese besucht. Sie singen in ihre heile Welt. Gestern abend Philharmonie: Mozart und Brahms. Der herrliche Bau ist oft noch schöner als alle Musik. Der Himmel in dem Saal mit seinen Balkonen voller Sterne. Ich denke wieder an Hans Scharoun, diesen genialen, fröhlichen Meister, und wie er um diesen Bau kämpfen mußte, gegen alle Bürokraten. Wie er zu mir nach Lichterfelde kam ... Damals hatten wir auch noch Träume für den Standort. In der Mitte der Stadt. Von Ost und West zu erreichen. Vor dem Bau der Mauer.

Heute wird gewählt. Noch sechs Stunden. Der Wechsel ist fällig. Welcher Wechsel? Welcher Wechsel ist gedeckt – auf einige Dauer? Wird es reichen, so oder so? Ich war in der Kirche. Sie blieb fast leer. Mein junger Nachfolger und Kollege hielt eine hervorragende Predigt. Wir standen in unserer kleinen Schar um den Altar und nahmen Brot und Wein – und dachten an die Stadt. Im Rathaus sind schon die Scheinwerfer aufgebaut. Gnadenlos auf Sieger und Verlierer gerichtet, wenn es solche gibt. Sicher sind die Erklärungen schon vorbereitet, für alle Eventualitäten. Ich weigerte mich 1967, es zu tun. Es war wohl falsch. Damals war ja eine satte Mehrheit noch sicher.

Wie werden sich die jungen Leute bewegen in diesem Trubel, der ihnen zuwider ist?

Ich muß Wein aus dem Keller holen. Zur Trauer, zur Freude?

Die Fahrkarten für die Reise morgen früh liegen auf dem Tisch. Die Koffer sind sicher schon in München. Es ist ein bißchen eine Flucht, auch vor den Journalisten.

13. Mai 1981 – im Allgäu

Kälte, Wind und strömender Regen. Dieser Wechsel war ein bißchen anstrengend. Bei Augsburg begannen die Gewitter, und dann kühlte es ab, nach einer fast sommerlichen Fahrt durch Thüringen. Nun sitze ich hier vor dem breiten Fenster, vor mir die vom Löwenzahn gelben Wiesen des Allgäus, die Kühe sind draußen, wohl erst seit ein paar Tagen und noch etwas unsicher nach der Enge des Stalles, hellbraune mit Plüschohren – alles sehr vertraut von vielen Urlauben Anfang der 70er Jahre. Eine geschlossene Welt, alles katholisch, alles CSU – aus Berlin kommt man hierher wie ein Wilder aus dem Busch. Sie glauben hier, wir hätten jeden Tag Straßenkämpfe, keiner sei mehr seines Lebens, schon gar nicht seines Hauses sicher. Aber alle sind freundlich und heiter.

Und ich bin froh, die große Stadt verlassen zu haben in diesen Tagen des hektischen Hin und Her um die Wahl des Herrn von Weizsäcker zum Regierenden Bürgermeister.

Es kam, wie es viele erwarteten. Keine regierungsfähige Mehrheit. Aber die FDP wird schon für sie sorgen, mit oder ohne Schamfrist. Und Vogel hat nun Zeit, seine Partei aus dem Sumpf zu ziehen. Ob der Schock heilsam genug war? Ein paar der Hauptschuldigen sitzen weiter im Parlament. Die Umgewöhnung von einer Laufbahnpartei des öffentlichen Dienstes in eine politische Gemeinschaft, die Ziele hat und Vertrauen schaffen kann, wird furchtbar schwer sein und lange dauern. Vielleicht helfen die Alternativen. Der Hochmut, mit dem sie bei ihrem großen Erfolg im Rathaus begrüßt wurden, wird manchem noch vergehen.

Der hessische Minister Karry ist ermordet worden. Im

Schlaf. Unbewacht. Durchs offene Fenster erschossen. Keiner kann sich ein Motiv ausdenken.

14. Mai 1981

Und nun hat die rohe Gewalt den Vatikan erreicht. Das Entsetzen ist groß, über die Tat selbst, über die Reaktionen auch. Hier im Hotel, im katholischen Bayern: Todesstrafe natürlich – alle Ausländer sind Verbrecher. Ich bete, daß der Heilige Vater leben darf und dann nach dieser furchtbaren Erfahrung ein noch deutlicherer Zeuge für Frieden und Gewaltlosigkeit sein wird als vor dem gestrigen Tag.

16. Mai 1981

Merkwürdig: Die Vokabel »das Böse« kommt plötzlich in den Zeitungen vor. Also die späte Erkenntnis, daß die Klischees von rechts und links für die sinnlose Gewalt, die wir täglich erleben, nicht mehr passen und auch die Erforschung der Motive nur oberflächlich bleiben kann, wenn man nicht weiß, wozu jeder von uns fähig ist, wenn die Hemmungen fallen – seit Kain und Abel. Das fängt bei den Quälereien, deren schon ein Kind fähig ist, an und hört beim brutalen Mord auf.

Der Papst hat die ersten Operationen überstanden. Ich stelle ihn mir vor: elend und in Schmerzen auf seiner Intensivstation, dem Herrn Jesus Christus viel näher als in seinen weißen Gewändern, und den Menschen wohl auch, als ein Leidender unter Leidenden.

Fast unbemerkt von der Öffentlichkeit ist der zweite Lorenzprozeß zu Ende gegangen. 15 Jahre Gefängnis für die drei Hauptangeklagten.

Der Verleger ist hier. Wir gehen das Manuskript bis zu dieser Seite durch. Was ist alles geschehen, seit ich an diesem Buch zu schreiben begann! Wir sprechen auch über den Kirchentag. Er hat in diesem Jahr die Überschrift »Fürchte dich nicht!« Für die »Zeit« habe ich folgendes dazu aufgeschrieben:

Ja, es hat schon seine Schwierigkeiten mit den Überschriften der Kirchentage. Eigentlich sollte sie sich diesmal auf die Friedensaufgabe der Christen beziehen. Aber dann hat sich ein Bischof gefürchtet davor und wohl zuerst zu sich selbst gesagt: »Fürchte dich nicht«.

Und nun gibt es zwei Bilder: das schöne offizielle mit einem Anlegepflock für die Schiffe, ganz hamburgisch mit einem festen Tau, und ein böses, nicht so schönes: ein Kreuz aus Atombombe und Atommeiler – »Fürchtet euch«.

Dies ist nun gewiß keine Überschrift im Sinne des Herrn Jesus Christus. Aber sie kommt von Herzen aus menschlichen Herzen, die Angst haben, Angst vor der Zukunft, die ihnen die Mächtigen vorbereiten mit »Kill« und »Over-kill«, und Angst vor allzu glatten Worten.

Aber glatt wird dieser Kirchentag nicht sein. Hoffentlich ist er aufrichtig. Auch dort, wo er keine Antworten weiß. Und hoffentlich hält er sich an die einzige Antwort, die er hat: Jesus Christus. Die ist freilich sehr unbequem.

Und hoffentlich vergißt er nicht die Welt, in der er spricht, die Stadt, in der er tagt, die Kirche, zu der er gehört.

Seltsam dies alles: Eine Stadt, die gerade ihren Bürgermeister auf nicht sehr anständige Weise hat scheitern lassen. Und ein Kirchentag, der als Präsidenten einen gerade frischgebackenen Bürgermeister einer Stadt mitbringt, die selbst ständig vom Scheitern bedroht ist. Fürchte dich nicht!

Ja, Zehntausende von jungen Menschen werden kommen, wie in Berlin und Nürnberg. Die Kirchentage beider Kirchen sind die letzten großen Freiräume geworden – oder geblieben? –, in denen sich die junge Generation des Landes trifft, in denen das vielberedte Gespräch zwischen Alten und Jungen noch stattfindet, in denen die Jungen selber zu Worte kommen in unzähligen Veranstaltungen und im Markt der Möglichkeiten.

Keine Partei, keine Gewerkschaft, keine andere Gemeinschaft kann diese Freiheit bieten – und noch merkwürdiger: in einer strengen Bindung an ihren eigenen Auftrag. Die Bibelarbeiten werden überfüllt sein. Das Herz des Kirchentages wird vermutlich das »Forum Abendmahl« werden – wie schon in Nürnberg –, wo alles, was ein erfülltes Leben ausmacht, handgreiflich wird: Brot und Wein als Elemente der Gemeinschaft und des Teilens, zugleich als Zeichen des Todes und des Opfers und der Zukunft, die uns niemand nehmen kann. Also: Jesus Christus zum Anfassen. Als Hinweis darauf, daß auch die nüchterne protestantische Kirche des Wortes ihre »Sinnlichkeit« braucht. Wie die katholischen Brüder etwas mehr nüchternes Wort brauchen. Fürchte dich nicht!

Wie politisch wird der Kirchentag sein? Ach, welche Frage! So politisch wie das ganze Evangelium. Gerade dort, wo es unpolitisch erscheint.

Wenn ich mit vierzig anderen im Eröffnungsgottesdienst ausgerechnet über den 23. Psalm, dieses makellos schöne Lied des Königs David auf die von seinem Gott behütete Welt, predige: »Grüne Auen, frisches Wasser, rechte Straßen, ein Tisch im Angesicht meiner Feinde, Gutes und Barmherzigkeit ein Leben lang«, dann ist das mindestens so politisch wie das Gespräch am Freitag mit dem Bundeskanzler über das schöne Thema: »Wie christlich kann Politik sein?« Fürchte dich nicht!

Ich hoffe, es werden viele in diesem Land Verantwortliche anwesend sein und vor allem zuhören. Wahlen stehen nicht an. Man braucht sich also nicht zur Schau zu stellen. Man braucht nur mit dem Nachdenken darüber zu beginnen, warum so vieles, was gesagt und getan wird in den Quartieren der Macht, völlig an dem vorbeigeht, was die meisten Kirchentagsbesucher denken, fühlen, wollen oder nicht wollen. Ich hoffe nur, die hohen Herren werden menschlicher behandelt als die, die im Bundestag wie lästige Querulanten am Reden gehindert wurden.

In Hamburg soll jeder reden können, und jedermann soll zugehört werden: Hans Apel und Dorothee Sölle, Richard von Weizsäcker und Erhard Eppler. Vor allem aber den Tausenden von Fragenden, unsicher und sprachlos Gewordenen. Fürchte dich nicht!

Der Kirchentag ist nicht die Amtskirche. Gott sei Dank oder leider – zum Aussuchen. Die Frage, ob nicht alle zwei Jahre unter höflicher Duldung der Bischöfe eine Spielwiese veranstaltet wird, ohne daß dies das Leben der offiziellen Kirche irgendwie ernsthaft berührt, ist berechtigt. Aber steter Tropfen höhlt den Stein. Die Zukunft der Kirchen in unserem Teil Deutschlands wird, was ihre äußeren Strukturen angeht, daran hängen, wieweit sie annehmen kann, was an Hoffnung und Ängsten in Hamburg wieder zum Vorschein kommen wird. Und vor allem: Dort in den überfüllten Hallen, auf den Straßen und Plätzen ist die Kirche mehr Kirche als zumeist in den Amtsstuben ihrer Behörden. Fürchte dich nicht!

Schließlich: Der Kirchentag wird wie immer ein ökumenischer Kirchentag sein. Nicht viele aus dem anderen Teil Deutschlands werden bei uns zu Gast sein können, aber doch mehr als nach außen sichtbar wird. Nicht viele aus den jungen Kirchen der Dritten Welt und von den unterdrückten Christen aus den Ländern der Videlas und Pinochets und Somozas werden zu uns sprechen und mit uns singen. Aber sie werden unübersehbar deutlich machen, wo heute in der Welt das Evangelium das letzte Brot der Freiheit geworden ist, das niemand stehlen kann.

Ja, Überschriften sind schwierig. Aber letzten Endes war diese vielleicht gar nicht so falsch.

Fürchte dich nicht – vor nichts und vor niemandem!

22. Mai 1981

Die fast sommerliche Hitze ist vorüber. Man kann sich wieder an den Schreibtisch setzen. Aber es war schon herrlich: Die Wiesen immer bunter, nachts ein voller Mond. Dreimal sind wir durchs Land gefahren, zweimal im Auto, einmal mit der Bahn ins Österreichische, aber nicht auf die Zugspitze. Zu ihren Füßen war es viel schöner.

Ja, und den Palmesel in der Peterswalder Kirche habe ich gesehen. Er steht in dieser kostbaren Fülle von Schönheit bescheiden neben dem Altar, ein einfaches, fast klobiges Tier, auf Rädern zum Ziehen, der Herr Jesus sehr aufrecht und gradeaus blickend – 1310! Nur die Hände des Herrn und die Ohren des Esels mußten erneuert werden. Das Holz ist schwarz geworden durch die Jahrhunderte, aber fest und kühl. Ich hätte ihn stehlen können.

Draußen in der Welt – weit weg von den Menschen und Tieren dieses Landes: Helmut Schmidt in Washington, nach einem klug inszenierten Abgang mit Rücktrittsdrohung nun bei Reagan – die Sowjets gleichzeitig mit schönen Briefen an die sozialistischen Parteien im Natobereich – alles, wie von einem guten Regisseur vorbereitet. Dazu der Wechsel von Giscard zu Mitterand. Der vierte IRA-Häftling in Nordirland im Hungerstreik gestorben. Der Papst spricht schon von seiner nächsten Reise.

Heute kommen Freunde aus Augsburg zu Besuch. Übermorgen geht es zurück nach Berlin. Ich habe noch keine Zeile für den Kirchentag geschrieben.

27. Mai 1981

Wieder in Berlin. In der Post Briefe zum Kirchentag. Offensichtlich Nervosität. Ein Brief von Bischof Lohse wegen eines angeblichen Protestmarsches der Friedensbewegung gegen die Veranstaltung mit Apel. Ein Brief des Präsidiums, ich möchte an einer Diskussion mit dem Bundeskanzler teilnehmen. Ich habe zugesagt. Es ist wichtig, in die Höhle des Löwen zu gehen. Thema: »Wie christlich kann Politik sein?« Nun, bitte. Auch Herr Stoltenberg und ein katholischer Professor sind dabei. 6000 Plätze in der Halle.

Im Begrüßungsprogramm steht Bürgermeister Klose. Er wird uns nicht mehr begrüßen. Er ist zurückgetreten. Der Riß in der SPD wird immer offenkundiger, Brandt hat gestern im Bundestag in einer guten Rede versucht, ihn zu schließen. Aber danach sind die wenigen Dissidenten, die den Mut hatten auszuscheren, wie räudige Hunde behandelt worden. Das Lachen wird dieser Mehrheit der Angst noch vergehen.

Erhard Eppler hat sich am Abend im Fernsehen zu den Nein-Sagern bekannt. Meine Hochachtung!

Die Stadt schwimmt im Patt des Berliner Wahlergebnisses. Aber ich bin sicher, Herr von Weizsäcker wird seine zwei Stimmen finden, die er noch zur Senatsbildung braucht.

2. Juni 1981

Lange nichts geschrieben für dieses Tagebuch. Dafür sieht mein Schreibtisch jetzt wie eine Werkstatt aus – jeden Tag muß ein anderes Manuskript für den Kirchentag fertig werden. Ich war ziemlich verrückt, mir so viel aufhalsen zu lassen. Das letzte Mal. Jetzt sind zwei Papiere fertig: Die Eröffnungspredigt und der Vortrag im »Forum Abendmahl«.

Heute der schreckliche Erinnerungstag an den Tod von Benno Ohnesorg. Und 30° C im Schatten. Die Jalousien sind heruntergelassen. Es ist sehr dunkel im Haus.

3. Juni 1981

Nun sind also, wie erwartet, die Stimmen für den Weizsäker-Senat da, sogar vier, darunter zwei amtierende Senatoren. Eine feine Partei.

Ich schreibe weiter für den Kirchentag. Die Nachbarin ist gestorben, eine freundliche, hilfreiche Frau, die wir sehr gemocht haben. Wer wird einziehen in das leere Haus?

Heinrich Böll hat mich einladen lassen zu einem Fernsehgespräch, das er am Pfingstmontag im SFB führt. Das freut mich sehr. Ich habe ihn seit sechs Jahren, als er die Laudatio zur Ossietzky-Medaille auf mich hielt, und vor allem nach seiner langen, schweren Krankheit nicht mehr gesehen.

Im Bundestag ein angriffslustiger Kanzler!

5. Juni 1981

Im Bundestag hat es vorgestern abend genau die Szenen gegeben, die diesem Parlament mehr schaden als alle angeblichen oder wirklichen Feinde der Demokratie. Die Präsidentin – Annemarie Renger – entzieht den Abgeordneten, die im Einklang mit der Geschäftsordnung ihre von der erdrückenden Mehrheit des Hauses abweichende Meinung in Sachen »Verteidigung« vortragen wollen, das Wort, mit »schneidender Stimme«, wie die Süddeutsche Zeitung berichtet. Die Meinung von Millionen Deutschen kommt nicht mehr zu Wort, weil sie an den Absprachen von Fraktionen und an einer Frau scheitert, die wahrscheinlich gar nicht versteht, worum es sich eigentlich handelt. Frau Renger hat das Wort als Präsidentin, Freimut Duve muß schweigen. Das ist die geistige und politische Situation im Deutschen Bundestag – Sommer 1981.

Da hilft auch alle Rührung nichts, mit der ich gestern einen Fernsehfilm über Willy Brandt angesehen habe. Diese Partei wird durch die Erfahrung schwerer Niederlagen gehen müssen, ehe sie dem Anspruch ihres Vorsitzenden und ihrer politischen Tradition wieder entspricht: also eine Freiheits- und Friedenspartei wird.

7. Juni 1981

Pfingstsonntag. Die Manuskripte für den Kirchentag sind fertig. Gott sei Dank. Die Senatsmannschaft des Herrn von Weizsäcker auch. Soll ich nun schreiben: Leider? Das wäre ganz unangemessen. Aber wie er nun aussehen soll, dieser große Wechsel, darüber muß man schon staunen. Heinrich Lummer wird Bürgermeister und Innensenator, Frau Laurien aus Rheinland-Pfalz bekommt die Schule und die Jugendverwaltung in die Hand. O Grundgesetz, o Liberalität! Ein Mann, der nicht die geringste Ahnung vom Dschungel des Berlin-Status hat, wird Bundessenator. Das personelle Konzept überzeugt wirklich nicht, weder den Wohlwollenden, noch den politischen Gegner. Vom sachlichen, inhaltlichen Konzept war noch nichts zu hören. Aber das werden wir ja noch erfahren.

Übrigens hat – wie immer fast unbemerkt von irgendeiner Öffentlichkeit – eine Tagung des Aspen-Instituts stattgefunden. Das ist eine Einrichtung – von der Henry-Ford-Stiftung bezahlt –, die von den üblichen Diskussionsrednern auf Spesen besucht wird. Diesmal haben sie sich mit den langfristigen Wirkungen der Mauer in Berlin beschäftigt. Ergebnis: Der Mauerbau hat die Gesamtsituation der Stadt und des geteilten Landes stabilisiert. So 20 Jahre danach. Das ist kein neues Ergebnis – aber von einem solchen Kreis hochmögender Leute kühl konstatiert, schon bemerkenswert. Ich denke an die schlimmen Jahre zurück, die mir die größte Belastung meines Lebens gebracht haben.

8. Juni 1981

Hätte damals einer von uns auch nur eine Andeutung dieser Art gemacht, wäre er am nächsten Morgen nicht mehr im Amt gewesen. Ich übernahm die unmittelbare, tägliche Verantwortung für alles, was auf unserer Seite von Deutschland an der Stein gewordenen Grenze geschah am 21. Dezember 1961, also unmittelbar vor den ersten Weihnachten der völligen Trennung der Stadt. Bis dahin hatte es schon die dramatischen ersten Fluchtversuche gegeben – und die ersten Toten. Aber nach der ersten Schockwirkung unmittelbar nach dem 13. August war eine seltsame Lähmung eingetreten. Keine großen Demonstrationen, keine Zusammenstöße mit der Polizei, nur Wut und Trauer und immer noch die Illusion, dieses Monster von Mauer würde nicht von langer Dauer sein, die Allierten würden die vollen Rechte des Viermächtestatus für die ganze Stadt schon irgendwie zur Geltung bringen. Ja, zur Scham aller Nachdenklichen und durch die offiziellen Rundfahrten für Berlin-Besucher gefördert, bemächtigten sich die üblichen Geschäftemacher des Elends der Spaltung, Souvenir- und Würstchenbuden entstanden an den bekanntesten Grenzpunkten. Und unter die weinenden Familien, die sich, in Ost- und Westberliner Bürger getrennt, über die Aussichtstürme Grüße zuwinkten, mischten sich lärmende Westdeutsche und Ausländer. Berlin hatte eine neue Attraktion. Dazu gab es Drohgebärden der hilflosen Amerikaner. Der fröhliche Texaner, damals noch Vizepräsident,

Johnson, erschien; General Clay, das Symbol der Blockadezeit, ließ Panzer am Checkpoint Charlie auffahren und fiel damit den eigenen US-Behörden in Westberlin auf die Nerven.

Trotzdem: Daß die Westmächte nicht einen Zentimeter Verantwortung zu übernehmen bereit und in der Lage waren, der über die Grenzen ihrer Sektoren hinausging, wurde dem Volk von Berlin erst im Juli 1962 klar, als unmittelbar hinter der Mauer und unter den Augen amerikanischer Soldaten und deutscher Polizei ein junger Flüchtling verblutete. Nun erst strömten die Massen gegen die Mauer, eine Demonstration folgte der anderen. Ich mußte mit massiven Polizeieinsätzen gegen die eigenen Gefühle und die der Berliner das Mauerwerk Ulbrichts schützen. Ich tat es in dem Wissen, daß sonst alliierte Soldaten ins grausige Spiel gekommen wären. Sie pflegen schneller zu schießen als die Polizei. Jene Wochen im Juli/August 1962 waren gefährlich nahe an einer Explosion mit unübersehbaren Folgen und gefährlicher als alles, was Berlin seit der Blockade und bis heute erlebt hat.

Anführer der Demonstrationen waren übrigens oft die gleichen jungen Leute, vor allem Studenten, die fünf Jahre später gegen das Establishment Westberlins rebellierten. Damals haben wir am Rande der Legalität manches gemeinsam oder doch mit stillschweigender Duldung unternommen. Zwar mußte ich vor zum Teil abenteuerlichen Fluchthilfeversuchen warnen und sie gelegentlich unterbinden. Es war die Zeit der Tunnelbauten, kommerziell sofort von rücksichtslosen Filmgesellschaften genutzt. Es gab – besonders gefährlich – Sprengstoffanschläge auf die Mauer, damals noch mit hohen Zuchthausstrafen bedroht. Zu der Zeit war die Staatsanwaltschaft gar nicht so doktrinär mit dem Legalitätsprinzip der Strafverfolgung bei der Hand wie heute bei einem Steinwurf gegen eine Fensterscheibe. Aber der Bundestag mußte doch auf meine Initiative den entsprechenden Paragraphen des Strafgesetzbuches ändern – wenigstens, was das Strafmaß angeht.

Von drüben wurde jedenfalls auf jeden Flüchtenden geschossen, oft über die Grenze hinweg. Die Diskussionen über einen Waffengebrauch für die Westberliner Polizei in solchen Fällen dauerten Monate. Sie ließen letzten Endes nichts zu, was zu einem Schießkrieg zwischen den uniformierten Deutschen auf beiden Seiten hätte führen können. Die Wachen drüben haben wir durch weit sichtbare Plakate und durch Lautsprecheransagen eines »Studios am Stacheldraht« auf ihre Menschenpflicht hingewiesen. Ich bin überzeugt, in vielen Fällen ist auch drüben Menschlichkeit stärker gewesen als jeder Schießbefehl. Aber die Opfer rissen nicht ab – die blutige Spur der Toten versandet erst langsam und hört dann fast völlig auf: Die immer tiefere Staffelung der Grenzsperren, die technische Perfektion von Drähten, die Hunde – und das Passierscheinabkommen auf der einen, wie die Besucherlaubnis für die Rentner auf der anderen Seite wirkten zusammen auf eine Normalisierung des Anormalen hin. Das Experiment Mauer war auf Dauer geglückt.

So haben die feinen Herren im Aspen-Insitut 20 Jahre danach recht. Nichts ist absurd genug, daß es nicht noch positive Folgen hätte. Inzwischen ist Gewöhnung eingetreten. Ein Mann, der ein Bein verloren hat, kann sich kaum noch daran erinnern, wie er als Gesunder gehen konnte, zumal wenn er Stöcke und Prothesen zur Hilfe erhält. Aber die Amputation bleibt. Die Träume sind vorbei – auch der Traum von der Mitte Deutschlands: Berlin.

Ich selbst habe dies zwei Jahre bis zur ersten Öffnung der Mauer ziemlich einsam durchhalten müssen. Die meisten anderen hielten ihre Sonntagsreden über die Wiedervereinigung, so als ob nichts geschehen wäre. Die kleine

Gruppe um Willy Brandt, von der ich berichtet habe, wußte, daß, für ein Menschenalter oder länger, Brücken über die Gräben gebaut werden müßten, die vor allem Brücken menschlicher Hilfen und großer Geduld waren.

9. Juni 1981

Abends bei Heinrich Bölls Fernsehsendung im SFB. Kaum eine Frage nach seinen Büchern, alles Interesse für sein politisches Engagement. Er war sehr nah und verwandt. Danach noch mit Freunden und ihm bis in die Nacht zusammen. Und in dieser Nacht! Begin hat in Bagdad das Kernkraftwerk bombardieren lassen. Alle Welt, scheinbar auch Washington, ist entsetzt. Aber dieser Wahnsinnige denkt nur an seine Wahlen und hat scheinbar das letzte Gramm Vernunft verloren. Ein schreckliches Beispiel jedenfalls gegen Waffenexporte, ja gegen die Illusion, daß Waffen den Frieden sichern.

Hans-Jochen Vogel hat seine letzte Senatssitzung geleitet. So viel Engagement und Integrität war lange nicht im Rathaus spürbar.

Die »Zeit« druckt mit meinem Kirchentagsartikel tatsächlich den 23. Psalm ab. Ich treibe anscheinend nebenbei ein bißchen Volksmission. Hier für die Gebildeten unter ihren Verächtern.

Ich lese »Mozarts Reise nach Prag«. Welch eine Welt!

11. Juni 1981

Ein historischer Tag? Die Kommentare überschlagen sich. Aber sicher: Nach so vielen Jahren ein CDU-Senat, wenn auch auf schwankendem Eis und mit einer Abstimmungspanne – die Wahl des Weinhändlers Pieroth mußte wiederholt werden –, so doch auf Dauer angelegt. Und die SPD braucht auch Zeit. Jedes Jahr, in dem sie sich nicht mit der Vergabe von Ämtern zu beschäftigen braucht, wird ihr gut tun.

Wichtig! Die Alternativen sind im Parlament. Sie haben für einen schwierigen Start im unbekannten Gelände ihre Sache gut gemacht. Keine Clownereien. Die Taktik der Etablierten: reden und ins Leere laufen lassen. Das wird nicht lange durchzuhalten sein. Die Fehler von Bremen werden jedenfalls nicht wiederholt.

Sonst starrt alles auf den Kirchentag. Die Zeitungen sind voll von Vorberichten. Die Parteien beschließen Worte zum Frieden. Heute in einer Woche stecke ich schon mitten drin.

14. Juni 1981

Sonntag, der letzte vor Hamburg. Ein Nachbar hat Geburtstag und, wie uns freundlich angekündigt wurde, eine Blaskapelle bestellt. Ich dachte tatsächlich, sie würden mit »Lobe den Herrn« beginnen. Das hat einmal, als ich fünfzig wurde, eine Polizeikapelle ganz ungewohnt einüben müssen. Aber es ist Jazz, und schlechter dazu. Man kann wegen des Krachs das Sonntagskonzert im Rundfunk nicht hören.

Es ist kühl geworden. Die südhessische SPD hat sich mit Mehrheit gegen den »Nachrüstungsbeschluß« ausgesprochen. Gegen die neue Startbahn des Frankfurter Flughafens. Gegen den Ausbau des Kernkraftwerkes Biblis. Die Basis revoltiert. Die Musik wird immer lauter. In Italien war eine ganze Nation dabei, ein Kind zu retten, das in einen tiefen Brunnenschacht gefallen war. Immer neue

Freiwillige versuchten unter eigener Lebensgefahr, das Kind aus der eisigen Finsternis herauszuziehen. Vergeblich. Bei uns in der Nähe ist vorgestern ein kleines Mädchen an einem geschützten Übergang von einem Autofahrer, dem man den Führerschein schon abgenommen hatte, getötet worden. Fahrerflucht. Der Mann ist gegriffen worden. Eine kleine Zeitungsmeldung. In ein paar Monaten sicher das übliche milde Urteil. Mord auf der Straße ist ein Kavaliersdelikt. Oder: Ein Kind steht auf einem U-Bahnsteig zu dicht an der Kante. Es wird über Lautsprecher von der Aufsicht gewarnt. Der Zugführer schaltet sich in die Lautsprecheransage ein: »Laßt doch. Ist halt ein Kind weniger.« Empörte Fahrgäste stellen ihn an der Endstation zur Rede. Keine Spur von Betroffenheit bei diesem Mann. Er bleibt sicher unangefochten im Dienst. Die Welt, die Stadt, in der wir leben.

Der Werbeprospekt für dieses Buch liegt auf meinem Tisch. Es ist sehr ungewohnt, die eigene Ware angepriesen zu sehen.

24. Juni 1981

Zurück aus Hamburg. Eigentlich ist alles noch viel zu nah, die Tausende von Gesichtern, Händen, Stimmen, die überfüllte Stadt, U-Bahnzüge wie in Tokio, Regen, Wind, Hitze in den Hallen, Kühle in der St.-Katharinen-Kirche. Eigentlich bin ich auch noch viel zu müde. Ich bin seit Aden noch nie so müde gewesen. Völlig verausgabt, überschwemmt von Hoffnungen und Sorgen, glücklich – und ratlos zugleich, ob die Kirchentage so weitergehen können, mit so vielen Menschen, so vielen, die vor den Türen standen, immer zu spät, ehe die Räume wegen Überfüllung geschlossen wurden.

So fing es gleich an. Mittwoch abend in der größten Kirche von Altona. Vierzig Minuten vor Beginn des Gottesdienstes kamen uns schon Scharen junger Leute entgegen, die nicht mehr hereingekommen waren, dann mit mir zurückgingen, draußen im Regen zu Hunderten mit uns feierten, weil es innen schon wie ein Heerlager aussah. Der 23. Psalm. Erst von einem tschechischen Pfarrer in seiner Sprache gelesen, dann von mir auf Deutsch. So begann ich mit Lidice, erzählte auch die Geschichte, abweichend vom Manuskript, wie es war in Jerusalem 1963, als der israelische Sozialminister, ein jüdischer Rechtsanwalt aus Berlin, und ich dieses herrliche Lied auf seinen Wunsch sprachen, Vers für Vers, hebräisch und in Luthers Übersetzung, die er hören wollte. Und wie wir dann vor Trauer und Freude weinten.

Eröffnungsgottesdienst zum Hamburger Evangelischen Kirchentag 1981, Predigt über Psalm 23,1–6 am Mittwoch, 17. Juni in der St.-Johannis-Kirche Altona

Liebe Kirchentagsgemeinde – da sind wir nun alle beieinander, wieder, oder zum ersten Mal, noch ein wenig atemlos von der Reise und der Ankunft in einer fremden Stadt, oder als Hamburger neugierig auf die Leute, die nun wie eine Flut in diese Kirche einbrechen. Da sind wir, mit Erwartungen und Hoffnungen, was diese Tage uns bringen werden, was wir in sie einbringen können. Da sind wir, Gemeinde oder solche, die sich diese merkwürdige christliche Gemeinde einmal ansehen wollen, Junge und Alte, Frauen und Männer und Kinder – haben die Lieder gehört und gesungen, und in diesen Liedern immer wieder, immer unüberhörbarer, immer deutlicher, diesen umwerfenden, aufregenden, herrlichen Text. Diesen 23. Psalm.

Ach, ihr Lieben, ich muß gestehen, ich war etwas überwältigt und erschrocken zugleich, als ich, gebeten, diesen Eröffnungsgottesdienst mitzugestalten, erfuhr, daß sich die Leitung des Kirchentages ausgerechnet diesen Text ausgesucht hatte, und ich nun vor euch stehe und über ihn predigen soll. Kann man über einen solchen Text predigen? Kann man ihn nicht nur hören, ein wenig fassungslos, immer wieder hören, leise beginnen mitzusprechen, ihn sich zuzusprechen, zu singen, diesen Psalm Davids, uralt, makellos schön, ein Gedicht des Friedens und der Freude und der Zuversicht und der Geborgenheit – unwirklich für die Welt, in der wir leben? »Grüne Auen, frisches Wasser, rechte Straßen, fürchte ich kein Unglück, ein Tisch im Angesicht meiner Feinde, Barmherzigkeit, bleiben ein Leben lang?« Und dazu das Bild des Hirten – und wir womöglich die Schafe?

Ach, liebe Leute, das ist ein bißchen viel auf einmal. Und bei mir kommt nun noch hinzu – warum sollte ich nicht davon reden –, daß dieser 23. Psalm einer der wenigen biblischen Texte ist, die ich nicht nur auswendig kann – wer kennt noch Texte auswendig? –, sondern die gewissermaßen abrufbar sind, ein Leben lang, über Gefängnisse und Krieg und allem, was man erlebt hat an den Grenzen dieser Gesellschaft und mitten in ihr drin, am Rande dieser Kirche und als einer ihrer Pfarrer – ja, ja so steht es um mich. Ich kann nicht »über« diesen Text predigen. Wie ich nicht über meine Frau reden kann oder über meine Kinder – fein säuberlich und korrekt und theologisch richtig und vernünftig. Denn ich liebe diesen Psalm. Nichts Objektives hört ihr also jetzt. Sondern nur Erfahrungen. Der Hirte also. Der Hirte ist für mich der Herr Jesus Christus. David, oder wer immer dieses Lied gedichtet hat, hat ihn nicht gekannt und gemeint. Jahwe steht hier – der Gott des 1. Gebotes. Aber ich kenne ihn nicht. Ich kenne nicht sein Gesicht und seinen Namen. Ich kenne nur diesen Jesus, den Sohn der Maria, der gesagt hat: Ich bin der gute Hirte. Und der Gottes Sohn war, Gottes geliebter Sohn. Der erste wirkliche Mensch seit Adam. Und der letzte bis zum Ende der Tage. Er ist es. Niemand anders. Kein Kanzler und kein Bischof und kein Lehrer und kein Vater und keine Mutter. Und schon gar keine Ideologie, auch keine fromme. Sondern dieser da: im Stall geboren, am Galgen geendet. Nimmst du das ernst und hörst du das nicht nur so nebenbei, dann ist das eine alle Wirklichkeiten sprengende neue Freiheit.

Ein Hirte! Wer weiß heute noch, was ein Hirte ist? Ein Hirte ist ein Mensch, der mit Lebendigem umgehen kann. Einer, der Leben erhält. Einer, der die Schöpfung Gottes ernst nimmt. Einer, der aufpaßt, daß auch dem schwächsten Glied seiner Herde nichts Böses geschieht. Einer, der wacht. Einer, der kämpft, wenn der Wolf kommt. Seid nicht hochmütig gegenüber diesem Bild! Seid bitte auch nicht hochmütig über der Vorstellung, hier werde von einer Herde von Tieren gesprochen. Erstens stimmt es nicht, daß Tiere sich in einer Herde wesentlich von den Menschen unterscheiden, und zweitens ist ihr Schicksal und unser Schicksal ja nicht so sehr weit voneinander entfernt: fressen und gefressen werden. Verzeiht meine drastische Deutlichkeit!

Aber lassen wir vom Bilde ab: Diese sechs Verse sind eine Beschreibung des Lebens, das möglich ist, wenn Jesus Christus in unsere Welt eintritt. Wenn ihr wollt, die Gegenwelt. Die Gegenwelt, die in der Bergpredigt geschildert wird unter der Überschrift: »Selig seid ihr« – wörtlich: »Glücklich seid ihr, wenn ...« Frieden. Barmherzigkeit, Trauern können, Gerechtigkeit üben, reinen, offenen Herzens leben. Und indem ich das ausspreche, höre ich schon Stimmen, die widersprechen. Der Widerspruch kommt ja von zwei Seiten, aber im Ergebnis ähnelt er sich sehr. Da sind die Realisten, die Macher, die, die uns Zwänge vorführen, die, die zweierlei Moral verkünden – für zu Haus und für die Welt: Dies alles gibt es nicht. Der 23. Psalm ist ein schöner Traum. Dies ist die heile Welt, die am Ende der Tage eintreten wird, vielleicht, vielleicht. Grüne Wiesen müssen weichen, wenn es das Gemeinwohl erfordert, frisches Wasser ist ungesund, rechte Straßen, auf denen man wirklich gehen kann, sind zu teuer. Sie machen aus dem 23. Psalm eine Idylle für die Gartenlaube und für Großmutters ängstliches Herz.

Und die anderen kommen eigentlich zum selben Ergebnis. Was heißt hier: Hirte und Herde, Führer und Geführte? Hier soll doch nur Ruhe geschaffen, Leidensbereitschaft gefördert, Autorität begründet werden. Ich gehe selber meinen Weg. Ich bin mein eigener Herr. Ich weiß, was ich zu tun habe.

Was soll ich nun zu beidem sagen? Ich kann nur sagen, daß die Macher scheitern. Ich kann nur sagen, daß niemand seinen Weg allein gehen kann. Ich kann nur sagen, daß die Orts- und Wegebeschreibung des 23. Psalms die einzige Möglichkeit zum Überleben ist.

Ich habe euch ja gesagt, dies wird keine vernünftige Predigt, sondern nur die Mitteilung, daß die Realität dieses Liedes erfahren werden kann. Finsterste Täler. Und das: Du bist bei mir. Das kann dir ein Mensch sagen, der dich liebt. Das kann dir ein

Texte sagen, den du liest. Das kann dir sogar ein Tier sagen, das seinen Kopf auf deine Knie legt. Aber hier sagt es der Dichter – vielleicht König David – zu ihm, seinem Herrn. Als Erfahrung. Als Erfahrung gegen alle Zwänge. Als Zeugnis für eine Geborgenheit, die ihm niemand nehmen kann. Vater und Mutter verstehen dich nicht und sterben, Sohn und Tochter verlassen dich, Freund und Geliebte werden dir untreu, dieser Eine bleibt. Das ist der einzige Grund, warum ich mich nicht zu fürchten brauche. Fürchtet euch nicht – oh, diese Überschrift des Kirchentages! Fürchtet euch endlich einmal, möchte ich antworten, fürchtet euch vor dem, was ihr anrichtet, was ihr an irrsinnigen Vernichtungsmaschinen produziert, fürchtet euch endlich einmal vor euch selbst! Aber hier – vor dem, den der 23. Psalm meint, ist Furcht wie Schnee vor der Sonne. Wenn der Kirchentag das meint, ist es gut. Wenn der Kirchentag uns zu Leuten machen wollte, die die Ängste verschlafen, könnte ich hier nicht stehen.

Nein, sehenden Auges, wissend um die Feinde, die unser Leben bedrohen, wissend um die Finsternis, die uns umgibt und die in unseren eigenen Herzen anfängt, ist uns der Tisch bereitet. »Du bereitest vor mir einen Tisch im Angesicht meiner Feinde.« Liebe Freunde – nehmt es wörtlich. Der Tisch ist bereitet. Ihr wißt, welchen ich meine. Im Angesicht – im Angesicht der Feinde.

Und noch ein Letztes: Der 23. Psalm ist eine Erfahrung für »ein Leben lang«. Dauer ist heute nicht sehr gefragt. Dauer wird auch immer schwieriger. Aber diese Verse dauern. Sie waren – nicht gedruckt, aber im Kopf und Herzen – bei mir in den extremsten Belastungen, nun über fast 50 Jahre. Ich kann euch das nur weitergeben. Ich kann nur hoffen, es wird in diesen Hamburger Tagen spürbar werden – im Reden und Hören, in Zustimmung und Streit, ohne alle Worte unter Brot und Wein. In ein bißchen Liebe und Barmherzigkeit. Ich habe am Anfang gesagt: Ich liebe diesen Psalm. Habt ihr vielleicht umgekehrt gemerkt: Dieser Psalm ist ein Liebesgedicht – ein Gedicht an den, der frisches Wasser geben kann, Leben, wirkliches Leben? Amen.

Donnerstag der Vortrag über das Abendmahl – »Mahl der Befreiung, von der Wüste umgeben«. Die herrliche alte Kirche. Bewegende Lieder, Klatschen in den Vortrag hinein, Fröhlichkeit. Abends die riesige Sporthalle zum Amnesty-Gottesdienst. Erhard Eppler und ich. Er ganz gelöst und frei. Ich fast losgelassen, immer wieder vom Text abweichend. Die »Zeit« schreibt, wir hätten in den Ovationen gebadet. Das eben ist die Schwierigkeit – Idol, Guru, – was weiß ich. Man nimmt sich vor, auf sich aufzupassen. Aber dann lachen sie, sind begeistert, begeistern dich mit. Ich bin nicht aus Holz. Aber ob das so weitergehen kann? Dabei sage ich ihnen vieles, was sie gar nicht hören wollen. Dann sind sie erstaunt, aber still. Der Abend schloß mit Brot und Wein. Tausende, die uns vom Podium mitzogen in den Saal.

Walter Jens war da, der Bundesminister der Justiz, meine Frau, die beiden Töchter. Ich habe nicht viel geschlafen in dieser Nacht.

Freitag dann der Berg, vor dem ich mich fürchtete. Er war auch zum Fürchten. Schon das Vorgespräch mit dem Bundeskanzler ergab, wie allein ich sein würde. Stoltenberg, ein katholischer Professor, Herr Sontheimer als Moderator. Ganz allein. Im Saal war eine unerträgliche Spannung als wir einzogen, wir fünf, ein Schwanz von Sicherheitsbeamten. Stunden vorher war die Halle überfüllt. Man hatte sie dann aus Sicherheitsgründen erst einmal geräumt; die, die schon dringewesen waren, nicht wieder hereingelassen, dafür zehn vordere Reihen mit einem Posaunenchor besetzt, auch zur Sicherheit. Wut vor den Türen, Pfiffe im Saal. Trotzdem: Es gab keine Ausschreitungen, jeder konnte reden, die Offiziellen manchmal mühsam. Ich stand zwischen zwei Feuern, dem warmen Strom der Zuneigung aus dem Saal, der Kälte am Tisch. Praktisch keine Frage wurde ernsthaft beantwortet. Es waren zwei Sprachen, zwei Welten. In Frankfurt noch, 1975, in einer ähnlichen Veranstaltung, kam zwischen Helmut Schmidt und mir menschliche Nähe zum Vorschein, diesmal nicht.

Ich versuchte, Brücken zu bauen: »Nimm doch diese Friedensbewegung an. Sie will dir doch helfen ... Ich glaube dir, daß du alles versuchst, um das Schlimmste zu verhindern ... Sprich offen von deinen Zwängen. Wir sind, wenn es ernst wird, ein besetztes Land.« Kein Echo. Wirklich törichte Gegenfragen: Ob ich, wenn meine Frau erschlagen würde, nicht die Polizei rufen müßte.

Es gab noch ein kurzes Nachgespräch. Alle rügten mich wegen des »besetzten Landes«, auch Herr von Weizsäkker, der als Präsident des Kirchentages anwesend war. Ich ging bald, durch unendliche Sperren zu Fuß zur U-Bahn. Die Autokolonnen des Kanzlers und des Ministerpräsidenten rauschten an mir vorbei. Im Zug waren dann wieder normale Menschen. Freundlich – boten einen Sitzplatz an. Ich war traurig und bedrückt von der Erkenntnis, daß es hier wohl keine Hörfähigkeit mehr gibt.

An der Demonstration habe ich nicht teilgenommen. Ich hatte während ihrer Schlußkundgebung noch einen letzten Termin – wieder überfüllt, diesmal freilich zur Hälfte ältere Zuhörer. In allen Medien wurde berichtet, ich wäre mitgegangen, an der Spitze. Ich habe es nicht dementiert. Warum auch – ich gehörte ja dazu. Dieser Marsch der Massen war ein großartiges, ermutigendes, friedliches Zeichen.

Am Abend traf ich noch bei einem Empfang für Roger Schutz die Bischöfe Lohse und Wölber. Die Begegnung war deprimierend. Freilich waren diese armen Leute auch schrecklich alleingelassen worden. In der gleichen Halle, in der bei Schmidt und mir wohl 8000 Menschen waren, hatten sie einen Tag später vor 150 – in Worten: einhundertfünfzig – Zuhörern gesessen. Aber das kommt von so viel falscher Distanzierung, so viel Angst, so viel Anpassung an die Mächtigen.

Die Wirkung von dem allen? Ich weiß es nicht. Hoffentlich ist Zuversicht gewachsen, hoffentlich führt das Erlebnis von Hamburg wenigstens zu etwas Nachdenklichkeit bei den Herren aus Bonn. Die Zeitungen jedenfalls scheinen etwas gespürt zu haben, die Sender auch. Ich erhalte die ersten Stöße Post. Viel Zustimmung. Viel Haß. – Soviel für heute.

26. Juni 1981

Krawalle rund um das Rathaus Schöneberg. Nach einer friedlichen Demonstration der Instandbesetzer und ihrer Freunde der übliche Schluß: Ein paar Hundert spalten sich ab, versuchen die Bannmeile des Abgeordnetenhauses zu durchbrechen – und dann bis zum frühen Morgen eine Straßenschlacht mit Steinen und Glaskugeln, Barrikaden und Feuer auf der einen und Wasserwerfern, Tränengas und Knüppeln auf der anderen Seite. Die Zeitungen sprechen von Aufruhr. Im Parlament Hilflosigkeit und gegenseitige Vorwürfe. Der Auslöser: Die Räumung eines Hauses, Eigentümer: eine üble Abschreibungsfirma. Aber auf den Gedanken, endlich diese Spekulationsgewinne unmöglich zu machen, kommt scheinbar niemand. Im Gegenteil: Westberlin soll weiter das Steuerparadies der reichen Leute und der großen Gesellschaften bleiben. »Die« Berliner erwarten Härte. Die Polizei glaubt, nun dreinschlagen zu können. Ihr Präsident liegt im Krankenhaus. Sein Sohn ist zum zweiten Mal festgenommen worden. Und der neue Regierende Bürgermeister merkt nun wohl schneller, als er es erwarten konnte, auf welchen Stuhl er sich gesetzt hat.

Ich lese weiter in langen Berichten über den Kirchentag und denke an morgen abend: Gedenken an den deutschen

Überfall auf die Sowjetunion 1941. Es wird ähnlich wie in Stukenbrock sein. Nur: Die Mauer ist ein paar hundert Meter von der Philharmonie entfernt.

Es ist plötzlich Sommer geworden, heiß wie damals vor vierzig Jahren. Große Stille im Garten. Die Rosen beginnen, üppig zu blühen, Rittersporn, Schwärme von Bienen. Tiefster Friede.

29. Juni 1981

Es war im ganzen ein guter Abend. Das riesige Haus bis auf den letzten Platz gefüllt, wieder vor allem junge Menschen. Der sowjetische General ein einfacher, bäuerlicher Mann, der glaubte, was er sagte – ich ging, nachdem ich ihm geantwortet hatte, durch den Saal zu ihm hin. Wir gaben uns die Hand. Die seine war groß und warm und fest. Schlimm: ein russischer Fernsehstar in weißem Anzug, ein billiger Abklatsch westlicher Geschmacklosigkeiten. Überflüssig auch eine lange Rede der Schwester von Angela Davis. Aber sonst eine gute, redliche Sache. Presse und Funk brachten nichts. Man hat sich offensichtlich aufs Totschweigen verständigt.

Zwei Berliner Parteitage über das Wochenende. Dr. Vogel versucht, die SPD endlich zum Bürger hin zu öffnen; die FDP ist heillos zerstritten, eine Karikatur ihrer selbst.

5. Juli 1981

Es gibt merkwürdige Zusammenhänge: Vorgestern ist Horst Korber gestorben, gestern sein langjähriger Verhandlungspartner Michael Kohl – beide waren schon, als sie sich 1964 zum ersten Mal begegneten, kranke Männer;

beide stammten aus Thüringen und saßen sich nun als Vertreter zweier deutscher Staaten gegenüber. Jetzt sind beide gemeinsam gegangen – ein Stück nationaler Geschichte in aller Spaltung.

Willy Brandt ist aus Moskau zurück. Die Häme, mit der seine Reise von den Sprechern der CDU – und nicht nur von ihnen – begleitet war, blieb eher peinlich. Patrioten sind sie jedenfalls nicht. Und das »Vaterland« hört für sie alle an der Elbe auf. Europa auch. Davon spricht ja niemand mehr: daß es Deutsche sein würden, die als erste aufeinander schießen sollten.

Freitag abend waren nun Scharf und Gollwitzer hier. Wir haben die Erfahrungen des Kirchentages ausgetauscht. Jeder – ganz engagiert – hatte den anderen in Hamburg ja kaum gesehen – nur von weitem einmal gegrüßt. Ein »Kartell«, wie Bischof Wölber meinte, hat es bei uns nicht, nur zwischen Bischöfen und Repräsentanten des Staates, gegeben. Aber gemeinsame Überzeugungen, gemeinsame Verhaltensweisen, auch ohne uns abzusprechen. Nun saßen wir beieinander und erzählten – Scharf von der Veranstaltung mit Apel, Gollwitzer von der Demonstration, ich von Helmut Schmidt. Und von dem, was ebenso wichtig war: den Gottesdiensten, den Abendmahlsfeiern, den Foren.

Auch von unserer eignen Rolle, ihrer Chance und ihrer Gefahr. Auch von der Zukunft der »Friedensbewegung«. Und wer dasein könnte, wenn wir ausfallen, wir Alten.

Ich habe erst einmal an die Leitung des Kirchentages geschrieben, sie sollten auf Veranstaltungen mit aktiven Spitzenpolitikern verzichten. Die Sicherheitsvorkehrungen, die für sie für notwenig gehalten werden, sind für die Kirchentagsgemeinde unerträglich. Das einseitige Interesse der Medien wird geradezu herausgefordert. Und sie selbst sind ja gar nicht mehr sprach- und hörfähig. Verwechseln die Gemeinde mit dem Bundestag oder einer Wahlversammlung – und sollten erst in kleinen Gruppen, etwa auf dem Markt der Möglichkeiten, wieder sprechen und hören lernen. Das klingt sehr hochmütig. Aber ihr völliger Mangel an Sensibilität ist ja von allen ernsthaften Beobachtern registriert worden.

Ein solches Zurückschrauben spektakulärer Auftriebe würde auch den jungen Leuten und unsereinem gut tun.

Und die Bischöfe? Und einige Mitglieder des Kirchentagspräsidiums? Wie kann man ihnen nur die Ängste nehmen, die sie nun schon wieder vor dem nächsten Termin in zwei Jahren in Hannover haben? Vielleicht ist die Sehnsucht nach einem neuen Anfang bis dahin so groß, daß sie mitgerissen werden. Vielleicht wirkt die Vernunft des Evangeliums eben doch – auch in die amtlichen Kirchenstrukturen. Es gibt doch einige, die offen geblieben sind: Kirchenpräsident Hild, unser Berliner Bischof Kruse zum Beispiel. Die nicht zuerst an den Ausfall von Kirchensteuern und das Stirnrunzeln aus Bonn denken.

Denn was anderes als das Evangelium von Jesus Christus hat Hamburg zu dem werden lassen, was es war: Ein Stück neuer Hoffnung, eine Welle von fröhlicher Gemeinschaft, friedlicher Begegnung? Nur dies eine, nur der eine.

7. Juli 1981

Die Ferien sind ausgebrochen. Morgens beim Spazierengehen – nun meist ganz allein – sehe ich keine Kinder mehr, die zur Schule hetzen. Die Straßen sind merklich leerer. Ferien. Heute ist es ja immer mehr ein Wettlauf um ferne und möglichst exotische Ziele geworden. Für mich als Junge war, von Breslau aus, das Riesengebirge eine große Attraktion – auf beiden Seiten der deutsch-tschechischen

Grenze bald mit allen Bergen und Wegen ganz vertraut – und besonders im Sommer die für mich lange, aufregende Fahrt mit einem billigen Feriensonderzug durch die Nacht über Stettin nach Hinterpommern: Köslin und sein naher Badeort Groß-Möllen, die Heimat der Meinhofs, also meiner Mutter. Unvergeßlich Meer und weißer Strand und Buchenwälder zum stundenlangen Laufen. Ja, wir fuhren der See wegen hin, natürlich, aber auch weil in Köslin mein Vater begraben lag. Eine grüne Bank stand an seinem Grab. Mutter – ein »Friedhofsmensch« – konnte dort stundenlang sitzen. Auch ich hatte es gern – ich war allein mit ihr, und sie hatte köstliche Geschichten aus ihrer Kinderzeit zu erzählen. Vier Tage am Strand, zwei Tage am Grab, und der Sonntag. So waren die Wochen eingeteilt, eine heile Erinnerung des Friedens. Dazwischen Besuche bei den unzähligen Verwandten. Pfarrgärten meistens, duftender Reseda, unzählige Johannisbeersträucher. Alles sehr einfach und ohne jeden Aufwand, aber unvergeßlich schön.

Heute Südfrankreich, Italien, Griechenland, womöglich Übersee. Ob es die Enkel so gut haben wie damals ihr Großvater?

Nun – die Kalender werden leer. Morgen soll ich ein Gespräch mit den »Evangelischen Kommentaren« führen – vielleicht ein Gegengespräch zu Helmut Schmidts Interview in der gleichen Zeitschrift, das so viel Wirbel ausgelöst hat. Der Arzt aus dem Moabiter Haftkrankenhaus ruft an. Er soll nun versetzt werden – weg von den terroristischen Gefangenen. Das ist der Dank des neuen Senats an einen Mann, der an erster Stelle den Tod von Häftlingen in Berlin hat verhindern helfen. Jeder, der mitleidet, ist ein Sympathisant. Auch ein Arzt, der nach seinem Gewissen handelt. Natürlich.

Aber sonst ist Stille. In Schlachtensee. Draußen: Neue Angst um Polen. Alle Beckmesser des Landes gegen Willy Brandts Moskaureise. Der »Spiegel« übernimmt in großer Überschrift meine Hamburger Formel: »Deutschland, der Schießplatz der Supermächte«.

15. Juli 1981

Meine Ferien also beginnen. Ich schließe dieses Tagebuch ab. Ob es Sinn gehabt hat, es drucken zu lassen, wird sich noch zeigen müssen. Sinn für mich selber hat es wohl gehabt, fast ein Jahr lang dieses alles aufzuschreiben: Erfahrungen, Erinnerungen an so viel Vergangenes, noch Gegenwärtiges. Träume, Enttäuschungen, Hoffnungen, Gewißheiten.

Als über den Titel »Blumen für Stukenbrock« entschieden wurde, haben wir nicht gewußt, wie sehr dieses Jahr 1980/81 vom Kampf um den Abbau allzu einfacher Feindbilder geprägt sein würde. Der Strom derer, die nicht wie die Lemminge in ein neues Verhängnis stürzen wollen, wird immer breiter. Es wird immer schwerer werden, von außen und von oben über unsere Völker zu entscheiden, über die, die reden können in Westeuropa, aber auch über die, die schweigen müssen und nur in tapferen christlichen Minderheiten den Mund aufmachen, jenseits der Grenze, die unser Land teilt.

Es ist noch ganz früh am Morgen. Die Fenster sind weit geöffnet. Kühle strömt herein. Ein paar Hunde bellen. Der amerikanische Soldat, der nebenan zur Miete wohnt, fährt zum Dienst in seine Kaserne. Die Nachtzüge halten in Wannsee und werfen den Lärm ihrer schweren Dieselmaschinen über das Wasser in unsere Gärten. Dann ist es wieder still. Die Stadt wacht langsam auf. Möge sie in Frieden leben!

16. August 1981 (im Schwarzwald)

Die Ferien sind vorbei, die Druckfahnen des Buches zweimal von mir korrigiert. Ich habe den Verleger gebeten, noch ein paar Seiten anfügen zu dürfen.

Es ist sehr merkwürdig, einen solchen Bericht – über ein Jahr eigenes Leben in dieser Welt – zu lesen, der gleichzeitig Erinnerungen einschließt, vergangene Jahre lebendig werden läßt, die scheinbar gar nicht vergangen sind. Zuerst: Wieviel ist bei solchen Erinnerungen vergessen worden, wieviel und wie viele? Kein dankbares Wort über die Begegnungen mit Gustav Heinemann, die doch unvergeßlich sind. Von den Gesprächen, die ich noch mit ihm führen konnte, als er im Amt des Bundespräsidenten einer der letzten war, die trotz ihres hohen Amtes zuhören konnten. Von meinen Besuchen bei dem vom Tode Gezeichneten, von jenem Abschied im Haus von Helmut Gollwitzer und seinen letzten Worten an mich: »Aufrecht bleiben, aufrecht bleiben!« Kein Wort über Erich Ollenhauer, der mir ein väterlicher Freund war, schlicht, aber unbestechlich, ein Vorbild der Bescheidenheit, ein Sozialdemokrat, wie es heute kaum noch einen gibt. Kein Wort über Theodor Heuss, der in den ersten Jahren dem jungen Mann in der Politik ein heiterer, aber sehr bestimmter Lehrer gewesen ist. Die Bezüge vom Aktuellen zum früher Erfahrenen konnten nicht vollständig sein.

Vor allem aber machte beim Lesen der Druckfahnen das Gefälle betroffen: das Gefälle zum Schlimmeren. In den Wochen seit meinem letzten Eintrag ist die Entscheidung über die Produktion und Lagerung der Neutronenwaffe in den USA gefallen, – die Antwort aus Moskau ließ nicht auf sich warten. Die Fronten sind noch härter geworden, innen und außen, die Hoffnung auf Vernunft und Einsicht geringer.

Aber dieser mein Beitrag zur öffentlichen Diskussion in unserem Lande soll nicht mutlos enden. Nichts ist gefährlicher als Resignation. Sie ist übrigens auch die christliche Ursünde. Daß der Weg in die Zerstörung der Schöpfung Gottes immer abschüssiger wird, kann uns nur zu noch deutlicherem Reden und Handeln veranlassen.

Zur Kirche Jesu Christi gesagt – und damit zuerst zu der Kirche, zu der ich aus Überzeugung gehöre, der Evangelischen Kirche in Deutschland: Die Heidelberger Formel vom »Friedensdienst mit und ohne Waffen«, diese schlimme Schaukelformel, muß aufgegeben werden. Es muß eine mutige Option für den Friedensdienst ohne Waffen gewagt werden. Also auch eine klare Aufforderung, den Wehrdienst zu verweigern, solange Krieg und die angeblich mögliche Verteidigung Massenvernichtung und Völkermord bedeuten. Das bedeutet womöglich auch die Revision oder notfalls die Kündigung des Staatsvertrages über die Seelsorge in der Bundeswehr.

Zu den politisch Verantwortlichen gesagt: Der Zeitpunkt ist gekommen, in dem der Widerstand gegen immer fragwürdigere Entscheidungen der westlichen Führungsmacht zur patriotischen Pflicht wird, in der vor allem die vielbeschworene Mitverantwortung für die Menschen im anderen deutschen Staat sichtbar werden muß. Wenn man aus einem fahrenden Zug nicht mehr abspringen kann – in den man ohne Not eingestiegen ist, als ohne Widerspruch der Bundesregierung, ja auf Betreiben Adenauers, die unselige Wiederaufrüstung begann –, dann muß man mit allen Mitteln bremsen.

Der heutige Bundeskanzler Helmut Schmidt würde in die Geschichte eingehen als ein Friedenskanzler, wenn er die Notbremsung wagte. Wenn er es allein nicht kann oder will, dann soll er das Volk befragen. Neuwahlen unter diesem Schicksalsthema brächten ihm eine Mehrheit – dessen bin ich gewiß. Der Konflikt zwischen den Generationen würde aufgefangen, Glaubwürdigkeit wiedergewonnen, also auch der Friede nach innen gesichert.

Oder es muß ein anderer für ihn tun, der die hohe Ehre des Friedensnobelpreises trägt – die ihn verpflichtet. Ich spreche dies öffentlich aus – denn auf Personen kommt es nur insoweit an, als sie zu Konsequenzen bereit sind.

So endet dieses Tagebuch anders, als ich es mir vor einem Jahr vorstellen konnte. Aber »Blumen für Stukenbrock« sind auch dies. Denn sie sollen weiter blühen und auf die Gräber der Opfer gebracht werden können von Menschen, die nicht unterzugehen wünschen.

Personenregister

Walter Jens in »DER SPIEGEL«, 4/1982, S. 159 ff über Heinrich Albertz: »Blumen für Stukenbrock«

Ein Prediger in der Wüste

Ein Mann zwischen den Fronten legt Rechenschaft ab. Heinrich Albertz, Theologe und Politiker, Pastor im Ruhestand und Regierender Bürgermeister a. D., berichtet in Form eines offenen Journals über die kleinen und großen, sehr privaten und allgemeinen Begebnisse zwischen dem September 1980 und dem August 1981. Von Reagan und Schmidt ist die Rede; von bundesrepublikanischen Wahlen und vom Hamburger Kirchentag, aber auch vom Garten in der Nähe des Schlachtensees, von einem Enkelkind, das konfirmiert wird, vom nächtlichen Rattern der Züge, auf dem Weg zwischen Berlin und dem Westen.

Da gibt es keine Diskrepanz zwischen der Beschreibung einfacher Dinge, eines Blumenstraußes, eines Treppenhausgeruchs, eines Kolonialwarengeschäfts, wie's anno dazumal in Breslau stand, und der Analyse weltbewegender Haupt- und Staats-Aktionen. Nein, hier braucht niemand Luft zu holen und sich gewichtig aufzublasen, um von hier nach dort, vom Marktplatz unter die Sterne zu kommen; und hier gibt es, wird die umgekehrte Bahn eingeschlagen, auch nicht jene Herablassung allwissender Autoren, die das Lesen von Tagebüchern oft peinlich macht: welch ein Strampeln und Zappeln bei höchst bescheidener Brise!

Nichts davon bei Heinrich Albertz. Keine Wichtigtuerei, kein Brillieren mit Maximen und hübsch formulierten Pointen – da, schaut her, was ich kann! –, sondern die ruhige, sehr gelassene Prosa eines Mannes, der das Kunststück fertigbringt, eine ihn verpflichtende christliche Lebensart auch in der Schreibweise zu präsentieren.

»So ziehet nun an ... Demut, Sanftmut, Geduld«: der Schriftsteller Heinrich Albertz hat sich, dies zeigt sein Stil, die Vorschrift des Kolosser-Briefs zu eigen gemacht. Hektik und schrille Demonstration sind ihm verhaßt, mehr noch das Eifern, das von Selbstgerechtigkeit zeugt. Statt sich gewiß zu geben – Tagebuchschreiber sind gern im Besitz der Wahrheit –, spricht Albertz von seinen Ängsten, der Furcht vor dem Krieg, vor der Einsamkeit und dem Sterben des geliebtesten Menschen: Nie ist die Schrekkens-Mitgift des »bis daß der Tod Euch scheidet« so inständig beschrieben worden wie in »Blumen für Stukenbrock«: Einer wird einmal an der Bahre des anderen stehen.

Was immer Heinrich Albertz –

im Wechselspiel von Bericht und Zitat, Erzählung und Dokument, fortlaufender Handlung und nachholendem Rückgriff – des Beschreibens für wert hält: er bringt es zur Anschauung aus der Perspektive von unten – der Sicht eines Gefreiten, Gefängnisinsassen, kleinen Pastors, der, mit dem Blick auf den scheinbar Erfolglosen am Kreuz, Scheitern und Irrtum für die unabdingbare Zugabe eines Lebens hält, das den Anspruch erhebt, menschlich zu sein.

Darum sein Bedauern für Politiker, die – Albertz nimmt Heinemann aus – nie sagen können: *Ja, ich habe mich geirrt.* Darum sein Entsetzen über jene Pragmatiker im Elfenbeinturm, die dort, wo ein Bekenntnis von Fehlbarkeit angezeigt war, auf dem Hamburger Kirchentag, wie Buchhalter redeten, die einer Aktionärsversammlung die Bilanz analysieren.

Und dagegen nun er selbst, Heinrich Albertz: Wie geht er mit sich ins Gericht, rechnet ab und benennt, in nüchterner biblischer Rede, die Schuld. Der 2. Juni 1967, als der Schah Berlin besuchte und der Student Benno Ohnesorg erschossen wurde, ist für Albertz »der Tag des Zornes Gottes über meinem Haupt«. Und dabei keine Spur von Schaustellerei und finessenreicher Selbstanalyse, sondern ein Bericht in Chronik-Form, der das *Ich* so objektiv und distanziert darstellt, wie die vielen kleinen *Er* und *Sie*, die in diesem Tagebuch mit großer Anschaulichkeit vorgeführt werden – einerlei, ob es sich nun um liebe Freunde wie Kurt Scharf und Helmut Gollwitzer (»Ach, wenn man sie so sitzen sähe ... abends beim Wein, Scharf bei seinem roten, wir andern bei trockenen weißen Flaschen«), um bewunderte Bundesgenossen wie Erzbischof Komenek (»Die Kirche war für ihn keine Festung. Die Evangelischen keine verlorenen Söhne«) oder um Gegner aus dem Kreis der Machtbesessenen handelt, zum Beispiel den Schah: »Unsympathisch und steif, in einer stelzernen Würde, ohne eine erkennbare menschliche Regung ... Ich fragte ihn, ob er von dem Toten gehört habe, ja, das solle mich nicht beeindrucken, das geschehe im Iran täglich.«

So souverän und ironisch der Grund-Duktus des Tagebuchs ist: Es gibt auch den heiligen Zorn und den Ingrimm eines alttestamentlichen Predigers auf der kurbrandenburgischen Kanzel, der gegen die Vergeßlichkeit der Deutschen anredet, die sich aufführen, als hätten sie den Krieg nicht verloren, sondern gewonnen – gegen die Geschichtsblindheit der Plebs aus dem »Rheinbundstaat« Bundesrepublik Deutschland, die nichts von ihren Opfern hören mag, nichts von sowjetischen Kriegsgefangenen, die elendig starben, nichts von den Toten, die, wie beim Massaker von München, aufs Schuldkonto *rechter* Extremisten gehen: Staatstrauer für Ponto und Schleyer und in München – Fortgang des Oktoberfests: »Die Wiesnwirte brauchen ihr Geschäft, Hunderttausende ihr bayerisches Gaudi, Saufen und Fressen, und Herr Strauß macht den finsteren Vorgang, noch ehe die Leichen kalt geworden sind, zum Wahlkampfthema.«

Wenn es ums bundesrepublikanische Erzübel geht, den bornierten Anti-Kommunismus, der den immer oben Schwimmenden Gelegenheit gebe, Kontinuität zwischen Drittem Reich und Demokratie herzustellen; wenn die Doppel-Moral zur Debatte ansteht (»Diktaturen sind nur im Osten schlecht, politische Streiks nur im Osten gut«); wenn das Thema eines »Rechts-Staats« auf den Tisch kommt, der sich mit Gummiknüppel und Reizgas zu einem Staat der Rechten gemacht habe, dann gewinnt die Rede des ruhigen und sanftmütigen Mannes das Pathos des Predigers in der Wüste: Immer, ihr Deutschen, auf der falschen Seite, immer im Bund mit den eh Etablierten – und das Volk um seine Rechte geprellt! Immer auf Einrichtung im Hier und Heute bedacht – und niemals Trauerarbeit geleistet: die Chance nach 1945, im Schwebezustand des *Nicht mehr* und *Noch nicht*, zu gerechterer gesellschaftlicher Verteilung der Schätze zu kommen – kläglich verspielt!

Sanftmut und Zorn, Geduld und Empörung sind bei Albertz im Lot. Im Lot, weil 300 Seiten lang mit Konsequenz und Beharrlichkeit aus einer Perspektive argumentiert wird, die sich weniger als christlich denn als jesuanisch versteht: nicht um die Beförderung *christlicher Religion*, dies ganz und gar nicht, sondern, in Lessings Sinn, um die Vergegenwärtigung der *Religion Christi* ist es Albertz zu tun: um die Verteidigung der Rechte der Armen und Zukurzgekommenen gegen den Übermut der sich christlich nennenden Herrscher; um das Eintreten für den Anspruch der Gemeinden gegen die Arroganz einer Amtskirche, die sich im Bund mit den Regierenden weiß; um das Verfechten evangelischer Freiheit in einem Gebiet, das sich mehr und mehr wie eine römische Statthalterei ausnehme:

»Sind wir ein katholisches Land?«, heißt es bei Gelegenheit einer Analyse der päpstlichen Auftritte zwischen Mainz und Altötting, »Kommunen und Bundesländer geben Hunderttausende für die Papst-Show aus, Rundfunkanstalten werden unter unziemlichen Druck gesetzt, ganze Programme zu ändern, ganze Städte für halbe Tage vom normalen Verkehr abgeschnitten – und Deutschland der Mutter Maria geweiht.«

Anti-Papismus? Durchaus nicht. Wohl aber ein Bekenntnis zur brüderlich-schwesterlichen Gemeinschaft der *ecclesia sub cruce* und eine Absage an die Hierarchie der Amtskirche – einerlei, ob sie sich nun im Meß-Gewand oder im Luther-Rock präsentiert. (Wobei Albertz unter den protestantischen »Trittbrettfahrern« von der EKD noch mehr leidet als unter den römischen Zugführern.) Dazu, dies vor allem, ein Plädoyer für jenen Jesus von Nazaret, der – eine Selbstverständlichkeit – im Personenregister ungenannt bleibt und doch – blitzartig erkennbar in Albertz' Karfreitagspredigt! – die Hauptfigur des

Tagebuchs ist. Jesus, der Wirkungslose »in unserer Welt, in der alles auf Leistung, Wachstum, gute Werke und Selbstbestätigung aus ist«. Jesus – mit seinem Liebeskommunismus –, der Unerwünschte im Kreis der *happy Christmas* wünschenden Apologeten der Neutronenbombe. Jesus, über den von seiten der vermeintlich auf ihn eingeschworenen Machthaber am Ende des Dostojewskischen »Großinquisitors« der notwendige, Ruhe und ruchloses Weitermachen verbürgende Satz gesagt worden ist: »Gehe hinaus und kehre nicht wieder, nie, nie!«

Ihn, den geschundenen Jesus, als einzigen, der Rettung verbürgt, wieder in seine Rechte zu setzen und »kräftig von ihm zu reden«, ist für mich die eigentliche, die Textur des Buchs bestimmende Absicht eines Autors, der sich, da er glauben, bekennen und streiten darf, mit Gelassenheit und Schläue zwischen alle Stühle setzt.

Heinrich Albertz: ein Christ, der mit den Dogmatikern im eigenen Lager so zornig wie mit den Gralshütern der Marxschen Doktrin ins Gericht geht. Ein Schlesier, der sich, wenn schon nicht als Preußen, eher als Polen denn als Rheinländer oder Bayer versteht. Ein Sozialdemokrat in der Berliner SPD, der an Josef in der Grube erinnert – Finsternis rings um ihn her, die tief-tiefe Nacht der Provinz, graue Öde des Einerlei und die Schwärze der Karrieristen-Seelen, die von immer neuen Fraktionierungen, Kuhhändeln, dunklen Geschäften und noch dunkleren Aufständen träumen.

Heinrich Albertz: Ein Protestant, der im weiten Mantel Johannes' XXIII. (oder Erzbischof Komeneks) Geborgenheit erfahren kann. Ein frommer, eher altvorderlich als modernistisch redender Pastor, der, mal in der Kirche, mal auf dem Marktplatz, keinen Zweifel daran läßt – und deshalb dem theologisch Unberatenen, Bundespräsident und Bundeskanzler, die Leviten liest –, daß die Bergpredigt sehr wohl ein Politikum sei, da sie den *Rahmen* und die *Dimension* jenes gesellschaftlichen Handelns von Christen bestimme, das im Sinne Karl Barths darauf abzielen müsse, die Gleichnis-(nicht Gleichungs-!) Fähigkeit und Gleichnis-Bedürftigkeit einer friedlich-gerechten Sozietät, bezogen auf das Reich Gottes, sichtbar zu machen.

Wenn Herrschende, die sich Christen nennen, es nicht fertigbringen, von der Bergpredigt aus zu denken (»Ich habe den Eindruck«, schreibt Albertz an Helmut Schmidt, »daß die Grundregeln von Jesu Leben und Lehre die einzige Chance sind, auch als Nation zu überleben«); wenn die Regierenden, so der Tagebuchschreiber, nicht genug Phantasie aufbrächten, um sich vorzustellen, was Krieg *künftig* bedeutet, dann sei der Gottesmann aufgefordert, mit einem Fingerzeig aufs Elend der Dritten Welt zu erweisen, was Kriegs- und Waffen-Denken, Rüstungs-Wahn und Megatonnen-Kalkulation schon *hier und heute* bedeuten: den Vollzug des Betlehemitischen

Kindermords in einem Großteil der Erde – und morgen überall!

Freilich, auch dieser Satz steht bei Heinrich Albertz: *Es ist nicht leicht, in der Politik gütig zu sein*, und er hat sogar die Bedeutung einer Schlüsselformel in einem Journal, das nicht zufällig auf der Gegenüberstellung zweier Ereignisse besteht: Schahbesuch und Flug nach Aden in der Folge der Lorenz-Entführung. (Ein Flug, der auf zwei Ebenen abgehandelt wird: einmal im aktuarischen Stil des Dienstberichts, ein zweites Mal im Tenor des persönlichen Bekenntnisses, wo jene Ängste, Zweifel, Hoffnungen und Reflexionen vorherrschen, die das Aktenstück unterschlägt.)

Juni 1967: Schahbesuch. März 1975: Flug mit den freigepreßten Entführern. Zwiefache Bestätigung, einmal aus der Sicht des Bürgermeisters, einmal aus der Perspektive des Pastors, daß es für den Dienenden leichter als für den Herrschenden sei, Güte zu praktizieren. *Unmöglich* aber, so das Albertzsche Ergebnis jahrelanger Grübelei, ist es auch für den Politiker nicht – vorausgesetzt, will hinzugefügt werden, daß einer sich, mitsamt der Rolle, die er spielt, so heiter und so fragend-kritisch wie der Schreiber dieser Konfessionen betrachtet: daß er sein eigenes und seines Volkes Handeln mit ebensoviel Demut wie Zorn, Freundlichkeit wie Empörung bedenkt und sich derart in die Schar jener wenigen Gerechten unter den Älteren im Lande einreiht, die sich ihren großen Traum von 1945 – Christentum, Sozialismus und bürgerliche Liberalität, vereint in einer bescheidenen Nation – nicht wegnehmen lassen: den Traum vom anderen Deutschland des Pastors Heinrich Albertz aus Breslau.

Den Traum eines Besonnenen, die konkrete Utopie eines Christen, der, da er mit den Geschlagenen denkt und empfindet, scharfblickend und hellsichtig ist: Was heute in Polen, Albertz' anderer Heimat, geschieht, wird Punkt für Punkt im Tagebuch vorausbefürchtet.

Und endlich das Erstaunlichste: Heinrich Albertz erweist sich in seinem Journal als Meister-Anwalt einer narrativen Theologie, die über viele Register verfügt – von der inständigen und herzbewegenden Friedens-Predigt, einer Warnung in letzter Stunde, über das Gleichnis am theologisch-politischen Grenzrain (Thema: Hungerstreik), die idyllische, aber unsentimentale Kleinmalerei (immer wieder der Garten, die Bäume, die Vögel, der Hund: viel Stille alles in allem) und die lehrhaft-plastische Veranschaulichung von Vergangenem, jedoch nicht Abgelegtem (der Tod des Vaters, Hauslehrer-Erlebnisse auf einem schlesischen Gut, Szenen aus dem Tageslauf eines Politischen, der unter Hitler Kasematten-Erfahrungen macht) bis hin zu spitzig-pointierter Darstellung des Hier und Heute, geschrieben im trockenen Stil des Causeurs: »Manchmal möchte ich in die Stadt laufen und schreien. Aber das Haus ist warm, der Schreibtisch schützt, die Beine sind steif, und das Herz wird alt.«

Pastor Lorenzen aus Fontanes

»Stechlin« im bundesrepublikanischen Gehäus – auf Thron und Altar pfeifend, die Ängste der Macht vor der Friedensbewegung mit Heiterkeit registrierend und, in evangelischer Freiheit, seinem Herrn Jesus ein Dankes- oder Hoffnungs-Lied singend: Jawohl, es ist Verlaß auf diesen Tagebuchschreiber.